JN295802

市民性教育の研究
― 日本とタイの比較 ―

Comparative Study on Citizenship Education
in Japan and Thailand

平田利文 編著

東信堂

はじめに

　国際化が進展し宗教・民族・地域紛争が激化している現在においては、21世紀を生きる地球市民、地域社会・国・国際関係を築く市民を育成する教育システムの構築が必要となっているといっても過言ではない。偏狭で国家中心的な次元を超えて、地球規模の問題解決に積極的に取り組む態度、国際社会で信頼される市民としての役割・義務など、これまでとは異なる新しい「市民性」を育成する教育体制の構築が急務となっているといえよう。

　現在、アジア・東南アジア諸国は、果敢に教育改革に取り組んでいる。なかでも教育パラダイムの大転換を図っている国の一つがタイである。日本とタイ両国においては、期せずして2002年から新カリキュラムがスタートしている。特にタイは1997年の経済危機を反省して、21世紀を生きるために新しい教育体制の構築に邁進している。教育の大改革を進めているタイの教育について、日本においてタイ教育を研究する研究者が結集し、教育改革を解明しようということとなった。とりわけ、これまでの編者のもとで進めてきた研究活動を踏まえて、市民性教育という観点から、共同研究を行おうということになった。第1章でも述べているが、そもそも何故タイを取り上げるかについてであるが、まず、執筆者の多くは、教育研究のフィールドをタイに置いているからである。また、比較教育学的にみても、タイの事例研究は、大きな意義をもっており、日本とタイの比較研究は多くの示唆を与えるからである。

　市民性教育に関する研究は、日本においては、まだ緒についたばかりというのが現状である。全国社会科教育学会では、ここ数年市民性教育に関する報告が増えており、特に2005年度大会では、「シティズンシップ・エデュケーションは新しい社会科の核となりうるか」というテーマでシンポジウムが企

画された。他方、諸外国では、イギリス、アメリカ、オーストラリアなどの欧米諸国では、90年代から盛んに研究され、多くの著作が出版されている。なかでも、イギリスでは、2002年から中等教育段階に市民性教育が正規のカリキュラムとして導入されている。アジア諸国でも、本書では取り上げることができなかったが、ここ数年、韓国、中国、香港などで、研究報告がみられる。

　本研究では、「市民性」の育成にスポットを当て、まず、第一に、理論・文献研究を通して、21世紀に求められている市民性とはどのようなものであるかを明らかにした。第二に、日・タイ両国においてどのような市民性を育成しようとしているのか、その諸政策を明らかにした。第三として、初等・中等学校の児童生徒が実際にどのような市民性を身につけているかをみるため、質問紙調査を日本とタイにおいて実施し、市民性に関する意識を比較分析した。第四には、日本とタイのカリキュラム分析や児童生徒への意識調査の結果分析を通して、どのような市民性教育が必要かを明らかにした。そして最後に第五として、日本・タイ両国に対して、新しい市民性育成のための教育枠組み、及び小・中・高校における学習モデル（目標、内容、学習過程など）を提言している。

　本書は、4部構成である。第1部は、市民性とは何かについて、市民性の概念と市民性に関する政策について考察している。第2部は、市民性教育カリキュラムと教員養成教育について考察している。第3部では、日本とタイで実施した市民性に関する意識調査の結果を分析し、日本とタイの比較分析を行っている。最後の第4部では、市民性教育のモデルを日本とタイの両国に提言している。なお、巻末資料として、人権、平和、環境、開発に関する単元構成の見本を掲載している。本書に対する忌憚のないご意見やアドバイスをいただければ幸いである。

2007年1月10日

編　者

平田　利文

市民性教育の研究——日本とタイの比較——／目　次

はじめに …………………………………………………………………… i

第1部　市民性教育とは——市民性教育の概念と市民性教育に関する諸政策—— ………………………… 3

第1章　市民性教育とは……………………………………平田利文… 5
　1　新しい教育パラダイムを求めて ………………………………… 5
　2　「市民 (Citizen)」と「市民性 (Citizenship)」……………………… 8
　3　公民教育と国民教育、そして市民性教育 ………………………14
　4　なぜ市民性教育か ……………………………………………………15
　5　21世紀を生き抜く教育枠組み ………………………………………17
　6　求められる市民性としての資質 ……………………………………21
　注 (24)

第2章　西洋諸国における市民性教育の動向 ……………川野哲也…26
　　　　——市民性教育研究の枠組み——
　1　はじめに ………………………………………………………………26
　2　政治哲学における市民性 ……………………………………………26
　3　アメリカにおける市民性教育 ………………………………………28
　4　イギリスにおける市民性教育 ………………………………………33
　5　オーストラリアにおける市民性教育 ………………………………37
　6　結　論 …………………………………………………………………40
　注 (43)

第3章　グローバル化時代における市民性と市民性教育 ……………………………………………渋谷　恵…46
　1　はじめに ………………………………………………………………46
　2　グローバル化の進展とその特質 ……………………………………47
　3　グローバル化時代の市民性 (シティズンシップ) ………………51
　　　　——専門家による提言・議論の分析から——

(1) ユネスコ21世紀教育国際委員会による提言　52
　(2) 各国の教育専門家の見解　54
4　市民性教育に関わる概念の再検討 …………………………………57
5　おわりに ………………………………………………………………60
注 (61)

第4章　サリット政権以降の国民教育政策の展開 …………**野津隆志**…64

1　分析視角 ……………………………………………………………64
2　インドネシアとマレーシアにおける国民教育の発展 ………68
　(1) インドネシア　69
　(2) マレーシア　70
3　タイの国民教育の展開 ……………………………………………73
　(1) 初等教育のインフラ整備　74
　(2) ラックタイのカリキュラム導入　75
4　21世紀の国民教育──国際比較の視点から── ……………………78
注 (83)

第5章　日本とタイにおける市民性教育に関する諸政策 ……………………………………**森下　稔**…87

1　はじめに ………………………………………………………………87
2　グローバリゼーションへの対応──新自由主義的教育改革── ……89
　(1) 日本の教育政策における新自由主義的改革　89
　(2) 日本の教育政策における新保守主義的展開　92
　(3) タイの教育政策におけるグローバリゼーションへの対応　96
　(4) グローバリゼーション時代のタイ教育の構想　103
3　ローカル、ナショナル、グローバル ……………………………109
　　──日本・タイの問題比較分析──
　(1) ローカリズムの問題　109
　(2) ナショナリズムの問題　111
　(3) グローバリズムの問題　116
4　今後の展望 …………………………………………………………117
注 (118)

第2部 市民性教育カリキュラムと教員養成に求められる新しい市民性の育成 ……………125

第6章 タイの基礎教育カリキュラムにおける市民性育成の原理と方法 ……………**鈴木康郎**…127

はじめに …………………………………………………………127
1　教育改革の指針に見るグローバル化時代に対応するための市民性…………………………………127
　(1) 1999年国家教育法に見る市民性　127
　(2) 国家教育計画(2002年〜16年)に見る市民性　128
2　2001年基礎教育カリキュラムの特質と市民性育成 …………129
　(1) 2001年基礎教育カリキュラムにおける市民性育成の原理　129
　(2) 2001年基礎教育カリキュラムの基本構造と市民性育成を担う学習内容　131
3　「社会科・宗教・文化」学習内容の各ステージにおける学習水準と市民性 ……………………………133
4　中央カリキュラムと地方カリキュラムの設定と市民性………136
　(1) 2003年1月教育省告示による中央カリキュラムと地方カリキュラムの設定　136
　(2) 中央カリキュラムにおける市民性の育成　137
5　2005年1月基礎教育委員会告示による基礎教育カリキュラムの運用方針明確化と市民性……………………140
6　むすびにかえて………………………………………………142
　──2001年基礎教育カリキュラムの展開に見る市民性育成の展望──

注 (143)

第7章 日本の初等・中等教育カリキュラムにおける市民性教育………**平田利文　白井史朗　長光孝正**…145

はじめに …………………………………………………………145
1　初等・中等教育のカリキュラム編成(学習指導要領) …………145
2　市民性教育を担う教科…………………………………………147
　(1) 各教科間の関連性　151

(2) 目標から見た市民性　151
　(3) 内容から見た市民性　152
　3　2003年の学習指導要領一部改正について ……………………154
　注 (158)

第8章　タイの基礎教育諸学校におけるカリキュラム開発と市民性の育成……………**カンピラパーブ・スネート**…159

　はじめに …………………………………………………………………159
　1　基礎教育改革における教育課程編成の枠組み ………………159
　2　2002年「教育機関カリキュラム編成ガイドライン」に見る
　　　「教育機関カリキュラム」の位置づけと市民性 ……………161
　　(1) ガイドラインに見る「教育機関カリキュラム」の理念と編成プロセス　161
　　(2) ガイドラインに見る展望（ビジョン）の設定と市民性　163
　3　「教育機関カリキュラム」編成にあたり浮上した問題点 ………163
　4　各学校の「教育機関カリキュラム」に見る市民性の特質 ……166
　おわりに …………………………………………………………………171
　注 (172)

第9章　日本とタイにおける教員養成と市民性教育 ……**堀内　孜**…173

　1　教師にとっての「市民性」……………………………………173
　2　日本における教員養成制度改革と「市民性」 ………………176
　　(1) 制度改革の概要　176
　　(2) 「実践的指導力」の形成と「市民性」　178
　3　タイにおける教員養成制度改革の概要 …………………………179
　　(1) 社会変化と教育改革　179
　　(2) 教育関係職員免許制度の創設と教員養成制度改革　181
　4　地域総合大学（Rajabhat University）の
　　　教員養成課程の特徴と市民性教育 …………………………………183
　　(1) 事例校の教育課程とその特徴　183
　　(2) タイの教育改革認識と今後の教員養成　187
　　　──地域総合大学学長に対する質問紙調査から

5　結び……………………………………………………………191
　注(192)

第3部　市民性教育に関する質問紙調査……………………195

第10章　日本とタイにおける市民性に関する意識調査結果の
　　　　　　比較分析……**森下稔　鈴木康郎　カンピラパーブ・スネート**…197
　1　調査の目的と概要……………………………………………197
　　(1)　調査の目的　197
　　(2)　調査方法　197
　　(3)　調査項目　200
　2　日本とタイの比較分析に見る両国の特徴……………………200
　　(1)　知識・理解面から見た市民性　200
　　(2)　能力・技能面から見た市民性　206
　　(3)　価値観・態度面から見た市民性　211
　　(4)　ローカル-ナショナル-グローバルの各レベルにおける日-タイ
　　　　児童生徒の市民性　214
　　(5)　ユニバーサルレベルにおける日-タイ児童生徒の市民性　216
　3　タイにおける仏教徒とムスリムの市民性の相違………………218
　　(1)　アイデンティティから見た仏教徒とムスリム　219
　　(2)　生き方暮らし方から見た仏教徒とムスリム　220
　　(3)　宗教実践から見た仏教徒とムスリム　221
　　(4)　国民としての意識から見た仏教徒とムスリム　221
　4　本調査のまとめ………………………………………………223

第4部　市民性教育に関する提言と学習単元モデル………225

第11章　タイから見た市民性
　　　　　　教育(1)……**チャンタナー・チャンバンチョング**（平田利文・訳）…227
　1　背　景………………………………………………………227
　2　ピサヌローク市と名古屋市での市民性の観察調査……………228
　3　ピサヌローク市での市民性教育………………………………228

4　名古屋市での市民性教育………………………………………………229
  5　市民性教育への提言……………………………………………………229
    (1) タイの市民性教育への提言　230
    (2) 日本の市民性教育への提言　231

第12章　タイから見た市民性
　　　　教育(2)…**スモンティップ・ブーンソムバッティ（白井史朗・訳）**…234
  1　タイと日本における児童生徒の考え方…………………………………234
    (1) タイの児童生徒の考え方　234
    (2) 日本の児童生徒の考え方　236
  2　市民性教育の枠組み……………………………………………………238
  3　市民性教育のためのモデルカリキュラム……………………………240

第13章　タイから見た
　　　　市民性教育(3)………**サムリー・トーンティウ（長光孝正・訳）**…244
  1　質問紙調査結果　244
    (1) 適切な知識と理解　245
    (2) 適切な能力と技能　245
    (3) 適切な価値観と態度　246
  2　文化的多様性ならびに真理探究の必要性に関する児童生徒の
　　無関心さについて　246
  3　社会問題に関して意見を表明する際、児童生徒が一般に用い
　　る方法　247
  4　「文化的多様性の取扱い」ならびに「知識と現実のギャップを
　　穴埋めすること」に関する教師の準備不足　248
  5　タイと日本の市民性教育に関する比較研究がもたらしたもの　248
  6　タイと日本の市民性教育に対する提言　249

第14章　日本人研究者による日本・タイの市民性
　　　　教育への提言………………………………………**平田利文**…252
  1　理論分析からの提言……………………………………………………252
  2　政策分析からの提言……………………………………………………254
  3　カリキュラム分析からの提言…………………………………………256

4	教員養成の分析からの提言	259
5	質問紙調査の結果分析からの提言	260

第15章　市民性教育の学習単元
　　　　　モデル　………　**平田利文　永田忠道　白井史朗　長光孝正**…263
　1　四つの学習単元モデル………………………………………263
　2　人権学習単元モデル…………………………………………265
　3　学習過程モデルと授業案……………………………………269
　注 (275)

おわりに………………………………………………………………275

〈巻末資料〉小、中、高等学校における
　　　　　　市民性教育の学習単元モデル ………………………279
索　　引………………………………………………………………297

装丁　田宮俊和

図表一覧・巻末資料

表
〈表〉市民性の資質	22
表4-1　3カ国の初等教育就学率の推移	68
表6-1　内容2「市民の義務・文化・社会生活」	
――水準So.2.1の学習水準(ステージ別)	134
表6-2　内容2「市民の義務・文化・社会生活」	
――水準So.2.2の学習水準(ステージ別)	135
表7-1　小学校の授業時数[4]	146
表7-2　中学校の授業時数[5]	147
表7-3　小学校において市民性教育を担う教科	148
表7-4　中学校において市民性教育を担う教科	149
表7-5　高等学校において市民性教育を担う教科	150
表8-1　学校の「教育機関カリキュラム」における	

	「展望（ビジョン）」と「学習者の望ましい資質」	167
表10-1	調査対象校プロフィール（日本）	198
表10-2	調査対象校プロフィール（タイ）	198
表10-3	各国における地方－教育段階別調査対象者数	200

図
図4-1	3カ国の国民教育の推移	78
図6-1	2001年基礎教育カリキュラムの基本構造	131
図6-2	ビジュアルマップ：内容2「市民の義務・文化・社会生活」第1ステージ：初等教育第1～第3学年	139
図8-1	「教育機関カリキュラム」の運用プロセス	162

〈巻末資料〉
①小学校「人権」学習単元モデル		281
②小学校「平和」学習単元モデル		282
③小学校「環境」学習単元モデル		283
④小学校「開発」学習単元モデル		284
⑤中学校「人権」学習単元モデル		285
⑥中学校「平和」学習単元モデル		287
⑦中学校「環境」学習単元モデル		288
⑧中学校「開発」学習単元モデル		289
⑨高等学校「人権」学習単元モデル		290
⑩高等学校「平和」学習単元モデル		292
⑪高等学校「環境」学習単元モデル		293
⑫高等学校「開発」学習単元モデル		295

市民性教育の研究
――日本とタイの比較――

第1部

市民性教育とは
―市民性教育の概念と市民性教育に関する諸政策―

第1章　市民性教育とは

平田　利文

1　新しい教育パラダイムを求めて

　筆者が本研究に着手したきっかけとなった研究は、1998～2000年度に行った科学研究費補助金（基盤研究(C)(2)）による「タイにおける公民教育の地方分権化に関する実証的研究」[1]である。この研究では、タイの教育とりわけ公民教育の地方分権の進展について、社会科や宗教・道徳教育などの教科を中心に実証的に明らかにすることを目的とした。具体的には、政府の政策やカリキュラムにみられる公民教育の理念、目標、内容を検討し、教育行政機関、小学校の教師と児童に対して公民教育に関する意識調査を行い、地方分権化の定着度を明らかにすることであった。

　研究結果を簡潔に述べれば、まず、地方分権化については、「県」レベルより「学校」レベルで定着が進んでおり、その推進役は「教師」であった。しかも、教師の創意工夫、自由裁量が分権化の鍵を握っており、高い資質の教師の存在が重要であることがわかった。

　また、課題として、公民教育に関しては、児童・生徒は特に「責任感」や「役割・義務」といった資質を十分備えておらず、教師側にも「教授活動能力」に問題があることが浮き彫りとなった。地方分権化に関しては、「社会がもつ諸問題」「国民の理解不足」「予算不足」「職員の能力不足」「教師の能力不足」などが、分権化を推進する上での障害となっていた。学校現場では数多くの問

題を抱え、それらはタイ社会の構造そのものから発生していることがわかった。

　そして諸問題の解決のためには、「役割と義務の徹底」「倫理・道徳の教育」「犠牲の精神」「公共人の育成」などに関する教育内容の改善が必要であることが明らかとなった。地方分権化に関しては、「法律の整備」「権限の委譲」「政策決定への住民の参加」「学校の独自性発揮」「国民の理解の促進」「自由な予算編成」などの点が推進されなければならないことがわかった。これらの方策は、「教育の地方分権化」のための普遍的な方法として示唆深い結果であった。

　上記の研究では、政策や制度面での「公民」に焦点を当てた。ところが、近年、新しい時代を生きていくための教育を構築するために、市民性育成の教育が脚光を浴びている。たとえばイギリスやオーストラリアなどにおいて、新しい「市民性」の育成が必要と考えられるようになっている。これまでの政策や制度に注目した公民教育研究をもとに、さらに「市民性」の育成という観点から、市民性教育の目標、カリキュラム、学習方法、学習過程などについて発展的に研究しなければならないという結論に至ったわけである。「役割と義務の徹底」「倫理・道徳の教育」「犠牲の精神」「公共人の育成」などは、まさに市民性の重要な要素となる。

　先の科学研究費による研究の過程で、1999年にはグローバル・スタンダードをめざす国家教育法[2]が制定され、タイの教育史上、戦後最大の教育改革が行われた。この改革は、カリキュラム、教育行政、教育法制、教員養成、教育方法など、広範多岐にわたっている。教育のすべての面をスクラップ・アンド・ビルドするものであった。

　ところで、タイでは、1980年代後半からの順調な経済成長に支えられながら、1990年代に入ると、まず1990年にカリキュラムが、1992年には国家教育計画が改訂された。これら一連の改革は、社会の変化に対応するためであった。タイ社会はさらに成長を続ける中、グローバリゼーションの波が押し寄せた。1996年前後には、矢継ぎ早にグローバル化に対応するための教育政策が打ち出された。タイ社会は華やかな成長に支えられながらさらなる飛躍を図ろうとしていた。ところが、1997年には、予想もしなかった通貨

危機に見舞われることになる。国家存亡の危機に直面する。この危機は、タイにとって、19世紀末の植民地化の危機以来のことであった。この危機は、タイ社会の政治、経済、社会、文化あらゆる面での改革を迫ることとなる。教育も例外ではなかった。

1997年には、タイ王国憲法が発布されたが、この憲法は、タイ社会の民主化の成熟度を示す内容を含んでいた。教育条項もたくさん盛り込まれ、なかでも、国家レベルの教育法を制定することを規定した条項が、その後の教育改革を方向づけることとなる。1997年憲法を受けて、1999年にタイで初めての国家教育法が誕生した。この教育法によって、タイの教育は抜本的改革が行われることとなる。その教育法によれば、「教育とは、タイ人を、身体、精神、知性、知識、道徳すべての面において完全な人間に形成し、生活していく上での倫理や文化を身につけ、幸福に他者と共生することができるようになることを目的としなければならない」と規定されている。このようなタイ人がよき国民である。そしてこのような国民は、グローバルな国民であり、市民である。このグローバルなタイ人とは、グローバル性とローカル性という二つの資質を備えたタイ人である。1990年代の国民像を振り返ると、「社会の変化に対応できるタイ国民の育成」→「グローバルな市民性をもつタイ国民の育成」→「グローバル・スタンダードなタイ国民の育成」という国民像（公民像）の変化がみてとれる。

本研究は、冒頭でも述べたように、「市民性」にスポットを当て、21世紀を生き抜く市民性教育はどのようにすればよいかについて、日本とタイの比較を通して明らかにすることを目的としている。日-タイ両国の比較研究を通して、市民性教育の有り様について有効な枠組みの構築を試みたい。日本のタイ研究者とタイの研究者との共同研究という形をとっている。なぜタイという国を対象にしたかという積極的理由は、日本側の研究者のほとんどが比較研究の対象国をタイとしているためという点はあるが、タイの事例は、グローバル化に対するアジア、東南アジア諸国の対応を示しており、比較教育学的にみても、グローバル時代、国際化時代における教育改革のモデルとみることができる。その解明は我が国の教育改革にも大きな示唆を与え、さ

らには日本とタイの比較だけでなく世界的な比較研究の発展にも寄与するという意義をもっている。タイのこのたびの教育改革は、社会構造までも変革することが予想されており、比較教育学の分野だけでなく、タイを研究対象とする政治学、経済学、社会学など教育以外の研究分野からも、市民性教育の解明が強く求められている。

　今回、複数のタイ教育研究者が総力をあげて共同研究する試みは、我が国では初めてのことであり、画期的なことといえよう。また両国政府の現行カリキュラムの改善に示唆を与えるという点において、提言研究という性格をもっている。特にタイ側からは、市民性教育に関する提言を強く求められている。さらにまた、本研究は、日本・タイ両国における21世紀の新しい教育パラダイムの構築に示唆を与え、両国の次世代の教育を考える上で誠に大きな意義をもっているといえよう。

2　「市民 (Citizen)」と「市民性 (Citizenship)」

　本研究で使用するCitizenshipという用語は、現在、「市民性」「公民性」「市民的資質」「シティズンシップ」などと訳されているものの、定訳がないというのが現状である。どの訳語を使用するかについての考察は本研究の一義的な目的ではないし、そのことに時間を費やすことは賢明でないと思われるので、ここでは「市民性」または「シティズンシップ」という訳語を当て、議論を進めることとする。報告書の中では、これらのうちどちらかを使用している。

　しかし、ある一定の共通理解をもち、関連する用語と区別しておくことは必要であると思われるので、いくつかの用語についてはその意味や使用法について簡単に整理しておく。

　まず、「市民 (Citizen)」について。この用語の意味は、『広辞苑』（第三版）によれば、「市民」とは「①市の住民。都市の人民。②国政に参与する地位にある国民。公民。」とされている。また、「市民社会 (Civil Society)」という用語は、同じく『広辞苑』では「特権や身分的支配・隷属関係を廃し、自由・平等な個

人によって構成される近代社会」とされている。このような辞書的な意味からは、市民とは、住民であり、人民であり、国民であり、公民である。こうした市民は、自由で平等な権利を有しており、国政に参加することができる。歴史的には、17～18世紀の近代民主主義が形成され、人権思想が発達する中で使用された概念が起源となっている。

　我が国では、公民を、市民社会の一員としての市民、国家の成員としての国民という二つの意味を含んでいるととらえられている[3]。すなわち市民は公民でもあり、国民でもあることになる。コーガン (J. Cogan) は、市民とは社会の構成員であると簡潔にとらえている[4]。本研究の共同研究者であるサムリー[5]は、市民を二つのカテゴリーに分けられるとしている。一つは、普遍的な道徳性と仏教的な価値観をもっており、正直、平和志向、信頼、責任感、自己抑制、社会正義、感謝、倹約、などの価値観をもつ人である。あと一つは、法律、規則、権利、社会的・公的な構造に関しての知識をもち、民主的な精神を有し、民主的価値観を認識し、政治活動に参加し、真理を探究し、科学的な精神をもち、協働して働く能力をもち、理性的であり、自然環境を保持できる人であるとしている。

　以上のように、市民といっても見解は様々であり、概念規定は難しいといえる。しかしながら、研究を進める上で暫定的ではあるが、本研究では、次のようなとらえ方をしておきたい。

　たとえ現代社会がボーダレスとなり、経済的にグローバル化したとしても、現実に国境が存在し各国の政治システムがある限り、われわれの多くが市民についての共通理解をもつということはむずかしいと思われる。そこで、国民と対比される「市民」とは、「社会（市民社会）の一員であり、急速な変化を遂げる社会を生き、人権、平和、環境、開発などの諸問題を平和的・民主的に解決できる人間」ととらえておく。現代のようにグローバル化が急速に進行する中にあっては、このような市民はグローバルな観点から地球的規模の諸問題を解決することができるグローバル市民ととらえることができよう。

　そして「市民性」とは、「市民がもっている資質のことであり、社会に関する知識、平和的・民主的な社会を実現するために積極的に社会参加するため

の技能や態度、さらには異文化理解や共生ができ、自ら意思決定して行動できる資質である」

ここで、先行研究、政府報告書、学習指導要領などにみる「市民性 (Citizenship)」に関するいくつかの見解をみておこう。

まず、コーガンによる市民性に関する研究[6]は、1993年から97年までアジア諸国と欧米諸国の研究者が共同で行ったものであり、市民性を多次元的市民性 (Multidimensional Citizenship) ととらえ、以下の九の資質を21世紀のための市民性と結論づけている。

(1) グローバル社会の一員として問題に取り組む能力
(2) 他人と協力して仕事ができる能力
(3) 社会における役割と義務を遂行できる能力
(4) 批判的、体系的な方法で思考できる能力
(5) 非暴力的な方法でコンフリクトを解消しようとする意思
(6) 環境を保護する生活様式を採用しようとする意思
(7) 人権を尊重し守ることができる能力
(8) ローカル・ナショナル・国際の各レベルで政治参加しようとする意思と能力
(9) ITを駆使できる能力

クリック (B. Crick) によれば[7]、市民性教育は、児童生徒にローカル、ナショナル、国際レベルで、社会での役割を果たすことができるように、知識・技能・理解を与えるとしている。

ヒックス (D. Hicks) は[8]、知識・理解、技能、価値観・態度の三つをグローバル市民性の基本的な要素として考えている。

(1) 知識・理解
　・社会正義と公正
　・平和と争い
　・グローバリゼーションと相互依存関係
　・文化的多様性
　・持続的開発

(2) 技能
- ・協力と争いの解決
- ・批判的思考
- ・有効に議論できる能力
- ・不正・不公平に立ち向かう能力

(3) 価値観・態度
- ・アイデンティティと自尊心
- ・共感
- ・多様性の尊重
- ・社会正義や公正
- ・環境や持続的開発への関心
- ・新しいことに挑戦しようとする

タイ政府によれば[9]、グローバル時代に求められる市民性の資質として次の五項目の政策理念を提案している。

(1) ITや国政経済など、急速な社会変化への対応を図るべく、科学技術や外国語コミュニケーション能力を身につける。
(2) 物質主義、消費文化といったグローバリゼーションによってもたらされた弊害を見直す。
(3) タイ人が本来もつ美徳「タイ人らしさ」によって、グローバリゼーションの中での調和的、自立的な発展をめざす。
(4) 市民としての権利と義務を行使する市民社会の構築をめざす。
(5) 「中庸」思想や「足るを知る経済」といった原則のもとに、全人的な発達をめざした生涯にわたる学習社会を構築する。

チャンタナによれば[10]、タイの2002年新カリキュラムに盛り込まれている理想的な市民性としては次の二種類があるとしている。

(1) よい市民とは、法律を遵守する、タイの伝統に則る、タイ社会とグローバル社会において平和的に共存することができる
(2) よい市民とは、現在の政治行政システムを理解し、立憲君主制を護持する

スモンティップは[11]、市民性の資質として、以下の十点を指摘している。
(1) 市民としての責任感をもつこと
(2) よい市民としての能力をもち、幸せに暮らすこと
(3) 自制心をもつこと
(4) 法を順守すること
(5) タイの伝統・文化に則った行動をとること
(6) 生活のための資源の効率的管理能力をもつこと
(7) 道徳、倫理に則った行動をとること
(8) 社会・文化の多様性を尊重すること
(9) 民主的な生活方法をもっていること
(10) 地域社会と国を愛し、タイ人であることを誇りに思うこと

具体的資質として、責任感、正直、親切、勤勉、忍耐、規律、希望、経済性、環境への認識、民主主義の十点を市民性の資質と考えている。

また、我が国の場合、1998年に教育課程審議会が「幼稚園、小学校、中学校、高等学校、盲学校、聾学校及び養護学校の教育課程の基準の改善について」を答申し、その中で教育課程の基準のねらいを以下の通り示した。
(1) 豊かな人間性や社会性、国際社会に生きる日本人としての自覚を育成すること
(2) 自ら学び、自ら考える力を育成すること
(3) ゆとりのある教育活動を展開する中で、基礎・基本の確実な定着を図り、個性を生かす教育を充実すること
(4) 各学校が創意工夫を生かし特色ある教育、特色ある学校づくりを進めること

これらのうち、特に市民性が関わっているねらいは(1)であり、国際化、グローバル化に伴い、国際社会で日本人としての自覚をもち主体的に生きていく上で必要な資質があげられている。具体的には、他人を思いやる心、互いを認め合い共に生きていく態度、自他の生命や人権を尊重する心、美しいものや自然に感動する心、ボランティア精神、未来への夢や目標を抱き自らその実現に努める態度、規範意識や公徳心、正義感や公正さを重んじる心、善

悪の判断、強靱な意志と実践力、自己責任の自覚や自律・自制の心、等の資質や能力などである。また、国際化の進展に伴い、国際社会の中で日本人としての自覚をもち、我が国の歴史や文化・伝統に対する理解を深め、これらを愛する心を育成するとともに、広い視野をもって異文化を理解し国際協調の精神を培う必要があるとしている。

　また、2002年には、遠山元文部科学大臣が、人間力戦略ビジョンとして「新しい時代を切り拓くたくましい日本人の育成──画一から自立と創造へ──」を打ち出した。その目標として、次の点をあげている。
(1)　確かな学力の育成〜国民の教育水準は競争力の基盤〜
(2)　豊かな心の育成〜倫理観、公共心と思いやりの心〜
(3)　トップレベルの頭脳、多様な人材の育成〜世界をリードする人材〜
(4)　「知」の世紀をリードする大学改革〜競争的環境の中で個性輝く大学づくり〜
(5)　感動と充実
(6)　新しい時代を生きる日本人

　これらのうち(2)や(6)の中で、ルールを守ること、責任感、正義感、伝統・文化の尊重等の資質が新しい時代を生きる日本人の資質として育成することが重要であるという見解を示している。

　さらに、我が国の学習指導要領をみると、市民性が教科の中で意図的に育成されるのは、主に中学校社会科公民的分野と高等学校公民科である。他の教科も含めた市民性教育を担う教科の目標と内容分析は第7章で行っているが、これらの教科で育成される市民性というのは、中・高一貫していると考えられる。すなわち、それは公民的資質とされるものであり、知識・理解、能力・技能、価値観・態度の三つの要素から構成されている。

　以上、先行研究、諸政策、政府見解、学習指導要領等から、市民性の資質として、「知識・理解」「能力・技能」「価値観・態度」という三つの要素を分類枠組みとして設定することができるので、この枠組みで論を進めることにする。従って本研究でも、これらの三要素を市民性の資質としてとらえ、これらをローカル、ナショナル、グローバル（ユニバーサル）という三つのレベ

ルからとらえることとした。(p.22〈表〉市民性の資質を参照)

3　公民教育と国民教育、そして市民性教育

　まず公民教育 (Civic Education) についてであるが、コーガンは[12]、公民教育とは学校での教育活動のすべての中で間接的、直接的に行われ、多くの教科、特に文学、歴史、音楽、社会科などにおいて行われると考えている。そして、コーガンらの共同研究では、公民教育 (Civic Education) を、「学校教育において、市民としての知識、技能、価値観そして成功を形成する教育である」と定義づけている。タイでは、公民教育とは、子どもをよき国民になるために行う教育であり、それはナショナル・アイデンティティの形成と深い関係をもつとしている。

　このような公民教育に対し、市民性教育 (Citizenship Education) とは、子どもをよい世界市民とするための教育であり、国際的(国家的ではなく)な責任感とか役割について教える教育、つまりグローバルで国際的なアイデンティティの形成を目的としているととらえられている。

　次に国民教育 (National Education) と市民性教育 (Citizenship Education) との関係はどうであろうか。国民教育とは、端的にいえば国家の成員を教育することである。国家の成員とは国民国家のメンバーである国民を指している。この種の教育は公民教育 (Civic Education) の概念にほぼ等しく、とりわけ"国家"が強調される。それに対し、市民性教育 (Citizenship Education) では、個々人の資質が問われる。このような教育のもとでは、市民社会が形成される。自由で平等な個人が認められ、市民の間で取り交わされた契約や法のもとでの権利と義務を保障するために、市民社会の維持が図られる。

　以上、公民教育、国民教育、市民性教育という用語を簡単にみてきたが、ここで明らかなことは、市民性教育とは、国民教育、公民教育とはやや異なるニュアンス、意味をもっているということである。市民性教育では"国家"という概念は後退しているのである[13]。事実、今われわれの周囲に目をやるとき、経済、政治、社会、情報のグローバル化が進展し、ほとんどすべてに

おいて国境を越え、ヒト、モノ、カネが世界中を飛び交っている。国家とは、単なるシステムにすぎず、市民生活の維持に必要なサービスを提供するだけの存在となっているといってもよい。こうした状況においては、21世紀においてよりよい国際的な社会をつくり、厳しいグローバル社会を強く生き抜いていくためには、新しい教育の枠組みをつくっていくことが重要な課題になっている。

このように考えてくると、個人の資質というのは、ローカル、ナショナル、グローバル、ユニバーサルなアイデンティティがうまくバランスがとれていることが理想的であるかもしれない。このような市民性教育の考え方は、グローバル教育[14]のめざす方向とも軌を一にしているといえる。本研究で用いるシティズンシップとは、グローバル・シティズンシップでもある。

ところで、市民性教育に関する研究は、欧米で盛んである。コーガンらのグループの研究をはじめ、国際教育到達度評価学会（IEA）の公民教育に関する大規模調査[15]等をみても、アジア諸国の市民性教育に関する調査研究は皆無ではないが、非常に少ないのが現状である[16]。欧米の研究調査は市民性教育の一般化、普遍化を試みようとしているが、それをアジア諸国にあてはめたとき、それがアジア諸国の事例を完全に説明しているとはいい難い場合がある。すなわちそれらはオールマイティとはいえないということである。時に、その枠組みに即してアジアの教育実態を明快に説明するのが難しいことがある。アジア諸国の教育も深く分析することができ、アジアの国・地域を含む世界の市民性教育を説明できる枠組みが求められているといえる。

4　なぜ市民性教育か

市民性教育が脚光を浴びるようになったのは比較的最近のことである。その背景について簡単に触れておこう。J. Coganは[17]、急速に変化しているグローバル社会では、経済のグローバル化をはじめとして数々の挑戦がわれわれの身の回りに及んでいるという。環境の悪化、急速に変化するテクノロジー、地域社会の崩壊、遺伝子工学における倫理問題、大規模な移民、増加

する犯罪などの問題が起こっている。これらは、まさに市民性教育の研究対象としなければならない問題だとしている。またコーガンは、公民教育に関する政策と実践にとって留意しなければならない点を指摘している。一つはグローバル化である。国際社会では、文化などが国境を越えて交わり、空間的な移動が容易になっている。グローバル化が経済、政治、社会、文化の面に影響を与え、諸政策を策定するのによりグローバルな視点を加味しなければならなくなっている。あと一つは、多元的文化主義である。グローバル化と諸国間の経済的不均衡とが移民の要因となっている。多くの人々が国境を越えて移動し、多くの国がより多民族化している。

また、ギデンズ（A. Giddens）によれば[18]、三つの挑戦があるという。第一はグローバル化である。新しいグローバル経済によりもたらされる変化によりいっそうの対応が迫られている。第二はテクノロジーの進展である。いわゆるITである。これにより、経済、文化、社会に今までにない変化をもたらしている。そして第三が、日常生活へのインパクトである。伝統や生活習慣の変化である。

グローバル化、情報化、多文化主義、価値観の多様化など、現代社会は国境の壁はますます低くなり、まさにヒト、モノ、カネ、情報が地球上を飛び交っているといってもよい状況である。そのようなグローバル化した社会というのは、一見華やかでかっこよく見えるのであるが、実は、残酷で厳しい世界である。いとも簡単に人権が踏みにじられ、人の命が虫けら同然に扱われることがある。開発と称して環境破壊を繰り返している。

グローバル化のような社会の変化は、今後いっそう進展することがあっても、後退することはまずないであろう。そしてグローバル化が引き起こす課題も今後ますます深刻化することが予想される。グローバル化現象は、比較的最近の現象である。教育において、これまでこれに対応するための教育を行ってきたかというと、たとえ行ってきたとしても、十分なものであったとはいえない。21世紀はグローバル化がさらに進展する世紀であることは間違いないことであるとすれば、ここで、これに対応する教育として市民性教育に注目し、その教育枠組みについて検討しておく価値は十分あるであろう。

5　21世紀を生き抜く教育枠組み[19]

　我が国では、最近、青少年をめぐる凶悪犯罪、殺傷事件、性問題、薬物乱用などの問題行動が、ますますエスカレートし、その深刻さを増しているといっても過言ではない。事件が起こるたびに、教育関係者は「なぜ事件は起きたのか」「どうして防げなかったのか」「もっと方法があったのではないか」「原因は何で、どうすれば良かったのか」と思いめぐらすばかりである。しかしこれといった決定的な解決法も見いだせず、ただ立ちすくむだけである。

　また学校関係者からは、悲痛ともいえる叫び声が聞こえてくる。いじめ、校内暴力、学級崩壊、不登校をはじめとして、今の子どもは「思いやりがない」「自己中心的である」「感情がコントロールできない」「人間関係がうまくもてない」「我慢できない」「あいさつができない」「突然教室で暴れ始める」「キレル」など、あげればきりがないという状況である。まさに世紀末現象といってもよい。もっとも残念なことは、対処療法があっても、これらの問題状況が根本的に発生しない教育を創造できなかったということである。

　一方、国際社会に目を転じれば、世界情勢も大きなうねりの中をさまよっているかのようである。特に、1990年以降、ドイツの統一、ソ連の崩壊というように、国が崩壊するなど誰も想像しなかったことが、いとも簡単に起こっている。アジアでは、タイの通貨危機がアジア諸国の経済危機を引き起こし、国家の存在が危機的状況に陥った。タイでは、この危機を教訓として、グローバル・スタンダードな強い国づくりのため「1999年国家教育法」が公布された。こうした改革は、これまでの教育ではもうどうにもならない、これからの時代を生き抜くためには、これまでにない新しい枠組みのもとでの教育が必要であるという認識から実施された。

　現在、国際社会で緊急に解決していかなければならない問題として、人権問題、平和問題、環境問題、開発問題があるということは、誰もが認めるところであろう。これらの問題についてわれわれは、地球的レベルで論議し、手を携えながら、解決していかなければならない。従って、まさにわれわれ

はグローバルな視点から、意思決定でき、地球規模の問題に対し行動していける地球市民を育成するという、新しい教育の枠組みの構築に迫られている。

現在、グローバル化、情報化、少子化・高齢化、価値観の多様化などの社会の変化というのは、国境を越えたところで急速に進行しているのを何度も指摘している。中でも、インターネット、IT革命などによる情報化の進展は、世界をますます狭めている。かつての東欧社会の崩壊は、情報の流通が引き金になったとさえいわれている。つまり情報化が国家を崩壊に導いたといってもよい。さらに最近では、イスラーム社会はインターネットを通じて、国境を越えてお互いのネットワークの構築を進めている。イラク戦争でも、情報ネットワークが大きな役割を果たしたことはわれわれの記憶に新しいところである。

これまでの国際理解教育、異文化理解教育、多文化理解教育、開発教育等という枠組みでは、既に時代遅れで全く通用しないということではないが、これまでみてきたように、グローバルという視点を含めないことには、問題の本質を正確にとらえきれない事態になってきている。

箕浦康子は、『地球市民を育てる教育』(岩波書店、1997年) の中で、地球市民の育成について次のように論じている。

19世紀から20世紀にかけては、国民教育の時代であった。当時は「国家」という概念と無縁なところで生きてきた人に国家観念を植え付け、アイデンティティの源泉を国に求める国民の心性を形成した。教育はナショナルな性格を濃厚にもっていた。ところが1990年前後になると、グローバリゼーションの担い手である国家は後退し、また人権問題や地球環境問題などが、国際的関心事となり、国境を越えて人々を連帯させるようになった。その結果、人々の意識がグローバル化することとなった。ゆえに地球市民教育の時代が到来したという。21世紀には地球市民という立場から教育を再構成する必要に迫られ、地球市民教育は世界に開かれた市民をどのように育成していくかを課題としているという。そして、その教育は、正解のない問題を考え続ける態度を養い、自ら責任を引き受け、発信し、行動する主体としての自覚をもつことが主要な目標となっている。

すなわち21世紀の地球市民教育は、従来の主権国家の体制や価値観にとらわれず、地球的視野からものを考え、行動できる能力の育成を課題としている。地球全体にわたる課題を解決するためには、「国民」という視点より、「地球市民」という視点でものを考える必要がある。
　このような地球市民教育の理念というのは、ナショナル・アイデンティティよりもグローバル・アイデンティティが教育の中心テーマとなり、正解のないところで最善の回答を求めて考え続ける態度を養うことになる。肯定的な自己像を各自がもち、異質性を楽しめる心性を養い、教師と子どもが一緒に学び合い、ともに地球時代の新しい文化実践をつくることであるとされる。つまり21世紀の教育とは、グローバルな課題と立ち向かい、困難な問題を把握・分析し、意思決定を行い、行動できる能力を備えた人間を形成することとされている。
　ところで、これまでの国際化に対応する教育に関する議論を振り返ってみよう。まず、国際理解教育については、1953年以来、ユネスコによって「人権の学習」「他国の学習」「国連の学習」を柱とした学習が行われてきた。残念ながら、我が国では全国的に普及せず、結局、知識伝達型の授業に終わった。
　次に異文化理解教育では、自分の価値観・価値体系を絶対視するのではなく、それを保持しつつも相手の立場に立ち、相手の価値体系を理解する。生活様式、行動様式などの生活文化を理解する、あるいはそれらに尊敬の念をもつことを通して異文化を理解する。つまり、人間理解ができる資質を育成することが究極の目標となる。文化の理解では、固有性、多様性の理解とともに、文化の普遍性も認識することが重要となる。
　グローバル教育の場合、相互依存関係がますます重要となるグローバル社会では、グローバルな見方やグローバルな価値の実現を重視して意思決定し、トランスナショナルな行動のとれるグローバル公民性の育成をめざす。そこでは、地球的な課題に対して、グローバルな視点・見方をもち、意思決定し、実際に行動できる人間の育成がめざされる。
　多文化教育は、多数の民族、社会集団の存在を前提とし、特定の価値観に偏ることなく、民主的な価値観と信念に基づいた倫理的な教授・学習が実施

されなければならない。個々の集団が有する文化の相互存続を認め合いながら、相互に助け合い、相互に尊敬し合う社会の達成をねらいとしている。学校は一つの多文化社会システムであり、子どもたちはその中で多文化化された地域社会への対応の仕方が訓練される。これは、すべての人々の存在を認め、平等で民主的な教育の機会を提供してくれる。

そこで、本研究では、21世紀を生き抜いていくための教育とは、それはすなわち市民性育成のための教育であるととらえ、次のように定義づけておきたい。

「異文化を理解・尊重し、共生できるための知識、能力、価値観・態度をもち、人権、平和、環境、開発などの地球的規模で考えなければならない課題に対して、グローバルな視点から考え続け、ローカル、ナショナル、グローバルなレベルで意思決定でき、行動できる人間を育成する教育」

すなわちこのような教育は、まず異文化理解、多文化理解ができること、つまり文化の相互理解ができることが目標となる。どのような文化であれ、文化の多様性・固有性、及び文化の普遍性が理解できることが必要である。また、一つの社会集団の中で仲良く共生できる、社会集団同士が共生できることである。そして、ローカル、ナショナル、グローバルなレベルで物事を考え、意思決定し、行動できることが最終目標となる。

このような教育の最も重要であり、継続的、意識的に行うべき過程は、「意思決定」して、「行動」する部分である。いわゆる「価値判断能力」「意思決定能力」「行動力」とされる能力である。このような能力を小学校段階、いや幼児段階から計画的に身につけさせたい。社会科などの教科では、知識・理解の習得があまりにも重視されすぎ、こうした能力育成はあまりにも軽視されてきた。これからの時代を見据えたとき、これらの能力は生きていく上で基礎的な能力となるであろうし、またそうでなければならない。

次に、内容については、第一は、異文化理解、多文化理解に関するもので

ある。たとえば、衣食住に関する内容などがわかりやすい。第二は、環境に関する内容である。身近なゴミ問題から、グローバルな問題に迫ることができよう。第三は、平和の問題に関する内容である。平和と戦争の問題から、紛争等の問題をグローバルに考えさせることができよう。第四は、人権の問題である。差別の問題は身近な問題である。グローバルな視点から人種差別、人権差別の問題に発展できる。特にアジアや東南アジアなどの開発途上国に対する偏見差別の問題は、我が国では長年の課題である。第五は、開発の問題である。これは、広義には平和、人権、環境問題も含むが、狭義の南北問題も可能である。

6 求められる市民性としての資質

　最後に、意思決定し、行動できる市民性育成において、それではどのような資質（知識・理解、能力・技能、価値観・態度）が育成されなければならないのであろうか。既に触れた先行研究、政策などをもとに作成したものが次の資質表である[20]。これらの資質は、横軸として知識・理解、能力・技能、価値観・態度の三つの要素からとらえ、縦軸として、ローカル、ナショナル、グローバル（ユニバーサル）の三つのレベルからとらえている。これまで提言されている主な資質をちりばめるとこのようになる。この**資質表**には、欧米で普遍的と考えられている資質と、アジアで望ましいとされる資質（アジア的価値観？）が混在している。特に、今回、日本、タイ両国から提案されている資質の中には、ローカル、ナショナルなレベルの「価値観・態度」の欄に日本的、タイ的な価値観が含まれている。つまり、欧米では普遍的と考えられていない資質が、日本やタイでは市民性の要素と考えられている。逆に言い換えれば、欧米の枠組みだけではタイや日本をすべからく説明できないということにもなる。

　従って、市民性教育というのは、その国・社会・地域のスタンスや事情、社会的・文化的背景によって異なるということである。「研究調査の結果、これとこの資質は普遍的な資質であることが導き出されたので、こうあるべ

きだ」と主張するのではなく、この**資質表**は、それぞれの国・社会・地域にとって、最もふさわしい、うまくバランスのとれた市民性教育を組み立てるときの視点を提供していると理解すべきであろう。また、この表を見れば、当該の国・社会・地域が今どこに位置しているのかがわかる。さらに、どのレベル、どの要素が、さらにどの資質が改善されるべきかあるいは強調されるべきかがわかり、理想的なパターンを提案することができる。この市民性の枠組みは非常に緩やかな縛りであると考えておく必要がある。すべての資質が備わっていないといけないというものではなく、力点の置き方に強弱があるということである。

〈表〉市民性の資質

	知識・理解	能力・技能	価値観・態度
ローカル	① 地域史 ② 地域の知恵 ③ 地域の伝統、文化 ④ 地域の実情 ⑤ 地域のライフスタイル ⑥ 地域での共存共栄 ⑦ 持続的開発	① 地域レベルでの政治参加 ② 地域における問題の解決 ③ お互いに協力し合う ④ 地域における意思決定	① 共同体を愛する ② 中庸、倹約を確信する ③ 信仰の教えを信念とする ④ 伝統を確信する ⑤ 地域住民としての誇りをもつ ⑥ 地域社会で平和に暮らす ⑦ 地域における民主主義 ⑧ 地域のアイデンティティ ⑨ 地域の伝統文化のなかで振る舞う ⑩ 地域の共同体に誇りをもつ ⑪ 開発への関心 ⑫ 命の尊重 ⑬ ボランティアへの関心
ナショナル	① 国の歴史 ② 伝統、文化 ③ 文化の多様性 ④ 法律 ⑤ 中庸と倹約 ⑥ 政治行政の仕組み ⑦ 社会問題 ⑧ 共存共栄 ⑨ 持続的開発	① 国レベルでの政治参加 ② 国レベルの問題の解決 ③ 国レベルでの相互協力 ④ 国レベルでの意思決定	① 自国の伝統と文化の中で振る舞う ② 国を愛する ③ 自国に誇りをもつ ④ 平和な生活 ⑤ 民主主義 ⑥ 自国の道徳、自国らしさ ⑦ 国のアイデンティティ ⑧ 中庸と倹約 ⑨ 環境と開発を気にかける ⑩ 新しいことに挑戦しようとする ⑪ 国民として人権尊重に取り組む

グローバル	① 社会正義と公正 ② 相互依存 ③ 文化の多様性 ④ 持続的開発 ⑤ 環境 ⑥ 世界の歴史 ⑦ 共存共栄 ⑧ 異文化理解 ⑨ 国際社会 ⑩ グローバリゼーション ⑪ 外交儀礼通り行動すること ⑫ 科学技術	① グローバルな問題の解決 ② 国際レベルでの政治参加 ③ 協力 ④ 平和的解決 ⑤ グローバルに批判的に思考する力 ⑥ 効果的に議論する ⑦ 不当、不正への挑戦 ⑧ 生活の質の向上 ⑨ 外国語の能力 ⑩ グローバルな社会で平和に生きる ⑪ 異文化との共存共栄 ⑫ 情報社会に対応する ⑬ 国内外の異文化理解 ⑭ グローバルな意思決定	① 民主的に生活する ② 科学的思考、科学的技術 ③ グローバル経済 ④ アイデンティティ、自尊感情、自己信頼 ⑤ 共感 ⑥ 社会と文化の多様性を尊重する ⑦ 社会的不正と公正に対する態度 ⑧ 自然環境の管理、環境と持続的開発と資源の管理への関心 ⑨ 新しいことに挑戦しようとする ⑩ グローバルな問題を認識し、解決する ⑪ 国際的な協力 ⑫ 異文化理解と共生 ⑬ 国際社会を愛する ⑭ 外交儀礼通りに行動する ⑮ 国際社会の一員として、誇りをもつ ⑯ 国際社会の平和 ⑰ 国際社会の民主主義 ⑱ 地球市民としてのアイデンティティ
ユニバーサル	① 文化の多様性 ② 人権 ③ 平和 ④ 環境 ⑤ 開発 ⑥ 民主主義	① 論理的に考える ② 判断力 ③ 自己を表現し、意見表明する ④ 他人とともに働く ⑤ 人権を守る ⑥ 意思決定	① 責任感 ② 幸福な生活 ③ 自制 ④ 法を尊重すること ⑤ 道義、倫理、社会のルール、基本的モラル ⑥ 正直、誠実 ⑦ 平和な心 ⑧ 信用 ⑨ 時間を守る ⑩ 友好、親切 ⑪ 自己実現 ⑫ 感謝 ⑬ つつましさ ⑭ 民主的な心 ⑮ 真理を追究する ⑯ 証拠に従う ⑰ 権利と義務 ⑱ 人権を尊重する ⑲ 意思決定し、行動する ⑳ 奉仕の精神 ㉑ 寛容 ㉒ 努力 ㉓ 目標達成 ㉔ 強固な意志

注

1 平田利文（研究代表者）『タイにおける公民教育の地方分権化に関する実証的研究』（課題番号10610268）、1998–2000年科学研究費補助金（基盤研究(C)(2)）、2001年3月、全216頁。
2 平田利文、森下稔訳『タイ 仏暦2542年（西暦1999年）国家教育法』ヨシダ印刷、2000年3月31日、全36頁（非売品）。
3 文部省『小学校指導書 社会編』大阪書籍、1969年、p.2。
4 Cogan, J. & Derricott, R. (Eds.), *Citizenship for the 21st Century: An International Perspective on Education,* Kogan Page, London, 1998.
5 Thongthew, Sumlee, *Preliminary Report on Scope and the Conceptualization of Citizenship: Thailand Case,* Unpublished document, Thailand, 2003.
6 Ibid., 及び Cogan, J. & Grossman, D. (Eds.), Citizenship; The Democratic Imagination in a Global/Local Context, *Social Education,* 64 (1), Nation Council for the Social Studies, pp.48-53. 市民性を、個人的次元、社会的次元、空間的次元、時間的次元の4つの次元からとらえている。
7 Lawton, D., Cairns, J., & Gardner, R. (Eds.), *Education for Citizenship,* London and New York, Continuum, 2000.
8 Hicks, D., *Citizenship for the Future,* WWF-UK, London, 2001.
9 総理府国家教育委員会事務局『国家教育・宗教・芸術・文化計画 2002年－2016年』（タイ語）。
10 Chanbanchong, Chantana, *Thailand's Ideal Citizenship: Perspectives of Ministry of Education,* Unpublished document, Thailand, 2003.
11 Boonsombuti, Sumontip, *Definition of Citizenship Education,* Unpublished document, Thailand, 2003.
12 Cogan, J., Morris, P. & Print, M. (Eds.), *Civic Education in the Asia-Pacific Region: Case Studies Across Six Societies,* Routledge Falmer, New York and London, 2002, p.4.
13 箕浦康子『地球市民を育てる教育』岩波書店、1997年、梅田正己『「市民の時代」の教育を求めて』高文研、2001年、国際理解研究所『地球市民が変える』アカデミア出版会、2002年を参照。
14 Osler, A., Vincent, K. (Eds.), *Citizenship and the Challenge of Global Education,* Trentham Books, London, 2002, p.2.
15 IEAの調査は、1999–2000年に28カ国の14歳の生徒90,000人と16カ国17–19歳の生徒50,000人を対象に行われたが、アジアでは香港で行われただけである。
16 Asia Pacific Education Review誌をレビューすると（2000–2005年）、市民性教育に関する論考でアジア諸国からの報告は、わずか2編（韓国）である。
17 Cogan, J. & Derricott, R. (Eds.), op.cit., p.1 and Cogan, J., Morris P. & Print, M.

(Eds.), op.cit., p.185.
18 Giddens, A., *Citizenship education in the global era*. In Pearce, N. and Hallgarten J. (Eds.), *Tommorow's Citizen: Critical Debates in Citizenship and Education.* Institute for Public Policy Research, London, 1998, p.19.
19 平田利文「21世紀に生きる地球市民を育成する教育——価値観形成をめざす社会科教育」野村新、二見剛史編著『新しい知の世紀を生きる教育』一莖書房、2001年、pp.224-248を参照。
20 タイ側パートナーの3名の見解、タイ政府の政策文書、日本の教育課程審議会答申、J. Cogan, B. Crick, D. Hicksなどの先行研究を参照。

第2章　西洋諸国における市民性教育の動向
―― 市民性教育研究の枠組み ――

川野　哲也

1　はじめに

　市民性教育は世界的な関心事になりつつある。アメリカ、イギリスなどの欧米諸国だけでなく、日本を含むアジア各国で議論が始まっている。しかしながらそれらを比較分析し、新たな視野を開く研究は少ない。それは主として研究のフレームワークの不十分さにあると考えられる。市民性は政治学と教育学にまたがる学際的テーマであり、両方を視野に入れたフレームワークを模索しなければならない。そこで本章では政治哲学における市民性概念を整理し、三カ国（アメリカ、イギリス、オーストラリア）の市民性教育の変遷を概観し、その上で市民性教育を取り上げるための視座を明らかにしたい。

2　政治哲学における市民性

　「市民性とは、国家における十分な政治的メンバーシップと国家への永久の忠誠心に関する個人と国家との関係性である。（中略）市民としての地位とは、個人が政治システムに組み込まれていることについての公的な承認である」[1]

　市民性（citizenship）とは何かという問いに的確に答えるのは難しい。市民性

についての前記の定義によって示されるのは、国家的な政治システムにおける個人ということである。しかしながら市民性についての政治・社会・経済等の複雑で広範囲な議論にも目を向けるべきであろう。

　市民性とは西洋の政治制度あるいは政治思想において用いられてきた概念であり、主として二つの伝統からなる[2]。一つは古代ギリシアに起源をもつ共和主義的市民性の伝統であり、あと一つは18世紀の市民革命に起源をもつリベラリズム的市民性の伝統である。後者は、市民としての権利を重視し、市民の生活に国家ができるだけ関与しないことを理想とする思想である。マーシャル（T.H. Marshall）の歴史的分析によれば[3]、市民性は、18世紀、表現の自由や経済的自由といった市民的権利を重視する動きの中で登場した。19世紀には、選挙権が拡大し、政治参加の権利が形成され、20世紀に入ってからは不平等の是正をめざして、社会福祉を享受する社会的権利が形成されてきた。これらは、主として法律や社会制度が確立してきたという歴史的な推移についての分析である。リベラリズム的な市民性の伝統という点においては、市民の義務は狭い範囲にとどまっており、近代国家は市民の権利を保障するという重要な役割をもっている。

　資本主義・市場経済がグローバル化するにつれて、資本主義の問題点と限界を指摘する議論が増えてきた。市場メカニズムは個人間の対立や競争を助長し、協力や協調関係を弱めてしまう。そこで、バーバー（B.R. Barber）の参加民主主義[4]に代表されるように、もう一つの共和主義的伝統の市民性が見直されるようになってきたのである。共和主義とは、人々の間に共通する善や徳の形成、社会の調和を目指す立場である。個人の自由と利益を軽視するというよりもむしろ、個人の利益を実現するような全体の利益を重視するもので、市民は全体の活動へ参加する義務をもつ。

　しかしながら共和主義へ回帰するといっても、民族や文化の多様性をしりぞけるわけではない。冷戦終結や移民流入により文化間・民族間の対立が表面化してきている。ムフ（C. Mouffe）は、共和主義的伝統への回帰を主張しつつも、それを多元主義的な形で提示すべきだとしている[5]。

3　アメリカにおける市民性教育

　アメリカでは社会科カリキュラムと市民性教育がほぼ同義で用いられてきた。20世紀初頭の社会科成立期から既に市民性は意識されてきた。社会科には、よきアメリカ人を育成するという市民性教育の側面と、そのために社会諸科学を統合しようとする側面とがあった。この特徴は現在においても継続している。

　アメリカにおける社会科の成立は、一般的にはNEA中等教育改造審議会社会科委員会報告書『中等教育の社会科』が刊行された1916年であるとされている[6]。しかし、それ以前から市民性教育のために社会科学を用いるという考えは見られたし、社会科という用語も使用されていた。1916年の社会科報告書は、市民性教育を重視したものというよりは社会科学をカリキュラム上で統合することを求めた保守的なものであった。

　社会科教育は、政治的動向に大きく左右される。第二次世界大戦後の冷戦の時代には、共産主義や全体主義の脅威およびそれらとの競合という国家的あるいは国際的目標が高く掲げられてきた[7]。1940年代を中心とした進歩主義教育の影響力は50年代には衰退し、「アメリカニズム」が掲げられ、アメリカについての理念や歴史や政治が強調された。「コミュニティの教授と公的問題に関する問題解決能力といった市民性教育のための標準的社会科アプローチが促進される一方で、安定性と忠誠心がよき市民性の重要な態度であるということが、教師たちに理解された」のである。また民主主義を守るという意味で社会科学の学際的アプローチに基づく批判的思考が重視された。その一方で必須的知識の欠乏を嘆き、基礎教育を重視するエッセンシャリズムも多く登場した。

　1957年のスプートニクショックは、科学教育だけでなく社会科教育にも影響を与えた。1960年代に入ってから政府や各種団体から資金提供を受け、カリキュラム改革が始まったが、そこで注目されたのがフェントン(E. Fenton)の研究であった[8]。これは歴史や地理や政治や経済などの社会諸科学をそれ

ぞれ別個に教えるものではなく、ブルーナー（J.S. Bruner）に影響を受けた社会科学的手法によって、生徒が社会を研究するという教育方法であった。こうした社会科プログラムは『新社会科』と呼ばれ、1960年代末までには急速に全米に普及していった。しかしながら、いくつかの理由で1970年代までにはこの運動は衰退していったのである。

　この運動が衰退した理由をフェントンは五つ挙げている。第一に、教えられるべき学問の構造を明確化し科学的調査を試みるという方法は、スプートニクショック以降の科学志向の高まりにおいて評価されたものであって、現代においてはそうした必要性が弱められているということ。第二に、新社会科は限定された一つの目標に過度に偏っていたということ。第三に、そこで開発された教材が洗練され凝縮された一方で、生徒や教師には扱いにくいものになってしまったということ。第四に、新社会科の指導者たちが一方的に目標を定めてしまい、カリキュラム専門家や教師との建設的な作業をしなかったこと。第五に、多くの教師は多忙であり、研究機関と現場教師の間にギャップがあったということ。こうした理由で一時期盛んであった新社会科運動は衰退したとされる。

　新社会科が勢いを失う一方、1960年代以降、意思決定を重視する社会科授業論が見られるようになってきた。ここでは代表的な論者であるハント（M. Hunt）とメトカーフ（L. Metcalf）を取り上げたい[9]。

　アメリカ社会には政治的経済的社会的葛藤が多く存在する。科学的な検討によってある程度は解決できるが、そうではない領域も多い。彼らは、科学的合理的な判断ができないような信念や行為の領域を、閉ざされた領域（closed areas）と呼ぶ。それは偏見やタブーに満たされた領域である。こうした領域（社会問題）において知的で批判的な形で文化遺産を伝達することが民主社会における教育の役割だと彼らは考える。彼らによれば、学習者は社会的物理的環境に働きかけてそれを把握していき、概念を形成する。この問題解決状況へと到達した生徒は、権威によって環境を把握する者よりも、多くの思考をもっており、よりよく社会を理解できるのである。学級のメンバーの共通した困難な問題に直面した場合には、議論によって仮説を形成し、方

針やプログラムを決定していくのである。

　社会科に関する最も学術的で体系的なものは、バー (R. Barr)、バース (J.L. Barth)、シェーミス (S.S. Shermis) らによって展開されている[10]。彼らは、社会科の定義を三つの伝統という形で明確化している。三つの分類は、その後多くの研究に大きな影響力を与えてきている。

　第一の「市民性伝達としての社会科」(Social Studies as Citizenship Transmission)とは、既に明らかにされている知識や価値を、大人から若者へと伝達するという社会科のあり方である。この社会科論は古い伝統をもっている。未来の市民にとって価値あると思われる現象や理念を、記述と説得によって伝達するのである。これまで正当とされたものは将来にわたっても正当である、とする仮定に基づいて授業の内容や方法が採用され、生徒はそれを肯定的に受け入れることが求められる。

　第二の「社会科学としての社会科」(Social Studies as Social Science) とは、フェントンが提唱した『新社会科』に代表される社会科学的手法を重視した社会科論である。知識の習得は、市民としての必要性に応じてなされるのではなく、それ自体が目的である。知識の習得や社会科学の利用が良き市民を創造する、ということが暗黙の前提となっている。問題を発見したり、仮説を立てたり、データを収集したりといった社会科学的手法を生徒に習得させたり、また一定の社会科学的諸概念を生徒に伝達しようとする。

　第三の「反省的探究としての社会科」(Social Studies as Reflective Inquiry) とは、ハントとメトカーフの主著に代表される問題解決過程を重視した社会科論である。ここでは市民性は「社会的政治的文脈における意思決定」と定義され、社会科と市民性は密接な関係をもつ。社会問題を発見し、必要な調査を行い、合理的意思決定を形成しつつ、社会問題に影響を与えていくという過程の中で、よき市民が育成されるのである。生徒を特定の結論に導くことは重要ではなく、問題の解決のために必要な知識を生徒の判断で集めることが重要なのである。

　以上のような議論は、社会科教育学者や教師を中心とするプログラム開発であったり、理論研究であったりするのだが、1980年代以降、社会科教育は、

再び政治改革やその議論の影響を強く受けるようになってきた[11]。

　レーガン政権が誕生したころから、アメリカの生徒の学力低下が指摘されるようになってきた。その学力低下の原因として主にあげられたのが、カリキュラムの不十分さであった。英語、数学、科学といったアカデミックな主要教科を選択する学生が減少し、実用的な教科を選択する傾向があるというのである。報告書『危機に立つ国家』(1983年)は、アメリカが世界経済において優位性を失っているということ、その原因が学校教育にあるということを示していた。報告書は、第一に均質化され、薄められ、拡散されて、もはや中心的ねらいのはっきりしないカリキュラム、第二に卒業までに期待される知識・技能・能力の水準が低い、第三に外国に比べて時間数が少ない、第四に教職希望者の中に学力の高い者が少ない、という四つの問題点を挙げている。特に、共通カリキュラムを確立し、学力水準を向上し、古典的西洋文化やアメリカ的価値をアメリカの共通文化として学習者に伝達することが強調された。この報告書が起爆剤となり、ニューヨーク州やカリフォルニア州など各州において積極的にカリキュラム改革が行われてきた。

　社会科の研究団体であるアメリカ歴史協会(AHA)と全米社会科協議会(NCSS)は、カリキュラムスタンダード作成のために1986年全米学校社会科委員会(National Commission on Social Studies in the School)を発足させた。そして、社会科の目標、社会科として教えられるべき内容、カリキュラムの核などを明確化するための調査と報告書の作成に取り掛かった。こうして1989年11月に発表されたのが、『チャーティングコース　21世紀の社会科』である。この新しいカリキュラム図式は、歴史や地理の伝統的科目を中心として編成されており、教育内容を明確化しようとするものである。この新しいカリキュラムは、受身的な知識理解を求めることになるため、批判的思考や公的論争問題の解決は弱い。

　90年代に入るとナショナルスタンダードを導入して、教科内容を一定の基準で統一しようとする動きが活発化する[12]。1989年9月、ブッシュ大統領と50州の州知事は、教育に関する目標をつくるべきであるという点で同意し、教育サミットを開催、1991年4月に『アメリカ2000』を発表した。六つ

の国家目標の中には、生徒が英語、数学、科学、歴史、地理の各教科について、十分な学力に到達してから進級すること、責任ある市民性、学習の継続、現代社会における雇用に対応できるようにすることなどが含まれている。この目標を実現するためには、ナショナルスタンダードとナショナルテストが必要である。すべての教科に関する学者や教師の集団に対して、自主的なナショナルスタンダードの開発のために、1991年および1992年連邦政府の補助金が与えられた。また、カリキュラムフレームワークをつくる州にも同様に補助金が与えられた。各州が独自にスタンダードを作成することを求めたのである。1992年の大統領選挙でクリントンがブッシュを破って当選し、1993年に大統領となり、ブッシュの教育改革およびナショナルスタンダードの作成はクリントンに受け継がれた。クリントン大統領は、新たに目標を追加する形で『ゴール2000』と題する法律を制定した。議会の反対もあってナショナルテストはつくられなかったが、各ナショナルスタンダードは1994年に発表された。それぞれの州はそれぞれのスタンダードに基づいた自身のテストを開発する、というのが現状である。

　以上のような教育改革におけるスタンダード化の動きは、先の三類型に従えば第一の市民性伝達としての社会科だと言えよう。それゆえ社会科学的な社会科や公的論争問題解決の社会科を重視する立場はこの動きに対しては批判的なのである。スタンダード化の動きとは全く違った形で、多くの論者は社会参加を重視するカリキュラムを模索、実施してきている[13]。

　アメリカでは、1970年代までにコミュニティサービスという言い方で社会参加の教育プログラムが盛んに行われてきた。例えば、スープキッチン(貧困者に対する食料援助施設)への参加、クリーンアップ活動、幼稚園や小学校における学習指導、障害児の水泳指導、病院における備品の運搬補助、看護付き添い、博物館、新聞社などにおける電話の応対補助や文書作成補助などである。すなわち学校の内部にいる子どもが、学校の外部に赴いてそこでなんらかのサービス活動を行うのである。市民性教育としての意義については多くの論者によって指摘されてきている。こうしたコミュニティサービスと社会科学習(ラーニング)とを結合させた教育プログラムを普及させるために、

いくつかの研究団体が1980年代末に相次いで報告書を出した。それを受ける形で連邦政府によって1990年と1993年にコミュニティサービスに関する法律が制定され、サービスラーニングという名称で90年代までに全米に普及した。湾岸戦争の間に法案が通過したこともあって、大きく報道されなかったが、こうした動きは右派も左派もどちらも支持している。政治学者のバーバーが理論的根拠を提示したことも全米的な普及の要因であろう。連邦政府はいくつかのプログラムや団体に1996年で60億ドル、1997年には400億ドルもの資金援助をしている。それぞれのプロジェクトは独自性を有しており、実践形態は多様なものとなっている。

4　イギリスにおける市民性教育

　イギリス(本章ではイングランドを指す)においてはエリートを育成するパブリックスクールと、その他大部分の学校とに区別されてきた[14]。しかしながらどちらにおいても、社会的不平等を批判したり代替案を模索したりといった政治教育や市民性教育は十分に行われてこなかった。イギリスでは学術的な知識を伝達するというカリキュラムが重視され、社会生活や政治への参加あるいはその準備という意味での市民性は軽視されてきた。

　1930年代から40年代までは、ナチスドイツや共産主義との対抗という意味で市民性教育が高まった[15]。1934年に設立された市民性教育協会(Association for Education in Citizenship)は、学術的教科よりも問題解決学習を重視していたが、しかしながら政策に影響を与えるには至らなかった。1947年には、中央教育顧問審議会が『学校と生活』(School and Life)を発表して学校における道徳教育の重要性を強調した。また1949年に政府は、『市民の成長』(Citizens Growing Up)という報告書を出し、よき市民を育成するための学校の役割を強調した。しかしながら、いずれも学校現場に対する大きな影響力はなかった。1960年代にはアメリカの新社会科の影響を受け、1964年、ロンドン大学に社会科学教育協会(Association for Teaching the Social Sciences)が設立され、学校において社会学、経済学、政治科学を含む社会科学を教えることが模索された。

中等教育段階で政治科学を教えることを重視する政治科学者もいた。その一人がバーナード・クリック (Bernard Crick) であった。

　1970年代から1980年代まで政治教育は、政策レベルではほとんど提示されてこなかったが、研究機関においては盛んに研究が進められてきた[16]。この時期における政府の主要な関心は、経済および若者の就職にあった。市民としての政治文化にはなかったのである。当時の中央政府は、三つの主要教科（英語・数学・科学）の水準向上に関心をもっており、政府が資金提供したのは技術職業教育イニシアティブ (Technical and Vocational Education Initiative) であった。

　こうした時期にあって政治教育に関する研究も盛んであったが、その代表的な研究が1974-88年の政治教育プログラム (the Programme for Political Education) である。これは広く政治問題から日常生活まで含む論争問題を取り上げ、討論や集団活動を通して政治参加を目指す教育プログラムである。ヨーク大学の政治教育研究会およびバーナード・クリックが中心となった。学校現場での観察あるいは教師や生徒との直接的な対話を中心として研究され、学校現場でも政治教育に関する実践が行われてきた。そこでは主として現在の問題が扱われ、歴史的あるいは将来的な話題はあまり取り上げられていなかった。北アイルランド問題のようなセンシティブなテーマは扱われていない。国内問題か、世界の問題かどちらかであり、国際関係やグローバルな視点を含むことは稀であった。政治システムには多様な形態があるのだから、それらを比較しながら代替案を模索するということが重要なのであるが、学校現場ではそれらは扱われていなかった。論題には、ローカル、ナショナル、インターナショナルなものがあった。生徒が参加するよう促されたのはローカルレベルの論題においてのみであった。政治教育プログラムは、新しい研究領域——平和教育、人権教育、多文化教育、環境教育、開発教育など——にも影響を与えてきた。1980年代以降、ニューライトと呼ばれる保守派、サッチャー首相率いる保守党が大きな影響力をもつようになってきたが、彼らは伝統的な文化遺産と愛国心あるいは歴史学習を重視し、政治教育プログラムさらには平和教育や開発教育などの新しい教育に対しては否定的であった。

1980年代におけるナショナルカリキュラム設置の動き[17]の中で、政治教育という用語ではなく、市民性という用語が登場してきた。保守党政権は、1988年教育改革法によって、学校現場の教師あるいは地方教育当局の権限を制限し、中央政府による教育システムのコントロールへと変えようとした。ナショナルカリキュラムに基づいて国家が評価し、親や地域や企業がそうした評価に基づいて学校をつくっていくというシステムへと変わった。ナショナルカリキュラムの枠組みは教育の伝統的学術的な内容を強調する。数学、英語、科学を中心教科(Core subjects)とし、歴史、地理、科学技術、音楽、美術、体育、現代外国語をその他の基礎教科(Other foundation subjects)とする。内容や目標を明確化することによって学校間競争をもたらし、さらには教育水準を引き上げることが期待されていたのである。これらの基本的な枠組みは政策サイドからもたらされており、現場の教師はもっぱらその伝達者としてとらえられていた。また歴史の内容においては、イングランド中心的、白人アングロサクソン中心的となっており、黒人やアジア人の記述は少なく、歴史・地理のどちらの内容においても国際理解やグローバルなテーマは扱われていなかったのである。

1988年に設置されたナショナルカリキュラム審議会は、ナショナルカリキュラムの不十分な点を検討して、1990年にクロスカリキュラムを提案した。それは五つのテーマ(経済と産業についての理解、健康教育、職業教育とガイダンス、環境教育、市民性教育)と三つの次元(多文化教育、ジェンダー問題、特殊教育の必要性)を含んでいた。それらは、子どもの経験を統合し、相互に関係づけるという点で多くの可能性をもっていた。しかしながら学校評価から直接的には外されていたため、しばしば無視されることになった。ナショナルカリキュラムは、主としてテストのあり方をめぐって親や教師の反対を受けた。そのため、法定評価を減らすとともに教師による評価を増やすこと、教育内容を減らすことなどが記されたデアリング暫定報告書『ナショナルカリキュラムとその評価』が1993年に発表されたのである。

1990年代に入って、市民性教育という概念はイギリスの教育改革の中心的概念になってきている[18]。1990年に市民性についての議長委員会が『市民

性の促進』(Encouraging Citizenship) という報告書を発表した。イギリスの若者が政治問題に対して関心が低いこと、学校における市民性教育が十分でないことを調査によって明らかにしている。この委員会は、市民性の定義についてマーシャルの類型 (市民的、政治的、社会的) を取り上げている。また同年に、ナショナルカリキュラム審議会は『市民性のための教育』(Education for Citizenship) を発表した。これは、クロスカリキュラムの市民性教育についての教師へのガイドラインである。

　1997年5月の選挙で労働党政権が誕生した。社会主義の左派ではなく、自由主義の右派でもなく、第三の道すなわち社会民主主義が掲げられた。権利と責任はどちらも必要であること、民主主義には権威がつきものであることなどが重視されている。ブレア政権は、1980年代に強調された個人主義、市場や経済優先的な考え方よりも共通善や道徳を重視しているが、1988年以降の市民性教育は学校現場に定着しておらず、多くの教師は市民性教育の中身を理解できていなかった。そこで1997年11月に顧問団が設置され、1998年9月に報告書『市民性のための教育、学校で民主主義を教えること』(Education for Citizenship and the Teaching of Democracy in Schools) が発表された。この報告書は、座長がバーナード・クリックであることから、クリックレポートと呼ばれている。これによりすべての学校において市民性教育を正規カリキュラムとして (全カリキュラムの5％) 取り入れることが義務づけられた。とはいえ市民性教育の具体的な内容や方針については各地域の実情に応じて設定するようになっており、全国的に画一的な教育内容をめざしているわけではない。報告書は三つの領域 (社会的道徳的責任、コミュニティ関与、政治リテラシー) と四つの概念 (重要概念、価値と姿勢、技能と適性、知識と理解) とを提示しており、それらによって参加民主主義を実現するための活動的市民性を育成しようとしている。また学校現場の教師は市民性教育に従事したことが少ないため、クリックレポートはインドクトリネーションや偏見について注意を加えている。多様な意見の前で教師は中立的立場に立つこと、多様な意見のバランスをとる立場に立つこと、生徒の意見を浮き彫りにする立場に立つことを奨励している。

5　オーストラリアにおける市民性教育

　オーストラリアの教育制度や教育学は、アメリカの強い影響を受けてきている。1930年代には進歩主義教育の影響を受けつつ、1950年代までに社会科が全国的に普及してきたのである[19]。オーストラリアにおいても世界恐慌や第二次世界大戦の影響は深刻だった。失業率は高く、多くの兵士が国外の戦地へ赴いていた。社会的に不安定な情勢の中、教育者たちに影響を与えたのはアメリカの進歩主義教育だった。1934年から1937年の新教育フェローシップ (NEF) 国際会議においてアメリカからの参加者は伝統的で学術的なカリキュラムに批判的な立場をとった。教育が社会を改善するという進歩主義的な考えは、オーストラリアの教育者たちに大きな影響を与えたのである。この中でデューイ派の教育学者ハロルド・ラッグ (Harold Rugg) は地理・歴史・公民などの教科を統合した社会科、子どもを中心とする指導方法を紹介した。1938年にビクトリア州プレストン技術学校の学業不振のクラスにおいて最初の社会科クラスが設置され、全国的に注目を集めた。その後1940年代には多くの中等学校に社会科が設置され、1950年代には初等学校に広まったのである。

　州によって教育制度が異なっているが、クイーンズランド州では1952年に新しいシラバスが発行された。これに携わった当時教育局長エドワーズ (L.D. Edwards) は、こうした時代にこそ児童中心的で進歩的な教育が必要であると考えた。完成されたシラバス『初等中等学校におけるシラバスまたは指導方法』(The Syllabus or Course of Instruction in Primary and Intermediate Schools) の中で、社会科は教科よりも子どもを強調し、未来の市民を育成するという意味を帯びていた。それには三つの特徴があった。第一は、効果的な市民生活のために子どもを準備させること、効果的市民性 (effective citizenship) を目標とするという点である。望ましい社会的習慣や正しい態度を発達させ、文化的伝統を伝達するということが重要だとされている。そのためには子どもの実際の生活に即した学習が奨励される。第二は、歴史・地理・公民などの学術的教

科の融合(Fusion)と相互関係(Correlation)である。シラバスでは歴史を中心として社会科が編成されている。第三は、進歩主義的な指導方法の採用である。子どもが自分で学習を組み立てるという子ども中心的な方法が奨励されている。

　クイーンズランド州ではこうしたシラバスのもとで新しい社会科が奨励されてきたが、子ども中心的な指導方法は1960年代までは初等学校においてはほとんど実施されてこなかった。というのも1952年シラバスは、前文においては教科内容よりも子どもの発達を重視していたが、シラバスの中身においては教科内容を詳細に記していた。その上子どもの発達についての具体的な指導方法までは言及されていなかったのである。また学校現場では依然として学術的指導を重視し、子ども中心的な指導を軽視する傾向があった。この頃の社会科の特徴を、リンゼイ・パリーは市民性伝達的伝統の社会科ととらえている。

　1960年代からは、アメリカで盛んに研究された新社会科(New Social Studies)の影響を受けている[20]。特にクイーンズランド州では、新社会科の影響を強く受けた新しいシラバス『初等学校の社会科シラバス』(Syllabus in Social Studies for Primary Schools)が1970年に作成された。この中身は1952年シラバスとは大きく異なったものとなっている。新しいシラバスでは、アメリカの社会科教育学者ジャロリメック(J. Jarolimek)の理論に影響され、忠誠心や公民的誇りという市民性よりもむしろ社会を研究するという科学者性(scholarship)が重視された。その主要な教授方法はタバ(H. Taba)の理論から影響を受けている。第一に、らせん状カリキュラム(The Spiral Curriculum)では、個々の情報をそのまま理解させるのではなく、それを構造化する概念を理解させることを重視している。タバは11の概念(因果、葛藤、協調、文化的変容、差異、相互依存、制限、権力、社会統制、伝統、価値)を挙げているが、子どもはこれら概念を学年を経るにつれて繰り返し学習することになる。クイーンズランドのカリキュラム制作者たちはこうした方法を採用したが、11の概念をそのまま用いたわけではなかった。教育政策者らによる議論の後、七つ(必要性、集団、規則、変化、資源、相互依存、文化)に絞られた。第二に、帰納的思考(Inductive

Thinking) である。知識の習得とは調査プロセスと同じであるから、子どもの認知プロセスに沿った形で質問をしていくという戦略が重要である。以上のような二つの視点を含んだ新しいシラバスは、クイーンズランド州以外の州にも影響を与えていた。一方、現場の学校教師にとってはあまりにもラディカルであった。カリキュラム制作者たちがワークショップやサマースクールを利用して教師たちにシラバスを紹介してまわったこともあり、1970年度シラバスは好評であった。とはいえシラバスに含まれる理論的観点は難解であったため、シラバスに沿った社会科プログラムにおいてさえ、概念を発達させるという方法が十分にとられていたわけではなかった。また帰納的思考という戦略も難解であるため、教師の中には個別的知識を軽視してしまう者や、逆に知識の羅列を重視する者もいた。

　1970年代、白豪主義を撤廃し、多文化主義社会へ移行する動きが起こる一方、低経済成長時代に入る。教育に関してはナショナルカリキュラムに向けた動きが起こる[21]。1972年連邦教育省はオーストラリア学校委員会 (Australian Schools Commission) を設置し、ここから全国的な教育制度の確立が進められた。1987年にオーストラリア学校委員会は廃止され、連邦教育省は雇用教育訓練省となった。雇用教育訓練省の大臣ドーキンズ (J. Dawkins) は経済再生のためには教育水準の向上が必要であると考え、教育課程の全国的基準の設定を模索しはじめた。各州の教育大臣によって構成されるオーストラリア教育審議会 (Australian Education Council) がドーキンズの提案を受け入れ、1989年「学校教育に関するホバート宣言」(The Hobart Declaration on Schooling) を採択した。これによってナショナルカリキュラムが開発されることになったのである。英語、数学、理科、社会と環境の学習、技術、芸術、保健、英語以外の言語という8教科からなるナショナルカリキュラムは、1994年に出版された。そこには学習領域や標準的到達水準などが記されている。「社会と環境の学習」カリキュラムでは、アボリジニーや移民の歴史的背景、オーストラリア社会が文化的言語的に多様であることが示されており[22]、またオーストラリアだけでなくグローバルな観点も含まれている[23]。このナショナルカリキュラムは、実施を保障するための法規が制定されていないことや、全

国共通テストが導入されなかったことなどから、その拘束力は非常に弱いものとなっている。これまで州・直轄区に独自の教育制度、そのための権限があったために画一化に対する反発が強く、ナショナルカリキュラムにどの程度合わせるかについては、各州の政府に任せられることになったのである。

1980年代から多くの公的な報告書が出されたが、その多くは市民性について十分な定義を含んでいなかった[24]。例えば1989年にオーストラリア議会の常任委員会が『活動的市民性のための教育』報告書を作成したが、むしろ経済水準の向上を意識したものであった。しかし1990年代以降、グローバル経済の影響が強くなるにつれて、公共性のための価値や美徳の衰退、コミュニティ感覚の喪失が問題視されるようになってきた。

1990年代からは市民性教育への関心が増大してきている[25]。キーティング首相のもとでの労働党政権は、1994年に公民科専門職グループを編成した。同年に発表された報告書『人民であるがゆえに　オーストラリアにおける公民科と市民性教育』(Whereas the People: Civics and Citizenship Education in Australia)は、現在の市民性教育の不十分さを指摘するとともに、新しい市民性教育プログラムを奨励している。しかしながらこの報告書に基づく教育プログラムが実施される前に1996年に労働党は選挙で破れた。1997年に新しく登場した自由党のハワード政権は、新たに報告書『民主主義を発見すること　公民科と市民性教育』(Discovering Democracy: Civics and Citizenship Education)を発表し、民主主義社会における活動的市民の育成およびそのためのカリキュラム開発を掲げている。その方針に基づくいくつかのカリキュラムリソースがオーストラリアのすべての学校に無償配布された。到達目標などのスタンダードがあるわけではないが、各州・各直轄区は、学校における既存の科目の中に市民性教育を統合する形で受け入れている。

6　結　論

三カ国における市民性教育の変遷を見てきた。あまりにも広範囲な視野になるので、まずはいくつかの論点に整理してみたい。

第一は、政治思想または政治的ビジョンである。学校における市民性教育は、リベラリズム、共和主義、多文化主義、保守主義などの政治哲学の議論と関係している。どの思想に依拠するのかによって市民性教育の内容や方向性が変わってくるからである。三カ国の教育政策においても政治哲学者の議論が引用されているが、現代においてはもっぱら共和主義や参加民主主義を理論的支柱とする場合が多いようである。

　第二は、学校や教師による教育的ビジョンである。最も明確なモデルは、アメリカで用いられる三類型である。これはよき市民の姿を提示したものだと理解できる。すなわち現代社会におけるよりよい文化や歴史を習得できた者、現代社会を客観的批判的に分析できる者、現代社会において政治参加できる者である。よき市民とは少なくとも三つを想定できるが、それ以外にも見出せるかもしれない。アメリカにおける教育的ビジョンは他の国へも大きな影響を与えている。

　第三は、教育内容および社会像である。学校教育においてどのような社会像を描いて見せているのか、どのような社会像を子どもに示すか、それは議論の視点や力点の置き方によって大きく異なってくる。例えば地域・国家・世界といった距離的論点、政治・経済・文化といった質的論点、主流文化に立つのか周辺化された文化に立つのかといった視点の論点、などがある。カリキュラムを国家的に統一する動きが盛んであるが、それは必ずしもナショナリズム的な社会像を教えるわけではない。社会像とはむしろバランス的な問題であるかもしれない。各国の教育内容を比較分析することによってどこに力点が置かれているのかが明確になるだろう。

　第四は、教育制度および教育条件である。社会科という教科は、アメリカやオーストラリアでは定着しているが、イギリスにおいては定着していない。歴史や地理を分けて教授するか、統合して社会科として教授するか、あるいは社会系教科を超えて理科や国語などと統合的に教授するか、さらにグループ活動や地域参加を取り入れて教授するか等、様々な教育条件が考えられる。どのような形で制度を確立するかは市民性教育を特徴付けるであろう。また制度的な条件のパターンを整理することも重要であろう。

第五に、本章では触れてこなかったが、前記の教育システムによって子どもの認識（社会認識と自己認識）が変容したり形成されたりすることは言うまでもない。子どもの家庭環境や社会経験もあるので、必ずしも目標通りの市民性が形成されるわけではない。知識・価値・技能・概念・態度などを調査によって明らかにすることが可能であろう。

　前記のように市民性教育に関する視野は広範囲であり、いくつもの論点が含まれている。アメリカ、イギリス、オーストラリアにおいても、伝統と革新、知識と価値、分析と行為、統合教科と分化教科、地域と国家などの様々な論点を含みながら展開してきている。それぞれ左右に揺れている論点が複数存在しているかのようである。それらすべてに目を向け立体的に考察してこそ、当該社会における市民性教育の特徴を明らかにできるのである。市民性教育と銘打っているものだけでなく、それ以外にも多くの方面に目を向けなければならない。
　市民性教育についての研究方法は幾分複雑なものとなるであろう。リベラリズム的観点であったり、共和主義的な観点であったりするように政治ビジョンを明確にしてからその理念に向けて市民性教育の方向性を作り上げていく作業も可能である。その場合は市民性の内実を先に定義してから学校教育を分析するという演繹的な研究プロセスになる。それは教科教育学においては重要な問いであるが、しかしながら国際比較研究においていっそう重要な点は、定義に合致するような優れた教育実践がどの程度存在するかではなく、上手くいかない現実において苦悩する姿であったり、何気ない日常風景であったりする。特にアジア諸国の検討では、西洋的伝統の中の市民性とは異なる部分を明らかにしなければならない。従って比較研究においては、市民性の概念を辞書的なゆるやかな定義にとどめておき、政治ビジョンと教育制度、教育内容、教育方法、生徒の認識に至る全体的プロセス、伝統と革新のダイナミックなプロセスをとらえた後に、再度、市民性概念の特徴を明らかにしていくという作業が重要だと考えられる。
　また市民性教育の実践過程においても、本章で取り上げたような全体的視

野は有益である。主として政策担当者は教育制度に関心があるし、教師は教育ビジョンに子どもを近づけることに関心がある。親や地域住民もまたそれぞれの立場から教育へと関与するであろう。しかし次の社会を形成する新しい市民とは、それぞれの影響を受けながら十年後、二十年後にゆっくり形成されてくるのである。市民性教育に関与する者は、自らの仕事だけでなく、全体的視野に立った上で自らの行為の意味をとらえることが重要である。

注

1　*The Encyclopedia Americana: International Edition*, Grolier Incorporated, 1987
2　デレック・ヒーター著、田中俊郎、関根政美訳『市民権とは何か』岩波書店、2002年。
3　T・H・マーシャル、トム・ボットモア共著、岩崎信彦、中村健吾訳『シティズンシップと社会的階級』法律文化社、1993年。
4　B.R. Barber, *Strong Democracy*, Berkeley: University of California Press, 1984
5　シャンタル・ムフ「民主政治の現在」岡崎晴輝訳『思想』867号、1996年、pp.59-73。
6　社会科成立期の研究は以下の文献を参照。森分孝治著『アメリカ社会科教育成立史研究』風間書房、1993年。David Warren Saxe, Framing a Theory for Social Studies Foundations, *Review of Educational Research*, 62 (3), 1992, pp.259-277.
7　Mary A. Hepburn, Educating for Democracy: The Years Following World War II, *The Social Studies,* 1990, pp.153-160.
8　Edwin Fenton, Reflections on the "New Social Studies", *The Social Studies,* 1991, pp.84-90.
9　Maurice P. Hunt and Lawrence E. Metcalf, *Teaching High School Social Studies: Problems in Reflective Thinking and Social Understanding*, New York: Harper, 1955.
10　Robert Barr, James L. Barth and S. Samuel Shermis, *The Nature of The Social Studies*, Palm Springs, CA: ETC Pub, 1978, James L. Barth and S. Samuel Shermis, Defining the Social Studies: An Exploration of Three Traditions, *Social Education*, 1970, pp.743-751.
11　John J. Cogan and Ray Derricott, The Effects of Educational Reform on the Content and Status of the Social Subjects in England and Wales and the USA: A Case Study, *International Review of Education*, 42 (6), 1996, pp.623-646.
12　椙山正弘著『アメリカ教育の変動 アメリカにおける人間形成システム』福村出版、1997年。Diane Ravitch, *National Standards in American Education: A Citizen's Guide*, Washington, D.C: Brookings Institution Press, 1995.

13　Robert A. Rutter and Fred M. Newmann, The Potential of Community Service to Enhance Civic Education, *Social Education*, 1989, pp.371-374 , Mary A. Hepburn, Service Learning in Civic Education: A Concept with Long, Sturdy Roots, *Theory into Practice*, 1997, 36 (3), pp.136-142.

14　Ian Lister, Civic Education for Positive Pluralism in Great Britain, in Roberta S. Sigel & Marilyn Hoskin (Eds.), *Education for Democratic Citizenship: A Challenge for Multi-Ethnic Societies,* Lawrence Erlbaum Associates: Hillsdale, NJ, 1991.

15　Denis Lawton, Overview: Citizenship Education in Context, in Denis Lawton *et al.* (Eds.), *Education for Citizenship*, Continuum: London, 2000.

16　Ian Lister, Research on Social Studies and Citizenship Education in England, James P. Shaver (Ed.), *Handbook of Research on Social Studies Teaching and Learning*, Macmillan Publishing Company: New York, 1991, pp.602-609, Ian Lister, Civic Education for Positive Pluralism in Great Britain, Roberta S. Sigel & Marilyn Hoskin (Eds.), *Education for Democratic Citizenship : A Challenge for Multi-Ethnic Societies,* Lawrence Erlbaum Associates: Hillsdale, NJ, 1991.

17　新井浅浩「イギリスにおけるナショナル・カリキュラムと子どもの精神的・道徳的発達」『比較教育学研究』第26号、東信堂、pp. 29-39。John J. Cogan and Ray Derricott, The Effects of Educational Reform on the Content and Status of the Social Subjects in England and Wales and the U.S.A: A case study, *International Review of Education,* 42 (6), pp.623-646.

18　木原直美「ブレア政権下における英国市民性教育の展開」『飛梅論集』第1号、2001年、pp. 99 - 113。Ray Derricott, National Case Studies of Citizenship Education: England and Wales, John J. Cogan & Ray Derricott (Eds.), *Citizenship for the 21st Century: An International Perspective on Education*, Kogan, New York, 2000.

19　Lindsay J. Parry, Origins and Evolution of Elementary Social Studies in Australia, 1930-1970, *The Social Studies,* 1998, pp.77-84.

20　Lindsay J. Parry, Transcending National Boundaries: Hilda Taba and the "New Social Studies" in Australia, 1969 to 1981, *The Social Studies*, 2000, pp.69-78.

21　石附実、笹森健編著『オーストラリア・ニュージーランドの教育』東信堂、2001年。佐藤博志「オーストラリアにおけるナショナル・カリキュラムに関する考察」『比較教育学研究』22号、1996年、pp. 101-112。

22　Lindsay J. Parry, Immigration and Multiculturalism: Issues in Australian Society and Schools, *Social Education*, 62 (7), 1998, pp.449-453.

23　Margaret Calder, A Concern for Justice: Teaching Using a Global Perspective in the Classroom, *Theory into Practice*, 39 (2), 2000, pp.81-87.

24　Warren Prior, What it Means to be A "Good Citizen" in Australia: Perceptions of

Teachers, Students, and Parents, *Theory and Research in Social Education*, 27 (2), 1999, pp.215-248.
25 Murray Print, Civic Education in Australia: Four New South Wales Cases, in John Cogan *et al.* (Eds.), *Civic Education in the Asia-Pacific Region: Case Studies across Six Societies,* Routledge Falmer: New York, 2002.

第3章　グローバル化時代における市民性と市民性教育

渋谷　恵

1　はじめに

　近年、多くの国や地域、またいわゆる国際社会において市民性教育への関心が高まっている。1990年代以降、各国の政府や民間団体、国際機関等によって様々な政策提言がなされ、市民性（シティズンシップ）概念の再検討、市民性教育のカリキュラムへの導入、効果的なカリキュラムやプログラムの提案がなされている[1]。また市民性教育に関する研究も盛んに行なわれてきた[2]。アジア諸国においても、市民社会論についての議論、また民主的社会の担い手としての新しい市民像についての議論が活性化し、市民的資質を育てる教育のあり方が改めて検討されている[3]。

　市民性教育に対する世界的な関心の高まりの背景には、急速な社会変化が社会やそこで生きる人々の生活を大きく変えてきているという現実がある。アジア・太平洋地域における市民性教育の比較研究を行なったコーガン(J. Cogan)らは、市民的資質を養う教育の政策と実践に影響を与えている社会変化として、①グローバル化、②多文化化、という2つの現象を指摘した[4]。またギデンズ(A. Giddens)は、今後の社会における市民のあり方に影響を及ぼす3つの大きな変化として、①グローバル化、②情報テクノロジー (IT) の進化、③日常生活の変化、を挙げ、私たちの社会を大きく変革しているグローバル化のインパクトを論じている[5]。

コーガンらが指摘する多文化化の進行は、ヒトやモノ、情報のグローバルな流れに由来するものであり、またギデンズが指摘する日常生活の変化は、情報テクノロジーの進化によってさらに加速されるグローバル化の動きのなかで起きていると考えられる。すなわち、現代におけるグローバル化の進行が、私たちの社会や個人の生き方に大きな影響を及ぼしており、それが市民性（シティズンシップ）概念の問い直しと、市民性教育への新たな関心を呼んでいるといえる。ギデンズが指摘するように、市民性教育について論じるためには、グローバル化という大きな社会変化の動向を踏まえる必要があるだろう[6]。

そこで本章では、グローバル化の特質とそれが社会に与える影響を考察した上で、グローバル化時代における市民性教育の方向性を、ユネスコの勧告や国際比較調査の結果から検討し、その課題を考察する。具体的には、まずグローバル化に関する社会学や人類学、政治学の領域での議論を検討し、その特質を整理する。次にユネスコ21世紀教育国際委員会による報告書『学習：秘められた宝』、またコーガンとデリコット（R. Derricott）による国際比較研究『21世紀のための市民性教育——教育の国際的視点——』を取り上げ、国際機関や各国の教育研究者あるいは教育政策担当者が、グローバル化の進展をどのように認識しているのか、またその認識を踏まえて、どのような市民的資質や価値が想定されているのかを検討する。最後に、以上の議論をもとにしながら、グローバル化時代における「市民性（シティズンシップ）」概念を改めて検討し、その課題について考察を行ないたい。

2　グローバル化の進展とその特質

コーガン、ギデンズらが指摘するように、グローバル化の進展は私たちの日常生活において無視できないほどの大きな影響力をもつようになっている。こうしたグローバル化の特質とそれが社会に与える影響については、近年、社会学、人類学、政治学など様々な分野で理論的検討や実証的研究がなされている。ここでは、これらの研究をもとに、グローバル化の現象にみら

れる特質を整理し、グローバル化の錯綜した状況をとらえる枠組みとしたい。

　現代社会を特徴づけるグローバルな相互作用を分析したアパデュライ (A. Appadurai) は、地球規模で起きている複雑で錯綜した「流れ」のなかに大きく5つの景観を見ることができると指摘している。①旅行、就労のための移動と定住、難民など、国境を越える人々の流れ(エスノスケープ)、②情報技術をはじめとする様々なテクノロジーの流れ(テクノスケープ)、③通貨、証券など金融の流れ(ファイナンスケープ)、④印刷メディア、映像メディア、最近ではインターネットなどの電子メディアなど様々なメディアが作り出す流れ(メディアスケープ)、⑤人権概念、民主主義、自由などの思想やイデオロギー、価値観の流れ(イデオスケープ)である。これらはいずれも固定された図ではなく、一瞬に浮かび上がる景観であり、常に流動するものとして想定されている[7]。

　グローバル化の現象は、「経済のグローバル化」、「文化のグローバル化」といった表現に見られるように、しばしば政治、経済、社会、文化、あるいは環境といった領域に分けて論じられることが多い。これに対して、アパデュライが提示した5つの景観イメージは、これらどの領域にも関わる大きな流れの要素(「人」「テクノロジー」「資本」「メディア」「思想」)を提示するとともに、その常なる「流動性」を強調するものであり、グローバル化の現象をとらえる上でのひとつの手がかりを与えてくれる。

　アパデュライが提起する「流動性」も含め、グローバル化の現象に見られる特質をまとめると大きく、1) 結合性、2) 多次元性、3) 単一性、4) 流動性、5) 再帰性、6) 脱テリトリー化、7) 不均等性、を指摘することができるだろう。

1) 結合性

　グローバル化と文化の関係について考察したトムリンソン (J. Tomlinson) は、グローバル化を「近代の社会生活を特徴づける相互結合性と相互依存性のネットワークの急速な発展と果てしない緻密化」と形容する[8]。こうしたグローバルな結合性は、運輸・通信メディアの加速度的な発達のなかで、人々が生きる空間と時間を圧縮させており、地球上の様々な要素の間のつながりはますます強まっているといえる。

2）多次元性

相互結合性の強化は、ある特定の領域に見られるものではない。アパデュライが示すように、ヒト、テクノロジー、資本、メディア、思想など様々な流れの活性化により、相互の結合は多次元で生じている。科学技術や様々な分野の研究成果、政治的概念、価値、宗教、映画や音楽、ファッション、食べ物、また犯罪、薬物、汚染物質、様々な形の暴力など、あらゆるものが国境や地域の境界を越えて流通しており、グローバルな相互結合性は社会生活のあらゆる領域に広がっている。トムリンソンが「複合的結合性」「多義的結合」[9]という表現で示すように、結合性は様々な次元にわたって、相互に絡み合いながら進行している。人々の生活のあらゆる領域においてグローバル化の影響が及んでいるといってもよいだろう。

3）単一性

グローバル化の進行は、相互の結合性を高め、「一つの全体としての世界」をますます実体化させている。グローバル化を社会学の観点から分析するロバートソン（R. Robertson）は、こうした現象を「一つの全体としての世界の縮小」[10]とし、この潮流が今後さらに強まるとする。

グローバル化に関する研究では、グローバル化が文化的な同質化を進む一方、それへの対抗として文化的な異質化、個別主義の主張も強まるという見解、またそれを示す実証的な研究が多くみられる。グローバル化によって生じるこうした状況は、「グローバル」と「ローカル」「ナショナル」、あるいは「普遍性」と「特殊性」との葛藤あるいは弁証法的な関係としてもしばしば論じられてきた。アパデュライが指摘するように「文化的同質化と文化的異質化との緊張」[11]はグローバル化の大きな特色といえるだろう。

これらの議論を踏まえてロバートソンが指摘するのは、同質化にしても、異質化にしても、そうした動きが依拠する枠組み自体がグローバルなものになってきているということである。異質化の動きは、グローバルな潮流のなかでいかに自らの独自性、個性を確立し、いかにそれを主張するのか、という観点からしばしば行なわれる[12]。すなわち、異質性の主張も、グローバルな評価、眼差しとは無関係ではなく、グローバルなものとの関係で規定され

ているといってよい。その意味においては、社会関係を規定するコンテクスト、社会の行為者がよって立つ準拠枠として「一つの全体としての世界」、すなわちグローバルな単一性が今まで以上に意味をもつようになってきたと考えられる。

4) 流動性

先にみたように、アパデュライは現在のグローバルな流れを5つの景観として提起した。とりわけ「景観（スケープ）」というメタファーの採用によって示されるのは、常に流動する動きであり、その流れのなかで常に異なった図が「景観」として現れてくるようなイメージである。万華鏡を回転させて流れを起こすと、そのたびごとに組み合わせが複雑に変化し、またそれが鏡に反射して様々な像を作り出すように、グローバルな流れは常に複雑に組み合わされ、反射されて、錯綜する景観を作りあげる。アパデュライによれば、グローバルな錯綜する流れのなかで、様々な差異とずれが不断に作り出されているという[13]。

5) 再帰性

グローバル化に伴う多次元での結合性、また圧縮された世界におけるグローバルとローカルの相互関係性の強まりは、再帰性という概念から考察することもできる[14]。トムリンソンは、ギデンズの再帰性理論を引用しつつ、人々の日常生活での行動がグローバルな社会の構造に影響を与え、またその変化が人々の生活にはねかえってくるというローカルとグローバルの弁証法的な構造を提示している[15]。個人がグローバリゼーションのなかで単に受身の受動者として存在するのではなく、個人の行動が全体的な構造に影響を及ぼし、またそれが個人に戻ってくる。グローバル化はこうした継続的でダイナミックなプロセスとしてとらえることができるだろう。

6) 脱テリトリー化

多次元での結合性が強まり、人や技術、資本、情報が様々な境界を越えて移動するなかで、人々が帰属するコミュニティや社会集団は人が存在する「場所」とは必ずしも結び付かなくなってきている[16]。情報テクノロジーの発展は、テレビやラジオといったメディアの普及、電子メール、インターネット

の普及などにより、地理的に離れて住む人々を、ある特定の国家・民族・文化・宗教との関わり、共通の主張や関心、日常生活での様々な嗜好や消費行動などによって、結び付けはじめている。「場所」と国家、国民、文化、社会集団との関係が大きく変わりつつあるのである。

　トムリンソンによれば、脱テリトリー化の動きは「世界のほとんどの人々に関わり、彼らの日常生活における経験を根本的に変えてしまうような、決定的な重要性をもつもの」であるという[17]。またそれは、直線的で一方通行的なプロセスではなく、グローバル化そのものと同様に、弁証法的プロセスによって特徴づけられる。すなわち脱テリトリー化の動きとともに、人々を空間に改めて結び付ける、あるいは結び付けようとする再テリトリー化の動きも拮抗して起きているのである[18]。

7）不均等性

　グローバル化の動きは、もつものともたざるものの格差を押し広げている。国連開発計画の報告書『グローバリゼーションと人間開発』は、最富裕国と最貧国における一人当たりのGDP格差が、1950年の35対1から、1973年には44対1、1992年には72対1へと拡大していること、1998年段階において世界人口の15％が住む先進国がインターネットユーザーの88％を占めていることなど、様々なデータをもとに、経済格差、情報格差の拡大を提示している[19]。こうした格差、不均等性は国家や地域の枠だけでとらえられるものではない。グローバル化が進展するなかで、ますます豊かになる者と貧しくなっている者が、国境や地域の境界に関わりなく偏在しているのである。

3　グローバル化時代の市民性（シティズンシップ）
　　　──専門家による提言・議論の分析から──

　では前述のようなグローバル化の状況を、有識者や教育政策担当者はどのように認識しているのだろうか。またグローバル化の時代における市民の資質、そのための教育の方向性はどのように構想されているのだろか。ここではユネスコ21世紀教育国際委員会による報告書『学習：秘められた宝』、ま

たコーガンとデリコットによる研究『21世紀のための市民性教育――教育の国際的視点――』を取り上げ、現代の社会変化に対する認識、および今後必要とされる教育の理念について検討してみよう。

(1) ユネスコ21世紀教育国際委員会による提言

　ユネスコはその発足時より、世界市民としての教育の必要性を提唱してきた。1974年の国際教育勧告においても、異文化理解に加え、人類が共通に抱える課題への取り組みを訴え、国際的な市民としての資質の育成を課題としている。

　21世紀教育国際委員会は、1991年11月のユネスコ総会において設立が求められたもので、1993年、15名の委員をもって正式に発足した。その目的は、現代の社会と未来の動向を検討し、新しい世紀における教育と学習の理念、教育課題、重点を置くべき教育政策などを提言することにあった。委員会は、1985年から1995年まで当時のEC（ヨーロッパ共同体）議長を務めたジャック・ドロールを委員長に、教育の専門家のみならず、公共政策、女性問題、環境、労働、人口、哲学、政治など幅広い分野の専門家・有識者によって構成された。またその国籍や文化的背景もヨーロッパ、アフリカ、アジア、南北アメリカと、多岐にわたっている[20]。委員会は以後8回にわたる議論の末、最終報告書として『学習：秘められた宝』をまとめ、1996年1月、これを採択した。同報告書は、21世紀の社会変化、教育問題を幅広く展望した第1部、新しい時代における教育の原則を提示した第2部、具体的な教育政策課題を整理した第3部からなっており、これからの社会における「革新的かつ実施可能な施策および実践へのアプローチ」が提案されている[21]。

　同報告書はまず現代の社会変化の方向性として、①「地域コミュニティから国際社会へ (From the local community to a world society)」、②「社会的結合から民主的参加へ (From the social cohesion to democratic participation)」、③「経済成長から人間開発へ (From Economic growth to human development)」の3点を提示する。

　①「地域コミュニティから国際社会へ」の項では、経済、科学、文化、政治の分野における相互依存性、グローバル化が強まるなか、新しい世界が秘

めた可能性に対する期待とともに、不安や危惧が広がっているとする。グローバル化に伴う課題としては、人口問題、経済のグローバル化に伴う世界的な競争の激化と貧富の格差の拡大、犯罪のグローバル化、コミュニケーションの普遍化、国境を越えた人の移動の増加、多様な民族・言語・文化を持つ個人・集団の相互理解と共生、戦争や紛争、暴力のコントロール、ローカル性とグローバル性の相克などを指摘している[22]。このため、教育の課題としては、現実に存在する相互依存性を「連帯性」へと変換すること、「自己の利害のみを追及する内向きの傾向を超越して、多様性を尊重しつつ他者を理解すること」「世界の理解と他者の理解」が必要であるという[23]。

また②「社会的結合から民主的参加へ」の項では、社会が変化し、これまで人々を結び付けてきた社会的紐帯が弱まるなかで、「国民」や「民主主義」といった概念そのものが疑問に付されているとする。報告書は、こうした状況であるからこそ、民主主義の理念の再構築、少なくとも再活性化が必要であるとし、参加型民主主義を可能とする公民教育（Civic Education）、市民社会の構築のための生涯学習、情報社会において情報を的確に入手し、理解・判断するための教育の重要性を提言した[24]。「民主的参加」「生涯学習」「情報社会への適応」という3つのキーワードは相互に深く関わるものである。生涯にわたる学習、情報の的確な把握により、市民としての判断力を高め、社会生活に参加することが求められているのである。

③「経済成長から人間開発へ」の項では、経済成長の世界的な不均衡を問題点として指摘し、経済的格差や不公正を是正するための教育、持続可能な開発を可能とする教育、人間としての自己開発を促す教育が求められた[25]。

こうした状況認識を踏まえ、同報告書は新しい時代の学習の原則として4つの柱を提言している。この4つの柱とは、①知識を自ら獲得し、自ら学び続けるために「知ることを学ぶ」、②知識を実践に結び付け、多様な状況のなかで創造的に働く能力を涵養する「為すことを学ぶ」、③多様化する社会のなかで他者を理解し、共通の目的のために共に働く「共に生きることを学ぶ」、④知性、身体、精神などを全面的に発達させ、自己を知り、他者と関わるなかで自らの生き方を決定していく「人間として生きることを学ぶ」で

ある[26]。変化の激しい現代社会において、他者と共生しつつ、より良く生きていくためには、従来の教育が重視してきた「知識を学ぶ」ことだけではなく、上記のような新しい学びの原則が必要であるとする。

　こうした4つの学びを実現するために強調されているのが「生涯学習」である。報告書はこれを「21世紀の扉を開く鍵」であるという[27]。グローバル化が進行し、社会が急速に変化するなかでは、知識や技能、行動のための判断力や能力を新たにする継続的な学習と成長のプロセスが必要である。学習は生涯のあらゆる時期に、あらゆる活動を通じて行われるもので、自己の完成と社会への参加の基礎として位置づけられるのである。

(2) 各国の教育専門家の見解

　21世紀の社会における市民性教育の在り方について、世界各国の専門家・教育政策立案者らに対するデルファイ法 (the Delphi method) 調査をもとに分析を加えたのが、コーガンとデリコットらによる『21世紀のための市民性教育——教育の国際的視点——』である。デルファイ法とは、ある特定の課題に関して多くの専門家の見解を集約し、その結果を互いに参照しフィードバックを行なう作業を通じて収斂させ、全体としての同意（コンセンサス）が得られる点（あるいは得られない点）を絞りこんでいく調査方法であり、将来の事象に関する予測や、不確定な問題に対する妥当な見解を得るための方法として活用されているものである。

　コーガンらは、「シティズンシップ (citizenship)」を21世紀の市民に求められる資質と規定し、それは専門家集団によって提示・同意された資質から見ることができるとした。またその内容としては、ローカル・ナショナル・インターナショナルな次元における教育的・政治的・社会文化的・経済的側面を含むものとして規定している[28]。調査にあたっては、性、人種・民族、地域、専門領域などのバランスを考慮し、アジア、ヨーロッパ、北米地域の9カ国（日本、タイ、イギリス、ドイツ、ギリシャ、ハンガリー、オランダ、アメリカ、カナダ）から182人の政策立案者・専門家が抽出され、これら専門家集団が合意できる点が探求された。具体的には、これらの専門家に対して、1) 今後

25年の間に人々の生活に大きな影響を与えると思われるグローバルな動向、2) それらの動向に対応するため個人に求められる資質、3) 望ましい市民の資質を育てるための教育的アプローチ・戦略・イノベーション、という3つの点に関する面接調査が行われた。その結果は、項目ごとに整理されたうえで再び各調査対象者による再考に付され、それぞれの項目に対する同意の度合いが質問紙調査によって集約される[29]。こうした相互参照の過程を経て一定の合意を見た見解は以下の通りである。

1) グローバルな動向

同調査は、今後ますます重要度を増していく課題(Challenge)として、以下の7点を指摘している[30]。

① 経済的な格差の増大
② 情報テクノロジー (IT) による個人のプライバシーの侵害
③ 情報テクノロジー (IT) へのアクセス格差に基づく不平等
④ 環境問題をめぐる先進国と開発途上国との間の対立
⑤ 人口増加、環境破壊による水にかかるコストの激増
⑥ 森林破壊による空気、土壌、水、生命の多様性への悪影響
⑦ 人口増加による貧困の拡大、とりわけ貧困層の子どもたちの増加

また、今後起こりうるネガティブな方向性としては、政府によるコントロールの強化、個人・家庭・コミュニティの弱体化、公共の利益に関する共通認識の揺らぎ、消費主義の蔓延、国際的な経済格差に基づく国境を越えた人の移動の増加、遺伝子科学の進歩に伴う倫理的問題、またポジティブな方向性としては、知識を資本とする経済成長への移行、企業による環境保護対策の取り組み、人種や民族、性別などに基づく制度的不平等の減少、これまで周縁化されてきた人々（女性や民族マイノリティなど）の復権、平和と安全の維持のための地域間協力の拡大などが指摘された[31]。

同調査をまとめた研究者は、こうした社会変化が人々の生活に直接的な影響を及ぼすとする。とりわけ、社会的な統合が失われ、社会的責任の感覚や公共の利益のための共通認識を育てていく態度が失われることにより、人々が無力化し、政府や社会、経済の強い影響から自らを守ることができなくなるこ

とが危惧される。そのため、公共の領域への市民の参加、またこうした問題に対するコミュニティや政府機関の関与が必要であると提言している[32]。

2) 21世紀の市民に求められる資質

こうしたグローバルな動向予測を踏まえ、これからの時代を生きる市民に求められる資質としては、以下の8項目が指摘されている[33]。

① グローバル社会の一員として問題をとらえ、それに取り組む能力
② 他者と協働する能力および社会のなかでの役割・義務に責任を持つ能力
③ 文化的な差異に対する理解・受容・尊重・寛容に関する能力
④ 批判的かつ体系的に考える能力
⑤ 非暴力的方法によって葛藤を解決する能力
⑥ 環境保護のために自らのライフスタイルや消費習慣を改める能力
⑦ 人権(女性や民族マイノリティの権利など)に敏感になり、人権を擁護する能力
⑧ ローカル・ナショナル・インターナショナルなレベルにおいて政治に参加する意欲と能力

このように各国の専門家によって合意がなされた項目のなかにも、出身地域の違いによって若干、強調点の違いがみられたという。同調査では、とりわけ、東洋諸国(タイ、日本)と西洋諸国(イギリス、ドイツ、ギリシャ、ハンガリー、オランダ、アメリカ、カナダ)の間での差異が顕著であるとして、その差異を検討している。これによれば、一定の同意が見られたとはいえ、西洋諸国では、②他者と協働する能力、④批判的かつ体系的に考える能力を支持する率が高く、東洋諸国では、⑥環境保護のために自らの生活を改める能力を支持する率が高かった。また東洋諸国の専門家によって強く合意がみられた項目としては、前述の⑥に加えて、精神的な発達、よい人間関係の構築、ローカル・ナショナル・インターナショナルレベルで政治に参加する意欲と能力、が挙げられている[34]。こうした分析はタイ、日本とその他の諸国との比較に基づくものであり、それをもって東洋と西洋の差異として論じることには限界がある。しかしながら、市民の資質に関する国や地域ごとの違いを示すも

のとして参照することは可能であろう。

3) 教育戦略

そのために必要な教育的アプローチ・戦略・イノベーションとしては、教育機関の国際的な連携の強化や、国際的な経験があり異文化への意識が高い教員の養成、相互理解を深めるための学生の国際交流プログラムの推進、グローバルな課題、国際問題のカリキュラムへの導入といった、教育の国際化政策に関して合意が見られた。また、コミュニティ志向の考え方をカリキュラムに導入し、コミュニティのなかでの活動を推進すること、教育と社会の他のセクターとの連携・協働を進めることが提言されている[35]。21世紀の市民を育てることは、学校だけの責務ではなく、すべての人や機関の責任として認識されているのである。

4　市民性教育に関わる概念の再検討

以上検討したように、ユネスコ報告書はグローバル化に伴う急速な社会の変化のなか、生涯にわたる学習を通じて判断力を高め、社会生活に参加する能力、他者とともに生きていくための能力を求めた。またコーガンらの研究にみる各国専門家の見解からは、これからの市民に求められる要件として、グローバル社会の一員として問題をとらえる能力、批判的かつ体系的に考える能力、互いの差異や主張の違いを尊重しつつ協働する能力などが指摘されている。共通して見られる特徴としては、グローバル社会の一員としての認識、多文化化・多民族化が進む社会における差異への寛容と理解、協働の態度、社会生活へ積極的に参加する態度と能力などを挙げることができるだろう。そしてこれらの資質を育てるべく、教育政策や具体的な実践への提言がなされている。

こうした提言は今後の市民性教育を考える上で重要な視点であると思われる。しかし、これらの提言は、「シティズンシップ(Citizenship)」の理念を、今後の市民にいかなる資質が望ましいか、さらにそうした資質をいかに教育によって育てるかという観点から導き出されたものであり、市民の権利や法

的地位をいかに想定するかという点についての言及はあまり見られない。今後の市民性教育を構想するためには、市民の権利、法的地位に関する検討も含めた概念の検討が必要である。

　また、アジア地域の比較研究を行ったコーガンは、グローバル化の進展に伴って、市民性教育に関する考察の前提となっている「市民性（シティズンシップ）」「国民」などの概念の再検討が求められているという。彼が指摘する問題軸は、①権利と責任／協議と市民的価値、②普遍的シティズンシップ／差異化されたシティズンシップ、③固定されたシティズンシップ／フレキシブルなシティズンシップ、の3点であった[36]。ここでは、こうしたコーガンの指摘を踏まえながら、特に、多民族化・多文化が進行する社会におけるシティズンシップという観点から若干の考察を行ないたい。

　すでに見たようにグローバル化の進展は、国境を越えた人の移動をますます活性化させている。世界的な経済格差は就労のための移動、経済移民の数を拡大させた。運輸・通信メディアの加速度的な発達は、こうした人の移動を促進させるとともに、地球上で離れた地域に住む人々の民族性や文化の維持・活性化をも促している。

　このように社会の多民族化・多文化化が進行するなかで、民族集団や文化集団の固有のアイデンティティや言語・文化に対する配慮、文化的多様性や差異の承認の在り方に関する議論が盛んに行なわれ、集団の差異に配慮した「差異化されたシティズンシップ」、あるいは多文化主義に基づく「多文化的シティズンシップ」の可能性が提起されている。

　「差異の政治 (politics of difference)」を提唱するヤング (I. Young) は、従来のシティズンシップ概念が、普遍性、平等性の名のもとに、差異を抑圧してきたとする。18世紀以降の近代的なシティズンシップの理念は、法の平等な保護のもとにすべての者が市民的地位を獲得すること、そしてその市民としての権利が個人や集団の差異にかかわらず平等に保障されることを目指すものであった。しかしながら、こうした「普遍的シティズンシップ」の理念は、市民に同質性を強要するとともに、異なる個人や集団を平等に扱うことによってかえって特定の個人や集団の不利益を存続させているという[37]。

そこでヤングが提唱するのが、「普遍的シティズンシップ」に替わる「差異化されたシティズンシップ」概念である。ヤングは、現代社会が集団の差異化を有しており、かつ現実にあるいは潜在的に抑圧や不利益を被っている集団が存在するという状況を前提とし、こうした状況下ですべての者の参加による民主主義を実現するためには、集団の差異に配慮する特別な権利の主張、すなわち集団代表権としての「差異化されたシティズンシップ」の主張が必要であるとする[38]。

こうした差異に基づく集団的な権利を主張する動きに対しては、個人の権利や自由を重視する自由主義の立場、共同体内での価値の共有を求める共同体主義の立場からも批判が寄せられている。

これに対し、カナダの政治哲学者キムリッカ (W. Kymlicka) は、自由主義の立場からマイノリティの集団的権利を擁護するための枠組みとして「多文化的シティズンシップ」という概念を提起している。彼の議論の特徴は、マイノリティが集団的にもちうる権利として、自治権、エスニック文化権、特別代表権、の3点を挙げ、マイノリティ集団の類型 (①先住民のように元々民族的なまとまりを保っていた「民族的マイノリティ (national minorities)」、②移民によって構成される「エスニック集団 (ethnic groups)」) ごとに異なる集団権を想定した点にある[39]。キムリッカは、こうした類型ごとに集団としての権利を検討することにより、集団としての権利の主張が、個人しての権利や自由、社会の統一性といった自由主義の理念と矛盾しないための論理を探ろうとしている。

アジア・太平洋地域6カ国 (オーストラリア、香港、日本、台湾、タイ、アメリカ合衆国) の公民教育を分析したコーガンは、これらの国々の公民教育がいずれも「普遍的シティズンシップ」に基づいて行なわれていると指摘している[40]。社会の多民族化・多文化化が進行するなかにあって、多様な文化や民族の権利の保障、差異の承認がますます求められてくるだろう。「差異化されたシティズンシップ」「多文化的シティズンシップ」という概念は、今後の市民性教育を考える際にも重要な視点を提示するものと思われる。

しかしながら、民族や文化の差異を前提とした議論に関しては、民族性や文化を本質的に重要なものとしてとらえることへの批判、差異を集合的アイ

デンティティとして固定化することへの批判も見られる。

また国境を越えた動きが活性化するなかで、国家や民族、文化への帰属が混合し、重層的、選択的、流動的なアイデンティティが生じていることを指摘し、よりフレキシブルなものとしてシティズンシップをとらえる見方もある。例えば、在外中国人のトランスナショナルな動きを人類学的視点から分析したオング (A. Ong) は、人々が異なる国への帰属、市民権の獲得から得られる利害を考慮し、自らあるいは家族の居住や就労、投資の場を選択していると分析する[41]。オングによる「フレキシブルなシティズンシップ」という考え方は、ある特定の国家や民族、文化に固定されない新しいシティズンシップの形を示すものであろう。

しかしながら、経済格差、情報格差の拡大は、自らの意思でトランスナショナルに移動し、市民としての権利と文化的アイデンティティを選択的に享受できる階層と、そうした特権をもつことができない階層との間に分断をますます押し広げている。後者の権利をいかなる主体が保障するのか、公共の利益をどのように想定するのかといった問題をさらに検討する必要があるだろう。

5　おわりに

コーガン、ギデンズらが指摘するように、グローバル化の進展とそれに伴う社会の変化は、従来の市民性（シティズンシップ）に関する概念を大きく揺るがしている。

本章で検討したように、グローバル化に伴う社会の多民族化・多文化化の進行という現象は、従来の「普遍的シティズンシップ」という概念の限界を示し、「差異化されたシティズンシップ」「多文化的シティズンシップ」「フレキシブルなシティズンシップ」といった概念が新たに検討されるようになっている。

同様に、グローバル化に伴うガバナンスの変化、国家と市民との関係の変化、地域的に限定されない共同体の増加、ローカル・ナショナル・グローバ

ルの間の再帰性といった状況は、「市民」に関わる従来の概念を大きく転換させるものである。今後の社会における市民性教育は、こうした市民性(シティズンシップ)概念の変化を踏まえて、再構築される必要があるだろう。

注

1 例えば以下のような報告書、提言書がある。Advisory Group on Citizenship, *Education for the Citizenship and the Teaching of Democracy in Schools,* London: Qualifications and Curriculum Authority, 1998. Civic Expert Group, *Whereas the People ... Civic and Citizenship Education in Australia,* Canberra: Australian Government Printing Services, 1994. Curriculum Development Council, *Guidelines on Civic Education in Schools,* Hong Kong: Hong Kong Education Department, 1996. 日本でも、例えば中央教育審議会答申『21世紀を展望した我が国の教育の在り方について』(1996年7月)、「「新しい時代を拓く心を育てるために」――次世代を育てる心を失う危機――』(1998年6月)、『青少年の奉仕活動・体験活動の推進方策等について』(2002年7月)、教育課程審議会1998年答申などが、これからの社会における国民・市民の育成について言及している。

2 John J. Cogan and Ray Derricott, eds., *Citizenship for the 21st Century: An International Perspective on Education,* London: Kogan Page, 1998, 2000 (2nd ed.). Nick Pearce and Joe Hallgarten, eds., *Tomorrow's Citizens: Critical Debates in Citizenship and Education,* London: Institute for Public Policy Research, 1999.

3 岩崎育夫編『アジアと市民社会――国家と社会の政治力学――』アジア経済研究所、1998年。Lee Hock Guan, ed., Civil Society in Southeast Asia, Singapore: Institute of Southeast Asian Studies, 2005. アジア諸国における市民性教育の動向については、John J. Cogan, Paul Morris, and Murray Print, eds., *Civic Education in the Asia-Pacific Region: Case Study across Six Societies,* New York and London: Routledge Falmer, 2002. Murray Print and Alan Smith, "Teaching Civic Education for a Civil, Democratic Society in the Asian Region," *Asia Pacific Education Review*, Vol. 1, No.1, 2000, pp.101-109.

4 Paul Morris, John J. Cogan, and Meihui Liu, "A Comparative Overview: Civic Education across the Six Countries," in John J. Cogan, et al., 2002, pp.185-186.

5 Anthony Giddens, "Citizenship Education in the Global Era," in Pearce and Hallgarten, eds., 1999, pp.19-20.

6 Giddens, p.19.

7 Arjun Appadurai, "Disjuncture and Difference in the Global Cultural Economy," in Arjun Appadurai, Modernity at Large: Cultural Dimensions of Globalization,

Minneapolis: University of Minnesota Press, 1996, pp.27-47.
8　J.トムリンソン（片岡信訳）『グローバリゼーション――文化帝国主義を超えて――』青土社、2000年、p.15。
9　同上、pp.15-16。
10　R.ロバートソン（安部美哉訳）『グローバリゼーション――地球文化の社会理論――』東京大学出版会、1997年、p.2。
11　Appadurai, 1996, p.32.
12　ロバートソン、pp.52-64。
13　Appadurai, p.37.
14　Anthony Giddens, *The Consequence of Modernity,* Cambridge: Polity Press, 1990.
15　トムリンソン、pp.52-56。
16　同上、pp.186-259。
17　同上、p.258。
18　同上、pp.258-259。
19　国連開発計画『人間開発報告書1999年――グローバリゼーションと人間開発――』国際協力出版会、1999年、pp.32-33、50-51、78。
20　発足の経緯、構成委員については、ユネスコ「21世紀教育国際委員会」（天城勲・監訳）『学習：秘められた宝――ユネスコ「21世紀教育国際委員会」報告書――』ぎょうせい、1997年、pp.202-203参照のこと。(UNESCO International Commission on Education for the Twenty-first Century, Learning the Treasure Within, http://www.unesco.org/delors/index.html)
21　同上、p.204。
22　同上、pp.26-37。
23　同上、pp.34-37。
24　同上、pp.38-50。
25　同上、pp.51-63。
26　同上、pp.66-76。
27　同上、p.88。
28　John J. Cogan, "Citizenship Education for the 21st Century: Setting the Context," in Cogan and Derricott, 2000, p.14.
29　調査の詳細については、Ruthanne Kurth-Schai, Chumpol Poolpatarachewin and Somwung Pitiyanuwat, "Using the Delphi Cross-Culturally: Towards the Development of Policy," in Cogan and Derricott, 2000, pp.93-108.
30　Sjoerd Karsten, Patricia Kubow, Zsuzsa Matrai and Somwung Pitiyanut, "Challenges Facing the 21st Century Citizen: Views of Policy Makers," in Cogan and Derricott, 2000, p.110.

31　*Ibid.*, pp.110-112.
32　*Ibid.*, p.111.
33　*Ibid.*, p.113.
34　*Ibid.*, p.125.
35　*Ibid.*, p.114.
36　Cogan, 2002, pp.186-187.
37　アイリス・M・ヤング「政治体と集団の差異――普遍的シティズンシップの理念に対する批判――」『思想』867、1996年9月、pp.99-101。
38　同上、pp.107-117。
39　ウィル・キムリッカ（角田猛之・石山文彦・山﨑康仕監訳）『多文化時代の市民権――マイノリティの権利と自由主義――』晃洋書房、19981年。
40　Cogan, 2002, p.186.
41　Aihwa Ong, *Flexible Citizenship: Cultural Logic of Transnationality,* Duke University Press, 1999.

第4章　サリット政権以降の国民教育政策の展開

野津　隆志

1　分析視角

　本章では、おおよそ1960年代から80年代までのタイの国民教育政策を歴史的に整理し、その特徴を抽出することを課題とする。つまり、本書の全体課題となる「市民性教育」がタイの教育政策や教育改革のテーマとなる「以前」の教育政策の特徴を「国民教育」と概念化し分析することによって、現在の市民性教育との差異や連続性を考えるための一つの素材を提供することがねらいである。特に本章ではタイの国民教育の特質を抽出するために、開発主義国家における教育政策という視点と国際比較の視点を導入し考察を進める。本論に入る前に本章の分析視角を設定し、国民教育の概念を整理しておきたい。

　開発途上国における教育開発については、従来、さまざまな理論モデルから説明・分析がされてきた。米村明夫はそれらの研究を、教育の発展がどのような社会的要因(政府、家族、企業、国外諸機関などの主体)によって規定されているかを分析する研究として理論化している[1]。本章は、社会的要因の中で、A. グリーン、フラー (Fuller, B.) とロビンソン (Robinson, R.) などによる政府(教育の供給者)の動機を重視する理論に依拠する。具体的にはグリーン (Green, A.) による「開発主義国家」の特性との関連を重視した教育開発論に着目したい[2]。本章で扱うサリット政権以降から80年代までの時代は「開発の

時代」と呼ばれ、開発主義の国家体制のもとであらゆる政策が進展した時代だからだ。

　末廣昭によれば、開発主義とは「工業化の推進を軸に個人や家族や地域社会ではなく、国家や民族などの利害を最優先させ、そのために物的人的資源の集中的動員と管理を図ろうとするイデオロギー」である[3]。タイを含むアセアン諸国では、おおよそ60年代から開発主義(developmentalism)による国家建設が進んだ。政府が積極的に経済活動を指導し、輸出・新製品開発への政府援助、海外投資奨励策によるキャッチアップ型工業化が推進されてきた。また多くの場合、クーデターで政権を樹立した軍人中心の政府による強権的な政治体制が開発を推進したため、開発独裁(developmental dictatorship)と呼ばれる時代であったことにも共通性が見られる。

　グリーンは開発主義国家の概念に依拠しながら、ヨーロッパ、日本、さらに韓国、台湾、シンガポールなどアジア諸国の国民教育の歴史的発展過程について包括的な議論を展開している。グリーンの理論枠組みを、本章の分析視角に関係のある点に限って簡単に整理しておく。

　まず、グリーンが重視するのは教育開発における「国家の主導的役割」である。開発主義国家では教育部門も含む国家の経済・社会・文化すべての「開発」が国家の強力なリーダーシップによって「上から」展開するからだ。グリーンはアジア諸国の国民教育の普及は、社会セクターや経済セクターが牽引するのでなく、国家による優先的教育投資の結果生じてきたことを多くの国の例を挙げ説明している。

　なお、教育開発における国家の主導性を強調するのはグリーンだけではない。世界銀行の著名な報告書『東アジアの奇跡』は、東アジアで初等教育の普遍化に成功した要因の中で、政府の積極的な役割を強調している。そして、1960年から85年の経済成長のうち、タイはその87％が、日本はその58％までが1960年時点の初等教育就学率で説明でき、この成功は政府が初等教育に予算を優先的に投入した結果もたらされたという[4]。

　次にグリーンは、開発主義国家の教育政策では「国民アイデンティティの構築」が強力に実施されるという。開発主義国家での教育開発は、経済計画

にもとづく工業化政策に対応する「人的資源開発」だけが目標となったわけはない。経済社会開発の土台となる国家的価値やイデオロギーの教育的普及がもう一つの課題となった。従って、国民教育の分析では、国家的価値・イデオロギーがいかに教育を通して展開するかに注目する必要がある。

　さらに、グリーンはこうした開発主義国家での国民教育の構築努力は、長い歴史的時間ではなく、短期的時間の「集中的努力」によって展開すると言う。すなわち「国家形成の過程が最も集約的で最も加速度的であった時期に、教育の発展は最もはっきりと現れる」のである[5]。

　以上に述べたグリーンの国民教育論を参考にして、本章で行なう国民教育の分析視角について簡単に述べておきたい。国民教育とは一言で言えば、政府が「上から」実施する国民形成(nation formation)政策である。国民に共通する価値・資質・知識を与えるための教育の理念、目標、内容、方法、法制、財政などの問題を含む教育水準の向上政策である[6]。近代教育史の展開から見ると、国家が義務教育制度を定め、教育のエージェントとなる学校普及を追求し、国民共通の基礎資質向上（読み、書き、そろばん）やさらに「公民」「臣民」「皇民」など国民アイデンティティ形成を目標としたのが国民教育の展開であった[7]。つまり、国民教育の①「外的条件整備」と②「教育の内容整備」の側面がある。

　そこで、途上国の国民教育を分析する場合も、国民教育の二つの側面が重要である。例えば、1960年バンコク・ユネスコ会議レポート[8]を見ると、アジアにおける初等教育普及の問題が総括されているので、国民教育の2側面の重要性をイメージする上で参考になる。このレポートによると、当時アジアにおける初等教育の普及のために以下のような項目の課題解決が必要とされていた。

1. カリキュラム（初等教育の目的にふさわしい、多様なカリキュラムの開発が不十分である）
2. 教科書、読書教材、補助教材（教材開発のための人材、施設、紙の不足）
3. 教育方法、評価方法
4. 損耗と停滞（就学率、進学率、卒業率の停滞がある）

5. 学校の施設・設備の拡充整備の必要
6. 教員の質量を拡充（養成機関の拡大、僻地教育の拡大のため僻地に養成機関を創設する課題がある）
7. 行政と指導体制の強化拡充

　この項目の中で1から3は教育の内容整備の側面と言える。特に1のカリキュラムの開発は、教育の内容を国が掌握し、標準的知識・技能を国民に普及させるために不可欠の課題である。特に開発主義国家では、グリーンも指摘するように、カリキュラムに国家的価値・イデオロギーを注入することで、国家的イデオロギーの国民普及が積極的に図られている。従って、国家的イデオロギーを明示したナショナル・カリキュラムの成立は、国民教育成立のメルクマールと考えられる。

　上記項目の4から7は、おおよそ国民教育の量的拡大を推進する外的条件であり、国民教育のいわば「基礎的インフラ整備」と呼べる課題である。潮木守一は開発途上国の学校普及における課題を「どこの国にとっても初等教育、中等教育の普及過程は、いかにして僻地を解消するかの過程だったといってよい」と端的に述べている[9]。開発途上国の国民教育普及とは、国内の地理的空間の大部分を占める農村地域に、いかに学校を普及しすべての国民を就学させるかという困難なインフラ整備への取り組みであった。

　以下では、タイの国民教育普及の過程を特に国民教育普及への国家の集中的努力の時期を対象に、小学校の「外的条件整備」と「カリキュラムへの国家イデオロギーの浸透過程」との2側面から整理していきたい。さらに、タイの普及過程をインドネシア、マレーシアと比較しながら見てみたい。ここで取り上げる国は3カ国に限られており、また大まかな叙述にならざるをえない。しかし、この3カ国は共通して開発主義国家の特性を持ち、国家開発計画が1960年代から着手され、教育政策はこの国家計画と密接に連動し展開した。また、この3カ国では、インドネシアの「パンチャシラ」、マレーシアの「ルクヌガラ」そしてタイの「ラックタイ」と呼ばれる国是が開発の精神となり、教育内容に浸透していった共通の過程がある。3カ国の「外的条件整

備」と「カリキュラムへの国家イデオロギーの浸透過程」の展開パターンや相互の差異を捉えることで、タイの国民教育の特性や普遍性が明確になると思われる。以下ではインドネシア、マレーシア、タイの順に国民教育の展開を見ていく。

2 インドネシアとマレーシアにおける国民教育の発展

表4-1に3カ国の就学率の推移を示した。原級留置や中途退学等の問題を無視して、就学率90％を仮に国民皆就学の達成ポイントとすると、大まかに言って、マレーシアが60年代にいち早く90％を達成している。逆にインドネシアの国民教育の量的拡大は非常に遅れたようである。70年で就学率はわずかに71％である。ユネスコ年次報告によれば、インドネシアでは、62年度1年生入学者100人のうち6年生で66％が脱落している。6年生残存率は34％でしかない[10]。タイの就学率は、60年代はマレーシアとインドネシアの中間的位置にあり、80年代にインドネシアとともに皆就学を達成している。しかし、タイの小学校制度が下級四年、上級三年の段階別に分かれて

表4-1 3カ国の初等教育就学率の推移

	マレーシア	インドネシア	タイ	
1960	93	60	84	
1965	86	68 (*)	79	20.3 (**)
1970	91	71	81	32.4 (**)
1975	94	86	84	42.7 (**)
1980	93	107	99	
1985	101	117	96	
1990	94	115	99	
1995	103	113	86	
2000	100	108	96	

* (1966年数値)
** (上級小学校5年次就学率)
　注) マレーシアの1970年までの就学率はサバ、サラワクを除く西マレーシアのみの数値。
　出典) 1970年までは、Bulletin of the Unesco Regional Office for Education in Asia, no.14 1973, Unesco, Bangkok。1975年以降は、ユネスコ文化統計年鑑（各年度版）などを使用。タイの統計は、The Drop-out Problem in Primary Education, Unesco Regional Office for Education in Asia and Pacific, Bangkok 1984. Education in Thailand（各年度版）などを使用。

いた時代 (60年から78年まで) には、**表4-1**の** (上級小学校5年次就学率) に示したように、上級小学校就学率はきわめて低い数値であった (この問題は、後述する)。

(1) インドネシア

インドネシアでは1965年にスカルノから政権を奪取したスハルト大統領の「スハルト帝国」体制下で国家建設が展開した。スハルトは「多様性の中の統一」というスローガンを掲げ、国家の共産化への危機意識を梃子にして徹底した反共政策をとり、開発を国家目標とした国家建設へ邁進した。

同国では75年頃より1980年代まで国民教育の外的条件整備への集中的努力が続いたと見られる。60年代70年代では、児童数の増加に見合う学校施設が不足し、都市部小学校では午前と午後で同じ施設を使い2部授業が行われ、さらに3部授業も行われていた。教科書不足も深刻で、教科書は学校から借用したり、2～3人で共有する状態であった。また、1978年までは授業料が徴収されており、親の経済的負担が大きかった[11]。

スハルトの教育開発戦略は、まずこうした教育の「インフラ」の整備から始まったのである。就学率は1955年から75年までの20年間で約55％から約65％へと10％しか上昇していないが、75年から急速に上昇し始めた。卒業率も71年1年入学者は45.2％であったが、78年1年入学者は59.3％まで上昇した。特に、80年代の石油高騰によって国家財政が豊かになったことで大統領教書により中央政府の直接教育投資が行われ、国をあげて小学校の完全就学をめざしてその収容力を拡大する政策がとられた。牟田の算出によると、80/81年の純就学率は76.40％であるが、84/85年の純就学率は87.53％に上昇している[12]。この実績を踏まえて、インドネシアでは1984年に小学校6年義務教育、89年に中学を含めた9年制義務教育が施行された。

さて、次に国家イデオロギーの浸透プロセスを見てみる。スハルトの開発を支える国家理念が「パンチャシラ」である。パンチャシラは、①神への信仰、②公平で文化的な人道主義、③インドネシアの統一、④協議と代表制において英知によって導かれる民主主義、⑤すべてのインドネシア国民に対する社

会正義の5原則からなり、1945年憲法に規定されて以来、不動の建国理念となってきた[13]。

パンチャシラは、独立後のスカルノ時代には社会主義イデオロギーと結合した国家理念として存在し、スハルト時代からは一変して「開発」のイデオロギーに転化した。しかし、実際にパンチャシラが学校カリキュラムに埋め込まれていくまでにはかなりの時間がかかっている。1964年小学校学習指導要領では「モラルの発展」という学習領域の中の「社会性の教育」科目においてのみ「パンチャシラ精神を持つインドネシア的に社会化された人間に育成すること」が目標に上がっている。パンチャシラ教育はカリキュラム上では、ごく周辺的な位置にあったのである。さらに、1968年カリキュラム改訂でも、パンチャシラ精神に基づいた態度、行動とは何かについて具体的に指示されることはなかったと言われる[14]。

しかし、1973年に国の最高決議機関である国民協議会が国策大綱を決定し、その中で、「教育の開発は、パンチャシラ国民哲学に基づいてパンチャシラを具現した開発された人間の育成」をめざし、公立私立のいかんを問わず幼稚園から大学にいたる全段階の教育カリキュラムの中にパンチャシラ道徳教育を包含しなければならないことが明示された。そのため、ようやく75年カリキュラム改訂によって公民教育に代わって「パンチャシラ道徳教育」という名の教科が独立して登場した。

その後、1984年に小学校から高等学校まですべての段階、すべての種類の学校で週当たり2時間、パンチャシラ道徳教育の授業が設定された。また、同時期から「P4講習会」と呼ばれるパンチャシラ研修会が公共の場で実施され国民全体への浸透が図られていく。さらに、「パンチャシラ道徳教育科」は1994年カリキュラム改訂により「パンチャシラ公民教育科」となり全9科目中の筆頭教科と位置づけられるに至った[15]。

(?) マレーシア

1957年マラヤ連邦として独立したマレーシアは、マレー系、中華系、タミール系民族が国内半島部に居住し、さらにボルネオ島北部のサバ、サラワクか

らなる複合民族国家である。マレーシアが本格的な開発主義体制を確立するのは1981年マハティール首相就任以降だが、1970年代のラザク首相(1970年-76年)とフセイン首相(1976年-81年)の時からその基礎は作られていったと言われる[16]。マレーシアはインドネシアに比べて、国民教育建設の展開が異なるように見える。表4-1を見る限り就学率は1960年の時点で既に90％を超えている。他の2カ国より早い達成である。マレーシアの場合、初等教育の量的拡充(国民の小学校就学)そのものは開発主義国家が本格的に展開する以前にすでに達成されていた。そのため、マレーシアの開発主義体制下の国民教育の主要テーマは、マレー人中心の国民統合を促進するための外的条件整備やカリキュラム改革であったと言える。

　マレーシアの教育政策が一挙にマレー人中心の国民統合に傾斜するのは、1969年5月13日事件と呼ばれる民族暴動以降のことである。1970年にマレー系と華人系の対立から民族暴動が生じ、政府は戒厳令実施の下で、市民権、国語(マレー語)、スルタンの地位、国教としてのイスラム教について公的な場で議論することを禁止した。このとき発表されたのがルクネガラ(Rukunegara)とよばれる国家理念である。ルクヌガラは「神への信仰・王と国家への忠誠・憲法遵守・法による統治・良識ある行動と徳性」の五つからなり、その後マレーシアの国家イデオロギーとして国民的普及が図られることになった[17]。

　民族間の緊張の高まりというまさに国家存亡の危機的状況下で、開発主義の国家イデオロギーが創出されたと言えよう。マレーシアの開発主義は周知のようにブミプトラ政策と呼ばれ、その基本的主張はマレー人の特別の地位と権益の向上を前提にして国民統合を進めるものである。マレー人の経済的地位を上げ、社会的にはイスラム教の保護拡大やマレー語の国語化など「マレー人文化」を骨格とした開発主義政策が70年以降強力に実施された。こうしたマレー人中心の国民統合を推し進めるための国家イデオロギーがルクヌガラであるといえる[18]。

　しかし、70年代の教育政策を見てみると、ルクヌガラの学校教育への浸透よりは、マレー民族中心の教育インフラ整備が優先されたように見える。

69年民族暴動後、成立したラザク政権の国民教育整備では、まずカリキュラムの中に国語(マレー語)教授科目を増加配分し、言語的統合を達成することに努力が集中した。第2次マレーシア計画(71年-75年)ではマレー語を主要教育用語とすることが重点目標となり、英語(教授)学校がマレー語(教授)学校へ改変された。さらに、高等教育へのマレー人就学者を拡大するため、国民大学、農科大学、工科大学、マラ工科大学が設置された。大学入試の民族別割り当て制度、大学予備科の設置などもマレー人の教育機会拡大のために行われた政策である。

こうした制度整備が70年より展開し、英語学校のマレー語転換が1983年に完了した後、国家理念のカリキュラム導入がようやく着手された。まず、1983年に初等教育カリキュラムが全面改正され、ルクヌガラを中心とした道徳教育が導入された。杉本によればこの改正は「イスラーム的価値を教え込む穏健な形のイスラーム化に着手し、国民教育の道徳的基盤を確立する」ことを目指したものである[19]。

その後、ルクヌガラを軸にした「道徳的基盤」の形成はしだいに強化されてきている。1988年「国家教育哲学」が発表された。この哲学ではマレーシアの教育が「神に対する強固な信仰と献身に基づく」とされ、イスラムの唯一神アッラーへの信仰を教育の基本に据えることが明言された。

1993年に小学校統合カリキュラムが作られた。以前はイスラム系生徒に対しては「イスラム宗教知識」が必修で、非イスラム生徒に対してはその時間は民族語教育が当てられていたが、この改訂でイスラム生徒には「イスラム教育」が必修となり、非イスラム生徒に対しては「道徳教育」が必修になった。道徳教育の徳目は普遍的な価値とルクヌガラに即して選び出されたものであるという[20]。

さらに近年では1996年教育法により、就学前教育は国民教育制度に組み入れられ、1999年よりすべての幼稚園は教育省が定めるカリキュラム指針に従うことを義務づけられている。このカリキュラム指針では、すべての幼稚園で「ルクネガラを知り、国家の法律に従い、愛国心を養うこと」を骨子とする公民教育が明示されている。

3 タイの国民教育の展開

　以下では、タイの国民教育の展開をやや詳しく見ていく[21]。タイの開発主義国家の展開は、周知のように1950年代末のサリット政権から始まる。サリットは1957年クーデターを敢行し、首相の座に就いた後、タイ語でパタナー（開発）をスローガンを掲げ、国家の経済・社会・農業など全般部門を包括する開発政策を主導した。まず、59年に国家経済開発庁（NEDB）を創設し、61年より第1次国家経済社会開発計画を開始した。経済開発では、積極的な外貨導入や産業投資奨励策が実施された。タイのGDP年平均成長率は60年代から80年代まで7〜8％を維持し、他の開発途上国の平均を大きく上回った。

　まず、国民教育全体の外的条件整備を見ておこう。末廣が指摘するように、サリットは開発の中でも特に教育開発を重視した[22]。サリットは教育を「国民全体の社会的経済的開発のための中心手段」と位置づけ、経済成長のためのマンパワー創出に向けて教育政策を国家開発計画に統合した[23]。1959年にサリットを議長とする国家教育審議会（サパー・ガンスクサー・ヘングチャート）が設置され、翌年1960年に国家教育計画が公布された。

　教育予算額の推移を見ると、1950年に1億1701万バーツだった教育予算は、1959年には10倍以上の13億3089万バーツに急増している。国家予算中に教育予算が占める割合も大きく、1962年から1966年まで常に約15％から17％を占めていた[24]。

　さらに、教育予算の配分を見ると、教育開発の重点項目が何であったかがよく分かる。例えば、1966年教育予算総額（24億2780万バーツ）の配分は、初等教育：54.8％、中等教育：8.55％、職業技術教育・教師訓練：11.2％、高等教育：14.5％、成人教育・図書館・美術館など：1.26％となっており、初等教育予算が突出している[25]。つまり、教育開発の重点は初等教育拡充に集中し、次に地方大学の新設などの高等教育拡充であったと言える[26]。

(1) 初等教育のインフラ整備

　ここで、タイの初等教育を中心にインフラ整備の過程を見てみる。教育開発が国家開発5カ年計画で本格的に目標とされるのは第2次計画(66年-71年)以降である。第2次、第3次(72年-76年)、第4次(77年-81年)を通して、教育開発で最重視されたのは、当時国民の約八割が居住する地方農村の初等教育普及であった。

　60年当時、タイ農村部では下級小学校(1年-4年)は一応普及したが、小学校中途脱落、教員不足、上級小学校以上の教育機関不足が深刻な問題であった。60年国家教育計画では初等義務教育は従来の4年を下級小学校とし、さらに3年を上級小学校として加え、全部で7年とした(1963年より実施)。これはカラチ計画を批准し、国民に7年間の初等義務教育を提供しようする試みであったが、上級小学校の開設が不足し、結果的には**表4-1**で見たように、上級小学校への進学者は低迷していた。このような問題解消のために、第2次以降の国家5カ年計画では、毎年数百校の新学校、新学級開設が目標となった。ここで、60年代から70年代の農村初等教育の問題状況の一端を知るために、損耗問題と教員不足問題を記述しておきたい。

　一般に、損耗(wastage)は原級留置(repetition)と中途退学(dropout)を主な内容項目とする[27]。第1次国家経済社会開発計画(1961年-66年)では、小学校1年から4年までで60万人もの落第者が発生し、特に小学校第1学年では、毎年30％もの子どもが原級留置となっていることを指摘している[28]。こうした問題は1970年代でも解消せず、第3次5カ年計画では学年進級試験で、小・中学校にそれぞれ20〜40％の試験落伍者がいることを指摘している[29]。小学校の損耗には数多くの要因が関与していたが、大きな要因の一つは「教員不足の問題」であった[30]。

　1960年代は出生率が40人以上(対人口1000人)に達しており、急激に就学者数が増加した時代である。第1次国家計画の中で1〜4学年児童数は1963年398万人から1966年に441万人に増加すると予測されていた[31]。そのため、児童数の増加に見合った教員の確保が急務とされていた。しかし、農村部での教員不足は深刻で、特に僻地では福利厚生及び安全確保の問題のた

め教師が赴任したがらなかった。そのため、一人の教師が70人80人の複数学年を指導せざるを得ない時代であった[32]。1921年義務教育令施行当時はほとんどの小学校教師は無資格であったが、50年後の1972年統計でも同様に全国には8万590人の無資格教員がおり、そのうち約半数が農村学校教員であった[33]。

そこで、政府は60年代以降、教員養成カレッジを相次いで創設し（1967年ピサヌローク・カレッジ、1968年マハサラカム・カレッジなど）、さらに速習6カ月教員養成課程や現職教育を行い資格を付与して教員不足を解消するなどさまざまな手段を講じた[34]。しかし、76年教育統計で見ると、タイ小学校教員のうち6万2992人が無資格教員で、これは農村の小学校教師の約30％にあたる。結局、タイでは児童の絶対数が減少していく80年代まで農村の教員不足は解消できなかった。

以上のような問題から、われわれは1960年代から70年代半ばまでのタイの農村教育開発の前に存在した障壁がいかに大きなものであったか理解できる[35]。タイ政府の教育開発は、こうした困難の解消に集中的努力を積み重ねていった。小学校の教科書問題、教員不足、設備などインフラ問題が教育開発の重点項目から消えるのは、ようやく第5次国家経済社会開発計画（1982年－86年）のときである。

(2) ラックタイのカリキュラム導入

サリットの教育開発政策で注目すべき点は、国民教育のイデオロギー構築と直接関わる施策を集中的に開始したことである。サリットは開発主義国家の精神的基盤としてタイ的原理（ラックタイ）を強調し、国王への忠誠意識の形成と仏教信仰の国民的普及をめざした[36]。

サリットは1929年に出版されて以来長く「忘れられていた」ラックタイを再び国民統合の中心イデオロギーに呼び戻し、「国王を崇め、仏教を信仰するタイ民族」という国家的価値の徹底的な普及に努めた[37]。よく知られるように、60年代より、国王の求心力強化のため「地方巡幸」が実施され、国王（王室）への地方民衆の崇敬意識を培う政策が実施された[38]。また、仏教の普及と強

化のため、中央より仏教僧使節（プラ・タンマトゥートなど）が地方や国境地帯の少数山岳民族居住地へ派遣され、仏教信仰の啓蒙と普及が図られた[39]。

　学校教育においても、60年代から70年代にかけて仏教指導の強化、国王・王妃誕生日の祝賀行事、ルークスア活動（ボーイスカウト）など国民アイデンティティを強化する活動が始まった。

　しかし、こうした国家イデオロギーがカリキュラムの主要項目となり明確な教育内容と位置づけられるのは1977年国家教育計画とそれに基づく1978年の大規模なカリキュラム改革以降のことである。この改革によって、タイの学校は国民形成のための系統立った総合的カリキュラムとして編成され、国民教育は「内実」をもった。

　78年カリキュラムでようやくラックタイを強調した教育内容が完成した要因の一つは、前述したように、それまで政府の教育開発はインフラ整備に努力が集中し、カリキュラムへの浸透政策が遅れたことがあげられる。しかし、それ以上に78年改革をとりまく当時の政治的背景が強く関与している。ここで、78年カリキュラム成立の政治過程についてやや詳しく紹介しておく。

　60年代から70年代前半は東南アジア全域で軍事的緊張が続いた時期だった。75年にベトナムでサイゴンが陥落し、カンボジアにはポルポト政権が成立したが、タイ国内でも国家周辺部では共産主義活動も活発化していた。また、「開発独裁体制」を批判する学生や労働者による民主化運動が勢力を増した。民主化運動は大規模な争乱の後に非軍人政権の樹立を促した（1973年10月14日政変）。さらに、民主政権への反動として1976年10月に軍事クーデターが生じた。こうした政治変動が結果的にラックタイ重視の教育改革を導き出した。

　78年カリキュラムは複雑な政治プロセスから生まれた。1974年、民主化勢力に後押しされた国家教育審議会と教育省は教育改革委員会を設置し、当初、教育の機会均等や教育制度の合理化、経験主義に基づく学習の促進など、きわめて進歩的な教育改革案を多数盛り込んだ報告書『生活と社会のための教育』を1974年12月に提出した。しかし、この改革案は内政混乱のため発

布が遅れ、結局軍事政権下の1977年にようやく国家教育計画として発布された。

1977年国家教育計画では報告書にあったいくつかの改革案は確かに明記され、実施された。小学校の教育内容は、生活経験を重視した合科教育的なカリキュラムへ改革された。中等教育も、従来の高等教育への進学準備ではない職業教育が重視された。さらに、タイ初等教育の大きな欠陥であった下級4年－上級3年の分離制度を改め、6年一貫の初等教育に改める改革も実現した。

しかし、既に述べたように、78年カリキュラムはラックタイ原理を強調したきわめて国家主義的色彩が強いことも明らかである。77年国家教育計画は教育のねらいとして「規律・秩序の維持、法律・宗教・正義の遵守」「国家（チャート）、宗教、国王の尊重」「国家、地域、家族及び自己に対する責任の自覚」「タイ人であることの自覚。国家を愛し、国家の安定に対する関心を持ち、国家の防衛に参加すること」などを掲げた。各教科の目的でも国家安全、ラックタイの維持、国家、コミュニティ、家族への責任が繰り返し強調されている。

こうして、78年カリキュラム改革により、新しい教科書が作成され、国家、仏教および王室に対する忠誠心を育成する教育内容があらゆる教科に組み込まれることになった。サリットが案出したラックタイによる国民教育のイデオロギー構築は、このカリキュラム改革によってようやく現実のものとなったと言えるだろう。それまでのタイのカリキュラムはアメリカのカリキュラムをそのまま転用したものにすぎなかった。1960年カリキュラムも、アメリカの1938年教育政策審議会のものを移植したものだったからである[40]。

その後、1992年に国家教育計画が公布された。1977年国家教育計画以降15年ぶりの改革であった。この計画は、前期中等教育の義務化や高等教育の整備、外国語教育の充実などタイの経済成長や国際化に対応した制度的改革がめざされており、1990年代以降のタイ教育改革の主要テーマはすべて出ている。

タイ農村の共産主義活動は、90年代に入りほとんど終息した。タイ政府

の地方農村開発も政治的統合ではなく、経済開発に重点を移し、さらにごく近年では人間開発や中庸と持続指向の開発へと重点は移行してきている。そのため、92年国家教育計画ではラックタイ強化など直接的な国家イデオロギーは強調されてはいない。しかし、92年計画では78年カリキュラムの改訂までは及ばなかった。78年カリキュラムに基づく教科書は90年代でも修正されることなく使用され、国王と仏教を国家の象徴として尊敬と忠誠の念を育成する施策が展開された。

4　21世紀の国民教育——国際比較の視点から——

以上に概括した3カ国の国民教育構築のプロセスをまとめると、次の図4-1のようになる。図では国別に「開発国家体制」「教育インフラ（外的条件）整備期」「国家イデオロギーのカリキュラム化」の推移を示している。

	1960年	1970年	1980年	2000年
インドネシア	開発国家体制 1965年から98年			
			教育インフラ整備期 75年から80年代中頃	
			国家イデオロギーのカリキュラム化 75年から現在	
マレーシア				開発国家体制 81年から2003年
		マレー人中心の教育インフラ整備期 71年から83年		
			国家イデオロギーのカリキュラム化 83年から現在	
タイ	開発国家体制 1958年から73年			
	教育インフラ整備期 60年から80年代中頃			
		国家イデオロギーのカリキュラム化 78年から現在		

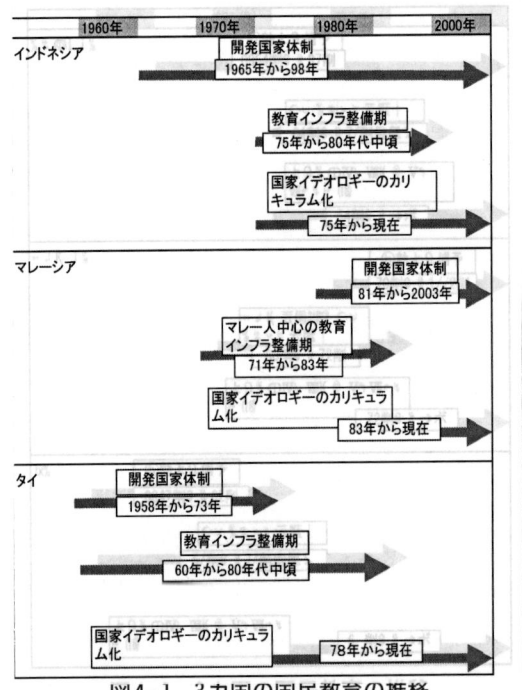

図4-1　3カ国の国民教育の推移

ここでの開発国家体制の時期は、岩崎の研究に従い、最も明確に経済開発を志向する政治経済の政策・制度が存在した時期を示した[41]。開発主義の意味をもっと広く、開発イデオロギーが国を支配し、経済開発が最優先課題となった時期とすれば、さらに時期は延びるだろう。タイでは1997年通貨危機のあたりまで延長でき、マレーシアはラザク政権がブミプトラ政策に基づく新経済計画を開始した1971年まで遡ることができる。

　本章では、国民教育を「教育の外的条件整備」「国家イデオロギーのカリキュラム化」の両輪から展開する教育政策と捉えてきた。この定義からすると、国民教育完成の時期は、この両側面が確立する時期である。従って、大まかに見ると、国民教育完成の時期は3カ国ともおおよそ80年代中頃であると言ってよいだろう。しかし、3カ国は両輪の動きの違いによって次のような特徴が列挙できる。

　インドネシアの場合、スハルト政権が成立した約10年後(1975年)に国民教育のインフラ開発が開始された。また、その時期は国家イデオロギーのカリキュラムへの導入の時期とほぼ同時期である。パンチャシラがそれだけインドネシア教育で当初から重視されてきたと言えるだろう。

　マレーシアの場合、民族別の小学校就学は既に1960年代に完成していたと思われる。しかし、1970年代から政治変動によりマレー人中心の教育インフラ整備が展開し、国家イデオロギーのカリキュラムへの導入は教育インフラ整備が完了した1983年以降である。

　タイの場合、開発主義国家が当初抱えた問題は教育インフラの未整備という点でインドネシアに似ている。タイでは1960年代から教育インフラの整備への集中的努力が展開した。インフラ整備の後、国家イデオロギーのカリキュラム導入が図られた(1978年)という点、またそのきっかけは国内の政治変動であったという点でマレーシアによく似ている[42]。

　さて、以上の整理をふまえて、今後の国民教育の展開について「市民性教育」との関連から若干検討してみたい。本共同研究のメンバーである川野哲也の市民性概念の国際比較に関する論究が、国民教育と市民性教育の今後のあり方を展望する上で参考になる[43]。

川野によれば、西欧の市民性の概念はおおよそ旧来の国家社会のあり方に「対抗する」実践的概念であったという。すなわち、伝統的な身分制度に「対抗」して権利を立てること、権威的な国家主義やナショナリズムに「対抗」して自由と多様性を立てること、また市場経済に「対抗」してかかわりや対話を打ち立てることである。従って、西洋的市民性概念から見れば、義務や忠誠心を重視するアジアの「国民教育」は大きく異なる概念ということになる。川野も指摘するように多くのアジア諸国は国家的価値、国家的アイデンティティを重視する国民教育を重視してきた。西洋的な意味での「個人」や「権利」より、「民族」「国民」「義務」が強調されてきたことは明らかである。

　では、こうしたアジア諸国の国民教育のあり方は、今後「市民性教育」とどう関係するのだろうか。特に現在の市民性教育では「偏狭で国家中心的な次元を超えて、地球規模の問題解決に積極的に取り組む態度、国際社会で信頼される市民としての役割・義務感、諸外国や異文化を理解し尊重する態度や価値観」が要請されているという[44]。また、別の観点からは今後の教育で「求められているのは、国家ではなくて、人類とか地球社会との関係で自分のあり方が決まるような新しい自己像、グローバル・アイデンティティを探ること」であると言われる[45]。

　このように一方で世界的な教育課題として、情報、ヒト、モノのグローバリゼイションに伴う国民を超えた新たな地球人としてのアイデンティティが模索されている。

　では、市民性教育は「ポスト国民教育」として位置づけられるのだろうか。ナショナル・アイデンティティ形成を重視した国民教育は、グローバル・アイデンティティ形成の市民性教育に転換されるのだろうか。タイの市民性教育の詳細な内容や動向分析は、本書の他の論文に譲ることにして、本章では東南アジアの教育動向をふまえ、以下の点についてのみコメントしておきたい。

　まず、国家イデオロギー（国家的価値）重視の教育は、90年代以降東南アジア諸国でいっそう強調されてきているということである[46]。開発主義国家は国民経済の発展を推進することで、中間層や大量消費文化を拡大し、人の行

動や社会の価値観を根本から変動させた。そのため、杉本均によれば、東南アジアの教育は共通して、世界標準化（グローバリゼーション）、情報化の潮流の中で価値の大変動への対応に苦慮している[47]。現在、東南アジアではこうした開発に伴う価値の大変動や拡散を抑制する役割が国家イデオロギーに与えられ、国家イデオロギーの政策的役割はいっそう高まっていると言える。

マレーシアでは、1977年道徳教育委員会の報告で「道徳水準の低下」を指摘している。急激な社会変化が伝統的価値を失墜させ、規律の低下、欠席の増加、年長者への尊敬意識の低下、暴力や犯罪の増加、麻薬問題が生じていることが憂慮されている。そのため前記のように、ルクヌガラが強化され、また1996年に公布された新教育法では全大学において「イスラームとアジア文明」という価値科目の必修化がなされた[48]。

シンガポールにおいても同様な対処パターンが見られる。独立当初リー・カン・ユー首相率いるPAP政権は、非民族的政策（英語を軸にしたバイリンガル教育、多文化主義、メリトクラシーなど）を重視した開発主義国家をめざした。しかし、シンガポールの経済成長が軌道に乗りはじめる1970年代に入ると、西洋化の恐れに対抗する伝統的価値観や文化の再興の企てが始まった。「労働倫理の衰退、家族介護の拒否、銀行の破綻といった社会悪を推進したと信じられた西洋の個人主義的価値観の普及を阻止するため」に1981年道徳教育コースの導入された。その後、1984年に宗教教育が中等学校の第3、第4学年必修科目とされ、1991年『共有される価値観に関する白書』が出され、通常の認知的教科や課外活動において伝統的価値の織り込みが強化されている[49]。

インドネシアにおいても本章2で述べたように、90年代に入りパンチャシラ教育はいっそう強化されている。「スハルト王朝」崩壊後、第4代大統領の座に就いたワヒド大統領も、ある演説で「教育は国家建設と人格形成において最も重要な基礎である」と述べ、その中で価値教育の重要性を指摘している[50]。

さて、タイの場合はどうであろうか。近年、タイでは「グローバリゼーション」というキータームの下に教育改革が盛んに議論されている。それを取り上げた研究では、従来の「ナショナリズム重視の教育」から「グローバリゼー

ションへ対応する教育」というタイ教育の「転換」ないし「変化」が指摘されている[51]。本章で示したラックタイ重視の教育政策と、ポスト・ラックタイの教育政策がどう関係するのかが問題の焦点であると言ってよいだろう。

　従来の開発主義国家型の国民教育政策では、国民に共通する知識・技能・価値の育成が重視されてきた。確かに従来の国民形成を軸にした教育のみでは、今後の経済・社会変動に対応できなくなるという面は無視できない事実である。「グローバル経済」への対応のため、英語コミュニケーション能力育成、IT（情報技術）の育成が政策課題とされる現在、国民一般の形成ではなく、専門的職業人、特定の技術集団の訓練・教育が今まで以上に必要となっていくだろう[52]。

　しかし、グローバリゼーションに対応する教育政策は、国民アイデンティティの形成政策を「転換」したものとは一概に言えないのではないだろうか。前述したように、東南アジアの国民教育は、新たに強化され展開し続けているように見えるからである。国民教育の制度はいったん形成されれば固定化されるという性格のものではなく、さまざまな社会条件に影響され再構築されていくと見るべきであろう。

　現在のタイの教育改革で主導的役割を果たした国家教育審議会・元事務局長ルン・ケーオデン（Rung Kaewdang）は、教育改革がいかに多様性を強調しようとも「単一のタイの歴史、宗教・王室の重要性、国家の統合性」はあらゆる国民の共通学習項目であると述べている[53]。

　実際、1996年に教育省が策定した第8次教育宗教文化開発計画（1997年-2001年）においても、一方でグローバリゼーションへ対応する国際的資質の育成に教育の目標を掲げながら、同時に「タイ人が自分自身を開発することを愛し、生活の基準として宗教的規律を持ち、均衡のとれたタイ人としての誇りをもち、自然と環境、地域社会、社会、国家を保護することができるようにすること」とされている[54]。2003年に公表された基礎教育カリキュラムでも同様の教育目標が明記されている。依然として「国民としての価値」形成が重視されているのである。国民教育は21世紀に入っても決して「過去のもの」とはならず、「市民性教育」と「接合」あるいは「併存」し、政策的に活

用され続けていくように見える。

注

1 米村明夫(編著)『世界の教育開発——教育発展の社会科学的研究』明石書店、2003年、pp.12-13。より一般的な教育発展に関わる諸理論の整理は次の文献参照。丸山文裕「12章 教育の拡大と変動」柴野、菊池、竹内(編)『教育社会学』有斐閣ブックス、1992年。

2 Bruce Fuller and Richard Robinson, ed. *The political construction of education: the state, school expansion, and economic change*, New York: Praeger, 1992. アンディ・グリーン(大田直子訳)『教育・グローバリゼーション・国民国家』東京都立大学出版会、2000年。なお、グリーンの翻訳書では Developmental State を「発展国家」と訳しているが、本章では「開発主義国家」と記す。

3 末廣昭「序論 開発主義とは何か」東京大学社会科学研究所編『20世紀システム4 開発主義』東京大学出版会、1998年。「開発国家」「開発主義」などについての詳細な理論的・実証的研究は以下を参照。岩崎育夫編『開発と政治——ASEAN諸国の開発体制』アジア経済研究所、1994年。末廣昭「開発主義・国民主義・成長イデオロギー」『岩波講座 開発と文化6 開発と政治』岩波書店、1998年。東京大学社会科学研究所編『20世紀システム 4 開発主義』東京大学出版会、1998年。

4 なお、国家の教育開発への主導性という問題は単純ではない。筆者は、国家と同様に、国家の教育開発を促した「国際関係」「国際機関」の役割もきわめて重要だと考えている。戦後、開発途上国の教育開発は世界の共通課題となり、課題解決への共通取り組みは1959年末パキスタンのカラチ第1回アジア教育会議が開催されて以降1990年のジョムティエン会議、さらに現在も解決が模索されているからである。

5 アンディ・グリーン、前掲書、pp.55、72、179。

6 新井郁男他編『世界教育事典』ぎょうせい、1980年。

7 長尾十三二編『国民教育の歴史と論理』第一法規、1976年。

8 Unesco, *The needs of Asia in primary education: a plan for the provision of compulsory primary education in the region (Educational studies and documents; no. 41)*, Nendeln, Liechtenstein: Kraus Reprint, 1971.

9 潮木守一「経済開発と教育改革—アジア諸国」『現代の教育 世界の教育改革』岩波書店、1998年、pp.128-147。

10 Bulletin of the Unesco Regional Office for Education in Asia, 1972, Unesco, Bangkok, p.63.

11 牟田博光「インドネシアの義務教育就学率」『日本比較教育学会紀要』13号、1987年、pp.92-99。黒柳晴夫「インドネシア:学校制度の発展と国民的統合教

育の展開」アジア・エートス研究会編著『東南アジアの社会変動と教育』第一法規、1986年、p.128。西谷英昭「インドネシア——国民統合をめざす教育」田原恭蔵・林勳・矢野裕俊編『かわる世界の学校』法律文化社、1997年、pp.67-85。
12　牟田博光、前掲論文、pp.92-99。
13　西村重夫「9章 国民教育——パンチャシラ道徳教育への展開をめぐって」土屋健治編『講座東南アジア学6 東南アジアの思想』弘文堂、1992年、pp.234-254。
14　中谷礼美『インドネシアにおける地域科の成立・展開過程の研究』広島大学学位論文、1999年、p.22。
15　西野節夫「マレーシアにおける教育改革とイスラーム化政策」『教育学研究』第64巻3号、1997年、pp.290-299。
16　岩崎育夫、前掲書、pp.101-129。
17　杉本均「東南アジアのイスラーム高等教育機関の国家性と超国家性——インドネシアとマレーシアの比較より——」『京都大学教育学部紀要』第44号、pp.65-85。
18　萩原宜之『マレーシア政治論 複合社会の政治力学』弘文堂、1989年。
19　杉本均、前掲論文。
20　西野節夫「マレーシアにおける教育改革とイスラーム化政策」『教育学研究』第64巻3号、1997年、pp.290-299。
21　本節の記述は以下の論文を修正したものである。野津隆志「国民の創出と学校教育(その5)——タイ国民教育史の整理——」神戸商科大学人文論集、第38巻1号、pp.39-66、2003年9月。
22　末廣昭『タイ 開発と民主主義』岩波新書、1993年、pp.41-44。
23　Wimonrat Soonthorojana, *Thailand's Elementary Education: A Historical Development of the 1960 and 1978 Curricula,* Ph.D. Dissertation, The University of Akron, 1990, p.37.
24　International Yearbook of Education（各年度版）。
25　International Yearbook of Education 1967.
26　1964年チェンマイ大学、コンケン大学開学、1972年ラムカムヘーン大学開学。
27　阿部宗光、天野郁夫編著『開発段階にあるアジア諸国における初等教育のWastage』1967年、『国立教育研究所紀要』第56集、p.3。
28　National Economic and Social Development Board, *the First National Economic and Social Development Plan (1961-1966),* 140P. Silaporn Nakornthap, *Educational Policy and Politics in Thailand: Case study of Education Reform, 1973-1977,* Ph.D. Dissertation, Florida state University, University Microfilm International 1987, p.54.
29　National Economic and Social Development Board, *the 3rd. National Economic and Social Development Plan (1972-1976),* p.8.

30 新井郁夫「タイの初等教育の発展とWastage」阿部宗光、天野郁夫編著『開発段階にあるアジア諸国における初等教育のWastage』国立教育研究所紀要 第56集、1967年、pp. 132-139。
31 天城勲編『タイの経済発展と教育計画』アジア経済研究所、1966年、p. 169。
32 National Economic and Social Development Board, *the 3rd. National Economic and Social Development Plan (1972-1976)*, p.451.
33 1967年から1972年までの統計によれば、下級小学校での進級不合格率平均11％、上級小学校で2％〜5％である。Nakornthap, Silaporn, *op. cit.*, p.80.
34 Office of Education, United States Operations Mission to Thailand, *A brief Historical Sketch of Educational Development in Thailand* 1970.
35 International Yearbook of Education 1967.
36 元来ラックタイとは、1929年にサガー・カーンチャナーカパンが出版した著書名である。サガーは『ラックタイ』において、タイ国家の至高の3要素として、民族(国家)、仏教、国王を掲げ、その歴史的正当性を「理論化」した。赤木功『タイの政治文化——剛と柔』勁草書房、pp. 85-98。「ラックタイ」のラックの意味は「礎、基本、根本、原則、原理」であるからタイ的原理と訳されている。ちなみにラックタイは英語では、the Institutions of Nation, the Religion, and the King と訳されている。
37 タック・チャルームティアロン(玉田芳史訳)『タイ——独裁的温情主義の政治』勁草書房、1989年、pp. 366-373。
38 野津隆志「国民の創出と学校教育(その4)——タイ東北小学校における国王崇拝の形成過程」神戸商科大学人文論集 第37巻1号、pp. 19-50、2001年8月。
39 Charles F. Keyes, *Buddhism and National Integration in Thailand*, Journal of Asian Studies, Vol.XXX, 1971, pp.551-567. 速水洋子「北タイ山地における仏教布教プロジェクト：あるカレン族村落群の事例」東南アジア研究 32巻2号、1994年、pp. 231-250。
40 Silaporn, op. cit., p.34. 筆者が60年代小学校教科書を見た限りでは、60年代教科書はラックタイをさほど強調していない。野津隆志、注38の論文参照。
41 岩崎育夫、前掲書、pp. 8-15。
42 なお、付言すれば、タイでは80年代半ばより中等教育拡大政策が展開した。これは、本章の文脈から見れば、初等教育拡大の集中的努力が達成された後、タイの教育政策の重点項目が中等教育拡大に移行した現象と言えよう。タイの中等教育拡大の経緯は以下の論文に詳しい。船津鶴代「タイの中等教育拡大——その「階層化」された普遍化——」米村明夫編『世界の教育開発 教育発展の社会科学的研究』明石書店、2003年、pp. 241-274。
43 川野哲也「市民性概念の歴史的変遷と比較研究の観点」『日本・タイ両国におけ

る「市民性」の育成に関する実証的比較研究』(平成14-16年度科学研究費補助金中間報告書 研究代表者 平田利文)、p.28。
44 平田利文「1 本研究の目的、趣旨、背景」『日本・タイ両国における「市民性」の育成に関する実証的比較研究』(平成14-16年度科学研究費補助金中間報告書 研究代表者 平田利文)、p.1。
45 箕浦康子『地球市民を育てる教育』岩波書店、p.51。
46 W.K. Cummings, The Revival of Values Education in Asia and the West (Comparative and International Education Series, Vol.7), Pergamon Pr., 1989. John J. Cogan, Paul Morris, Murray Print, ed. Civic Education in the Asia-Pacific Region: Case Studies Across Six Societies, Routledge, 2002.
47 杉本均、前掲論文、pp.1-2。
48 Moral Education in Asia-Report for a Joint Study on Moral Education in Asian Countries, Unesco/Apeid-Nier Regional Project, National Institute of Education, Japan, 1980.
49 グリーン、前掲書、pp.193、197。
50 アジア工科大学第90回卒業式典での演説。Bulletin Asian Institute of Technology, 18 Dec. 2000.
51 たとえば、渋谷恵「タイの文教政策にみるグローバリゼイションへの対応」筑波大学『比較・国際教育』2000年、pp.3-14。平田利文『タイにおける公民教育の地方分権化に関する実証的研究』、平成10-12年度科学研究費研究成果報告書、2001年。森下稔・平田利文「第5章 タイ」『アジア諸国における教育の国際化に関する総合的比較研究 平成10-12年度科学研究費研究成果報告書』2001年。
52 末廣昭、前掲論文「開発主義・国民主義・成長イデオロギー」、p.49。
53 新聞インタビュー記事より(Education Reform in Thailand: the view from an insider, Bangkok Post, Sep. 23, 2003.)
54 Grasuwnsukusathigaaan, Phen Phatana Gasukusa Sasana lee Watanatam rayatii 8 (2540-2544) (タイ教育省「第8次教育宗教文化開発計画」1997年-2001年)、pp.8-9。森下稔「国民統合のための教育からグローバリゼイション時代の教育へ――1999年国家教育法をめぐって」日本タイ学会第3回大会発表資料、2001年。

第5章　日本とタイにおける市民性教育に関する諸政策

森下　稔

1　はじめに

　本章では、近年の日本とタイにおける教育政策の分析を通して、市民性教育に関連した教育政策の展開を明らかにする。ただし、日本語で「市民性」ないしタイ語でCitizenshipの訳語とされる「クワームペン・ポンラムアン」という用語を用いて直接的に名指しされている政策文書のみを対象とするのではない。川野[1]が指摘するように、欧米においても市民性の概念は変遷を経ており、とりわけ日本においては欧米の市民性概念との輸入と融合を経て多くの差異性を含んでいるからである。
　ここで、本書が設定した「21世紀を生き抜く市民性の教育」の定義を確認しておきたい。それは、「異文化を理解・尊重し、共生できるための知識、能力、価値観・態度をもち、人権、平和、環境、開発などの地球的規模で考えなければならない課題に対して、グローバルな視点から考え続け、ローカル、ナショナル、グローバルなレベルで意思決定でき、行動できる人間を育成する教育である」。本章では、この定義に対応した資質の育成・形成に関連する教育政策の全体を市民性教育政策として捉えることとする。
　ところで、このような「市民性」が今日の教育課題となるのはなぜか。世界的に見て20世紀は国民国家の時代であった。国民国家は国民の形成なくして成立しないため、それが近代的教育制度の目的となった。このとき「国民」

と「市民」とを明確に分けて考える必要性はあまりなかった。しかし、20世紀末からグローバリゼーションの進行に伴って「国民」＝「市民」の等式が成り立たなくなってきた[2]。すると自国の国家中心的な次元を超えた「国民」とはイコールではない「市民」の育成が必要とされる。一つは地球的規模（グローバル）での市民性であり、もう一つはそれを実際の生活空間である地方（ローカル）の場で実践する市民性である。このようにして、ローカル、ナショナル、グローバルなレベルでの意思決定や行動ができる人間、すなわち「市民」の育成が課題となる。

ヨーロッパ社会において市民性教育が重要な政策課題となる背景には、グローバリゼーション現象のなかでも大量の移民流入とEU統合がある[3]。帰化しない移民の定住化は、公教育が目指す国民形成とは異なる市民形成を要求する。EU統合はヨーロッパ市民の概念を生み、国民としてのアイデンティティを相対化させていく。

他方、日本とタイの場合には移民と地域統合のインパクトは極めて小さいと考えられる。日本では「ニューカマー」の教育が一部の教育現場の課題となってはいるが、教育政策上は「日本人」の教育に重きが置かれている。タイにおいても近隣諸国からの移民労働者が存在してはいるが、教育政策上の問題には浮上していない。したがって、日本とタイにおける市民性教育の課題をヨーロッパに準拠して考察することは不十分である。

日本・タイ両国において市民性教育が重要な政策課題となるのは、グローバリゼーションの新自由主義的な市場における競争原理の側面である。自由競争による効率化に価値を見いだし、官僚支配による非効率な統制・規制を緩和・撤廃した上で、自律的な個人による市場における自由競争を促し、結果については自己責任とする考え方である。教育には競争の主体となりうる強い個人の育成が求められる。タイにおける1999年の「仏暦2542年国家教育法」による教育改革は、基本的には新自由主義に立つものである。日本においても、臨時教育審議会以来、個性の重視、選択の自由の拡大といった個性化多様化の流れに沿って教育改革が展開されている。21世紀の市民性教育を考えるときに、日本とタイを比較分析することの意義は、この両国の共

通性であると同時にヨーロッパとの異質性である。

以上のことを前提に、本章では、新自由主義的教育改革が展開される背景を踏まえながら、法令、教育計画、審議会答申などを中心に比較考察する。

2 グローバリゼーションへの対応──新自由主義的教育改革──

グローバリゼーションが国民統合のための国民教育制度に揺さぶりをかけていることは、世界共通に見られる現象である。経済的なグローバリゼーションは、国家の役割を縮小させようとするが、教育政策においては、福祉国家的な平等よりも市場原理の導入によって卓越性を重視しようとする。文化的なグローバリゼーションの面では、国際的な文化の均質化という現象が、国民国家に固有の共通的文化の伝達という国民教育の役割を脅かす。しかし、グリーンの議論によれば、グローバリゼーションは、教育の世界規模における普遍化・平準化、言い換えると国民教育制度の終焉をもたらすことにはならない[4]。経済的な面では、グローバル経済に対応できる国際競争力をもった国民の形成のために国家は国民教育制度を必要とする。文化的な面では、公的なサービスでさえ市場化されて多様な選択肢の中から自由に、かつ欲望の趣くままに消費する「グローバル・カルチャー」に対抗して、国民的・民族的文化を呼び覚ます。

それでは、日本とタイにおいてはどうなのか。「経済発展に貢献する教育への改革」および「グローバルな市場化や消費文化への対抗」を視点として、両国において具体的にどのように展開してきたのかについて検討を試みる。

(1) 日本の教育政策における新自由主義的改革
1) 教育基本法をめぐって[5]

日本の教育は、戦前の教育勅語体制から戦後の日本国憲法および教育基本法に基づく国民主権の民主主義的教育への転換をはたした。ここに国民国家としての国民形成が、「平和的な国家及び社会の形成者」としての「人格の完成」を目的とし（教育基本法第1条）、国家権力からの「不当な支配に服するこ

となく」、国民の教育を受ける権利に対して「直接に責任を負って行われるべき」(同第10条)を原理として構築された。教育基本法制定過程に関しては、保守派の政治家が戦後の占領下にアメリカによって押しつけられたものと主張し、近年政治問題化している教育基本法「改正」論を支えている。しかしながら、多くの教育学者による研究の成果では、日本政府の主体的な立法過程であったとする説が有力であり、「改正」論に対する反論がなされている[6]。

「改正」問題についてはもう一度触れることとするが、ここで確認しておきたいことは戦後日本の教育が国家権力から独立して、国民の教育を受ける権利に基づく、平和的な民主主義社会を形成する国民の育成をめざしてきたという点である。このことは、教育は純粋に教育固有の価値の実現をめざすべきであり、政治的な要求または支配から自由であるという教育観を支えてきた。教育固有の価値を絶対視する見方は、同時に教育は経済に従属してはならないという考え方にもつながってきた[7]。

2)　高度経済成長と経済・社会のための人材育成

1960年代、日本は高度経済成長を遂げ、教育に対して教育内容の現代化・科学化が求められ、経済や社会が必要とする人材を育成せよとする人的資本論が高まった。この時期に高等学校への進学率が高まり、ほとんどの子どもが高校を卒業するようになった。また、1970年代には終身雇用・年功序列型の日本的企業社会が完成し、急激に増えた高卒・大卒者を採用する仕組みができた。その一方で、国際為替制度の変動相場制への転換(1971年)などの経済の自由化が進行し、1980年代にかけて市場主義が拡張していくこととなった。また、日本の産業構造が製造業を中心とした第二次産業からサービス業を中心とした第三次産業へと転換していく中で、日本経済が要求する人間像が変化していった。

こうした中で、臨時教育審議会は、当初「教育の自由化」を議論したが、結局1987年の最終答申では「個性重視の原則」「社会の変化への対応」「生涯学習社会への移行」を柱とした。この答申の意義は、経済が要求する人間、政財界が要求する人間を社会に供給できる教育への改革の流れをつくったことである。当時の公教育理念の抵抗で「自由化」までは踏み込めなかったものの、

経済や社会の変化への対応はその後の教育改革政策の基本方針となり、「自由化」へと傾斜していくこととなる[8]。

3) 公教育批判と教育改革政策

1990年代に入ると、日本は経済的に構造不況に陥り（バブル経済の崩壊）、財政赤字の構造的問題が深刻化した。この解決のために、公的部門の縮小・効率化および民間部門の活性化のために「構造改革」が着手された。教育についても、中等教育学校の創設に見られる中等教育制度の多様化、学校週5日制導入による学校教育の縮小、学校選択の自由化、特区制度のもとでの株式会社による学校の設置と、続々と公的部門の縮小や競争原理の導入など新自由主義的改革が進められた。

こうした改革の必要性には、過度の受験競争の緩和のためであるとか、いじめ・不登校などの教育病理現象の解決のためという論理が多用された。例えば、1996年の中央教育審議会答申[9]では、前述の諸改革は受験競争緩和のための一連の改革としている。受験に追い立てられるようにして、現代の子どもはゆとりのない生活を送っており、家庭や地域社会の教育力が低下しているために、社会性の不足、無原則な消費行動に見られる倫理観をめぐる問題、自立の遅れといった現象を引き起こしていると分析されている。この答申の骨子は、[ゆとり]の中で[生きる力]を育む教育をめざすことである。[ゆとり]を確保するために、完全学校週5日制を導入し、教育内容については基礎・基本に厳選しつつ、学校と家庭・地域社会との連携を促そうとしている。[生きる力]とは、「①自分で課題を見つけ、自ら考え、主体的に判断し、行動し、よりよく問題を解決する力」、「②自らを律しつつ、他人と協調し、他人を思いやる心や感動する心など豊かな人間性」および「③たくましく生きるための健康や体力」からなると定義された。

また、いじめ・不登校（答申では「登校拒否」と表記）の問題の背景として日本社会が「同質にとらわれる社会」であることを指摘し、従来の教育が個性の尊重や互いの差異を認め合うことに対して不十分であったとしている。さらに、文化的なグローバリゼーションによる価値観の多様化、続発する少年による殺人事件などに見られる社会規範の低下、「フリーター」の増加に見

られる若者の勤労意欲の低下が教育問題としてたびたび取り上げられるようになった。この問題の解決のためには、従来の教育に見られる行き過ぎた平等主義、教育の悪平等を改めて、子どもの意欲を喚起し、やる気をもたせるために、個性の尊重が必要であるとしている。

つまり、もっとも尊重されるべき個性とは、これからの時代の「日本」を切り拓く人材の個性である。能力と意欲のある子どもが、悪平等で低いレベルに押しとどめられ、個性を発揮することができないような教育が問題視されている。今後はグローバル社会の激しい競争に堂々と立ち向かえるエリートを育成することを目指し、その個性を尊重するということである[10]。他者の尊重を基本理念とする多文化主義的な方向性というよりも、自己の個性を尊重させる能力主義的な方向性である。そこでは、結果の不平等は「自己責任」の名のもとに正当化されようとしている。

以上のように、日本ではグローバリゼーションへの対応として、新自由主義的教育政策が急展開していこうとしている。

(2) 日本の教育政策における新保守主義的展開
1) 新学習指導要領と学力低下論争

1996年の中央教育審議会答申を受けて、1998年に教育課程審議会答申[11]が発表された。同年には小学校・中学校段階で、翌年には高等学校段階で、学習指導要領の第6次改訂が行われた。改訂の主な特色は、完全学校週5日制の導入、教育内容の約3割削減、「総合的な学習の時間」の創設、相対評価から絶対評価への評価方法の改革などである。

これらの特色が社会一般に知られるようになると、ゆとり教育批判がさまざまな立場から出され、いわゆる学力低下論争が展開された[12]。きっかけは、数学や経済学の大学教員が著書で、ゆとり教育や大学入試の多様化が大学生の学力低下を引き起こしたと問題提起したことである[13]。教育社会学者の調査報告によっても、中学生の学力低下がデータによって実証的に示された[14]。また、学力低下の傾向は社会階層によって差があり、不平等が再生産されるとともに、意欲の格差にもつながっているという論も現れた[15]。さらに、精

神分析学者が医学的見地から受験勉強は学力の発達に有益であるとする論を展開した[16]。

2)「確かな学力」と学習指導要領の見直し

こうしたゆとり教育批判に対して、文部省（2001年より文部科学省）は国際教育到達度評価学会（IEA）の調査結果から見て学力低下はないと主張し、学習内容の削減についてはその分ゆとりをもって基礎・基本の確実な定着が図られると反論し続けた。また、[生きる力] は学力テストでは計測できないと実証データの有効性を否定しようとした。

2002年1月、遠山敦子文科相（当時）は、「確かな学力の向上のための2002アピール『学びのすすめ』」[17]を発表した。「確かな学力」とは知識や技能に加え、思考力・判断力・表現力などまで含み、学ぶ意欲を重視した、これからの子どもたちに求められる学力と定義され、「豊かな人間性」「健康・体力」とともに [生きる力] を構成するとされた。つまり、ゆとり教育といっても学力を軽視しているのではないとするアピールである。

2003年、中央教育審議会が「初等中等教育における当面の教育課程および指導の充実・改善方策について」答申[18]において、学習指導要領は全児童・生徒が学ぶべき内容の最低基準であり、能力や意欲に応じて発展的学習を認めるとした。学習指導要領が修正されたが、施行2年目での見直しは異例のことである。たしかに、文科省が学力低下論者の攻勢を受けて、学力重視の方向へ方針転換したと見える。しかし、授業内容の全国共通性を厳しく守ってきた教育課程行政の方針を転換して、能力や意欲の差を認め学習指導要領の内容を超えてよいとする方向性は、新自由主義的政策として一貫しているとも言える。

こうした新自由主義的政策に対しては、1996年中教審答申の直後から、教育の市場化・私事化、すなわち教育における選択の自由の拡大と能力や意欲に基づく自己責任の原則が、競争をあおり勝者と敗者を生むシステムであるとの批判があった[19]。また、新自由主義的政策の下で勝者となることをあきらめた子どもたちや、家庭の経済的・文化的階層格差によって敗者となるべく運命づけられた子どもたちの間で、文科省が唱道する [生きる力] や「確

かな学力」こそが、劇的に低下していることが指摘されている[20]。学校がスリム化し、「創意工夫を生かした学校の特色づくり」による競争の結果として階層分化が拡大再生産されていき、一握りのエリートとその他多数の普通の子どもたちとの間の格差が拡大していくという批判でもある。

3）新保守主義的教育政策の展開

　以上のような展開の中で、日本の教育政策においては顕著に「国を愛する心」を強調する新保守主義的政策が急浮上してきた。例えば、学校行事における国旗・国歌（日の丸・君が代）に関する都道府県教育委員会による指導は、国民全体の注目を集めてきた。愛国心ばかりでなく、道徳観・倫理観の強化がすすめられ、心の内面にまで踏み込む教育政策が唱えられてさえいる。こうした新保守主義は、個人の自由を重んじる新自由主義とは矛盾するのではないかと一見思われるが、「政府支出の節約（をめざす）という点では、両者は完全に整合的である」[21]とする論がある。つまり、新自由主義的政策は結果として敗者を多く生み出して社会秩序の不安定化を招くが、新保守主義的政策が成果を上げれば、敗者たちは道徳的に自らを安定した社会秩序の中につなぎ止めることになり、秩序維持のための社会的コストが縮減できるというものである。

　新保守主義的政策は、戦後何度も浮上したが、そのたびに復古主義的であると批判されて現実の教育改革にまで至らなかった。その大きな抑止力となってきたのは、先に挙げた教育基本法の「平和的な国家及び社会の形成者」としての「人格の完成」をめざすとする教育目的であった。しかし、冷戦終結後の55年体制の崩壊と保守二大政党体制への移行のもと、徐々にその足場は崩されてきたと言えるであろう。

　新自由主義と新保守主義が「癒着」[22]とも言える共同性をもっていることがもっとも明確に示されているのは、1999年小渕恵三首相の下に設けられた「21世紀日本の構想」懇談会（座長：河合隼雄）の最終報告書[23]（以下、「21世紀報告書」と略する）である。この報告書の影響力を内容の吟味に先立って述べておく。この懇談会終了後の2000年3月、小渕首相は私的諮問機関として教育改革国民会議を置き、「21世紀報告書」に基づいて教育基本法改正に向け

た議論を行わせた。教育改革国民会議は同年12月に最終報告「教育を変える17の提案」を提出した。文科省はこの報告の内容に則った「21世紀教育新生プラン〜レインボープラン〈7つの重点戦略〉」を策定するとともに、中央教育審議会に対して教育基本法および教育振興基本計画の在り方について諮問した。中教審は2003年3月教育基本法を改正すべきという答申を発表するに至っている。

　「21世紀報告書」の「第5章　日本人の未来」は主として教育について論じている。そこでは、グローバリゼーションにおける市場の力を評価しつつも、国家権力に対する脅威とも捉えている。そのため、「法に基づく強制力を許され、それによって社会諸機関に安定を保証しうるのは、予見できる未来にわたって国家のほかにはない。市場と拮抗して教育制度の根幹を支え、民間諸機関の活動を援助し、調整する役割は国家にのみ期待される」[24]と教育に対する国家の役割を肥大化させている。そして、教育には二面性があると論じる。すなわち、「国家にとって教育とは一つの統治行為だということ……（中略）同時に教育は一人ひとりの国民にとっては自己実現のための方途」だということの二つの面である。前者は、国家は国民に対して教育を受けさせる権利をもつものであり、国民が教育を受けることは国家への義務であるというものである。後者は、国家は自由な個人に対して教育というサービスを提供するにすぎないというものである。前者は国民に対して国家権力を拡大していく新保守主義的な議論であり、後者は国民の教育を受ける権利を矮小化し、同時に政府支出を縮小する新自由主義的な議論である。相矛盾するように見えるが、「21世紀報告書」は統治行為としての義務教育を週3日制とすることによって解決できると提案する。つまり、3日間は統治行為として国家が必要とする教育を与えるが、残りの4日間をどう活用するかは個人の自由に任せるということである。また、日本教育の平等主義を「至れり尽くせりの教育条件を用意し、結果として教育し学習する人間に緊張感を失わせ」ていると批判し、「先駆的人材」（エリートの意か？）が育たず、魅力のない国家とし、統治とサービスを混同した子どもたちは、国民の義務としての教育を誤解して畏敬の念を忘れているとしている。さらに、そのことが学級崩壊

の原因であるかのように論じている。

　留意しておきたいことは、日本国憲法第26条の規定によれば、義務教育は子どもにとっての権利ではあっても義務ではないということである。従って、その後の教育基本法と憲法の改正へと向かおうとする新保守主義の意図が明確に示されているといえる。

　このようにして、日本の教育政策におけるグローバリゼーションへの対応を総括すると、経済が必要とする人材を効率よく育成するために新自由主義的教育改革が進む一方で、日本社会と国民統合の安定を守るために愛国心を強調する新保守主義的教育改革が同時に進んでいると言える。

　前述の教育課程審議会答申をまとめた委員長であった三浦朱門が2000年7月に語ったとされる次の発言が真実ならばこの分析が証明されるであろう。「できん者はできんままでけっこう。戦後五十年、落ちこぼれの底辺を上げることばかりに注いできた労力を、これからはできる者を限りなく伸ばすことに振り向ける。百人に一人でいい、やがて彼らが国を引っ張っていきます。限りなくできない非才、無才には、せめて実直な精神だけを養っておいてもらえばいいんです」[25]。実際に、同答申の冒頭では、教育基本法第1条の教育の目的が「国家及び社会の形成者」とのみ表記され、「平和的な」という戦後日本教育の平和主義と国民主権の原則を表現する修飾語が巧みに省かれている。

(3) タイの教育政策におけるグローバリゼーションへの対応

　タイにおける1990年代までの国民教育の展開については、第4章で述べられている通りである。概括すれば、「開発主義」の下で国家の経済社会開発を推進するために国民教育が整備され、1980年代に完成したと見ることができ、そこでは経済発展を担う人材育成のための教育開発の過程であると同時に、「ラックタイ」による国家的イデオロギーをカリキュラムに浸透させていく過程でもあった。以下では、その後のグローバリゼーションへの対応について詳細に検討していくこととする。

1) 1990年代の民主化と市民社会論の興隆

タイにおいてグローバリゼーションのインパクトが表れたのは1990年代に入ってからと言えるだろう。象徴的な事件は、1992年5月に軍人政権と市民が衝突し、軍部の発砲により流血の事態となったあと、国王の仲裁により終息した「残虐の五月事件」である。この後、タイ社会の民主化が進められていくことになった。開発独裁とも温情的独裁主義とも呼ばれた国防と経済開発を強権的に推進する政治体制から、議会制民主主義と呼びうる体制へと変革が進んだ。タイ社会の将来像に関する議論が盛んになる中で、政治学者や中間層を中心に「市民社会（プラチャーサンコム）」をめざすべきという主張が見られるようになった。70年代の学生運動のリーダーであったティーラユット・ブンミーの「強い社会」論などが典型である。

 教育に関しても、例えば医者であり教育政策主導者の一人であるプラウェート・ワシーは、市民社会の形成のために国民は団結して教育を含むさまざまな社会活動に取り組むべきであり、市民社会の形成がよい経済、よい道徳、よい政治を実現させると論じた[26]。また、タイの代表的有識者の一人であるチャイアナン・サムットワニットは、文化的多元主義に立つ市民国家の建設とそのための教育改革を主張した。すなわち、これまでの国民国家は国家統一や国民統合という統一性を原理としてきたが、これからのグローバリゼーション時代のタイ国家は多様な個人・集団からなる市民国家へと変革しなければならず、そのため画一的・統制的であった国民国家の教育から個人や地方の多様性を基盤とする文化的多元主義的な国家を目指した教育改革を行う必要があるということである[27]。

 さらに、1980年代以来の順調な経済発展を背景として、グローバリゼーション時代の教育構想をテーマに、タイ農民銀行の支援を受けた非政府組織の「グローバリゼーション時代におけるタイ教育審議会」で活発な議論が行われた。同審議会の委員長は、シッパノン元文部大臣であり、政治家・官僚・財界・学界の著名人がメンバーに名を連ねた。1996年のレポートでは、情報通信技術の急速な発展によってボーダレス社会化がますます進むという現状認識に基づいて、グローバルな価値とローカルな価値の間のバランスを重視するとしている[28]。また、『わが大地の夢』(1996年)と題された書物では、

グローバル社会において国際競争力をもち頭脳と知恵を備えた人材を育てることが、国家にとってより重要になっており、そのためには「グローバル・シティズン（ポンラローク）」的市民性を教育しなければならないとされた。同時に、国際理解の能力、外国語コミュニケーション能力といった能力面の開発ばかりでなく、グローバルなレベルでの共生、民主主義、人権尊重、環境保全などの「普遍的価値」をも教育しなければならないと提言した[29]。

2）1997年経済危機の反省からの教育改革論

以上のタイ社会改革論や教育改革論が展開されているさなかに、1997年の経済危機が起き、国民経済は大打撃を受けた。この経済危機を受けて、グローバリゼーション時代への対応がますます盛んに議論されることとなった。一つの解決策は、国際通貨基金（IMF）の支援を受け入れるための必要性があったのではあるが、中央政府による官僚支配の非効率性を解消するために、地方分権や規制緩和・撤廃をすすめて社会的コストを削減する構造調整路線に則った新自由主義的改革であった。一面では、タイ社会には前近代性があってグローバリゼーション時代には合わないものであったことが経済危機の原因として捉えられ、社会の各セクターのグローバルスタンダードに向かっての改善が必要、言い換えるとさらなる近代化が必要であると考えられた。

他方で、タイ人が、元々もっている美徳や価値観を忘れ、過度に消費主義や西洋流に走り、飽くことのない欲求の罠に溺れた結果としての経済危機であるとする論も多数発表された[30]。先に取り上げた「グローバリゼーション時代におけるタイ教育審議会」は、1998年に『わが大地の真実』[31]と題する書物を刊行し、その中には「経済発展は夢であった。タイ国民の知性を含めた社会的基盤が脆弱であったことを経済危機で自覚した」とある。説得力をもっていたのはむしろこちらの方であったと言ってもよいであろう。その解決策は、タイの文化や地方の文化を再評価することや、仏教やイスラームなどの自分自身が信仰する宗教の教えに基づく生活を取り戻すことなどが考えられる。

タイ社会の危機に直面して、その後の教育改革論は先の二面を融合させて

展開された。教育改革論の前提は、経済危機の最大の原因が約100年間の近代的教育制度によってもタイ人の知性を開発することに失敗したためであるという認識である。その前提に立ち、タイの教育を根幹から改革すべきであると教育関係省庁の高級官僚や教育学研究者らが主張した。教育改革の必要性はタイ社会全体で合意されることになったが、問題はその改革戦略である。

　ここで、その代表格である国家教育委員会事務局の当時事務局長であったルン・ゲーオデーンの著書『タイの教育革命』[32]を見てみよう。この書名は意図的に「改革」ではなく「革命」とされている。英語で言えばReengineeringの意だという。その趣旨は、1980年代に行われた行政官中心の微調整的な教育制度変更（改革）とは区別し、急速な構造的変革によって教育機関・学習者中心主義への教育制度変更（革命）をめざすということである。なぜ急速な「革命」が必要なのか。ルンは、タイ教育は子どもに暗記ばかりさせて自分で考える力をつけさせていない、教師中心の旧弊に満ちた悪しきものであり、世界レベルの国際競争力の育成に失敗し、経済危機を引き起こしたとしている。その「革命」の内容は、グローバリゼーションに対応して他の文明国に追随することと同時に、教育を学習者中心とし、権限を教育機関に委譲し、西洋流の教育によって失われた「タイの知恵（プンパンヤー・タイ）」を教育に取り戻し、地方や家庭に教育を取り戻そうとするものである。テスト中心の暗記学習から学習者中心主義的学習方法への「革命」は、明らかにデューイ教育学の影響を受けているが、事物に基づく経験的な学習は仏の教えにかなっているとする高僧パユットー師の説によって、伝統的なタイの知恵の枠組みに読み替えられる[33]。このようにして、ルン氏の改革戦略はグローバル経済が必要とする人材育成のために教育の質的向上をめざすことと、タイ社会が取り戻すべき国家および地方の文化や価値観の回復が融合していくものとなっている。

　ルンのこの著作はまたたく間に版を重ね、その後の教育改革の基本理念構築に大きく寄与した。ルンに限らず、他の教育関係有識者もこぞって「改革」ではすまされない革命的な教育改革を主張した。興味深いことは、経済危機後のタイ社会改革論を主導した人々も、教育改革論を主導した人々もともに、

1970年代の学生運動の世代だということである。ある幹部官僚の私見では、学生運動の後、教育の重要性はずっと顧みられなくなって改革に着手できなかったという思いがあって、経済危機を好機と捉え、一気に20数年のブランクを埋めようとしているという。たしかに、ルンと1974年の「生活と社会のための教育」報告書（第4章参照）との間に相同性が見いだされるかもしれない。

以下、経済危機以降の具体的諸政策を順に分析して、次いでタイの市民性教育政策をまとめることとする。

3）1997年タイ王国憲法[34]における教育条項

1997年10月11日、タイ史上初の民主主義的憲法とも位置づけられる「仏暦2540年タイ王国憲法」（以下、1997年憲法）が公布された。立案の過程では、国家教育委員会などの専門家の強い働きかけがあり、多くの条文で教育に関連する規定が盛り込まれた。以下では、主な条項を見ることにする[35]。

第43条では、「個人は、等しく国が提供する最低十二年間の無償で良質な基礎教育を受ける権利を有するものとする」と定められた。1997年憲法では民主化の成果として国民の権利が多く規定されたが、教育についても最低12年間の教育を受ける権利が規定された。同時に、中等教育段階の就学率が前期段階で約70％、後期段階で約50％であったことからして、中等教育の量的拡大を目指すとともに、質的向上も視野に入れられている。

第81条では、「国は、私的部門による知識と道徳の促進のための教育整備への支援、国家教育に関する法律整備、経済および社会の変化に即した教育の改善、国王を元首とする民主主義制度の政治行政に関する正しい知識および認識の確立、さまざまな分野における研究調査の支援、国家開発のための科学技術の発展、教育職の開発、ならびに地方の知恵、国の芸術・文化の振興を図らなければならない」と定められた。この条項を根拠に1999年国家教育法が起草されることになる。同時に「経済・社会の変化に対応する教育」と「タイ国家開発のための教育」、および「地方の知恵の振興のための教育」が並列に記されている点にも注目すべきである。

この他に、法の下での平等を定めた第30条でも教育を受ける権利および

第60条で教育を受ける義務を定めている。また、第42条の学問の自由に基づいて教育が保護されることは日本の教育基本法第10条に近いものと思われる。さらに、他の条項の特徴と合わせて1997年憲法では地方の強化を志向しているといえる。地方自治制度の整備、地方の知恵の振興などに具体的に表われているもので、特に第289条では地方自治体が教育を提供できるとしており、将来的には自律的な地方自治体による教育へと転換していく政策的意図が表れている。

4）1999年国家教育法の制定と教育改革

1997年憲法第81条に基づき、1999年8月20日「仏暦2542年国家教育法」[36]（以下、1999年教育法）が施行された。この法律以前には、タイ国家の教育の基本理念・制度を定めた法律が存在していなかった。国家教育委員会が策定する「国家教育計画」がその機能を果たしていたが、同委員会が首相府の組織であり、実施上の権限をもつ文部省、大学庁などに対する指導力が弱く、必ずしも有効に機能していなかった面があった。この法律の制定により、タイ国家の教育理念・方針・制度が法制化されたと言える。その内容を見ると、教育改革を行うための法律としての性格が強い。中央省庁の統合による効率化と地方分権化、義務教育9年間および無償基礎教育12年間を中心とした教育の権利・義務の法制化、学習者中心主義への教育方法の開発とカリキュラム編成権の学校への委譲、教員免許制度の創設を柱とした教員に関する改革、教育の質の評価保証制度の導入、教育財政制度改革、自治大学化（法人化）を柱とした高等教育改革、教育テクノロジーの奨励、以上が1999年教育法に示された教育改革の大項目である。これらは、経過規定によっておおよそ施行5年後の2004年8月までに完成すべきものとされた。この項目を見れば、地方分権などによって規制緩和・撤廃を行うとともに、結果については評価・保証によって説明責任を果たさせる一方で、個人の主体性や権利を重視しており、全体として新自由主義的教育改革の戦略であると見ることができる。別の論文[37]において同法による教育改革について論じているので、本章の以下では市民性教育に関わる条項を中心に検討する。

第6条では、教育の目的を次のように定めている。「教育とは、タイ人を

身体、精神、知恵、知識、道徳すべての面において完全な人間に形成し、生活していく上での倫理や文化を身につけ、幸福に他者と共生することができるようになることを目的としなければならない」。個人の内面における多面的な資質のバランスをとろうとする一方で、他者との関係性の資質を求めている点が特徴である。

　第7条では、教育によって身につけるべき知識・資質・能力・価値が10項目にまとめられている。①国王を元首とする民主主義政体を正しく認識すること、②権利、義務、自由、法律の遵守、平等、人間としての尊厳を護持・促進すること、③タイ人であることに誇りをもつこと、④公衆と国家の利益を守ること、⑤宗教、芸術、国家の文化、スポーツ、地方の知恵、タイの知恵、普遍的知識を促進すること、⑥自然と環境を保護すること、⑦仕事ができる能力をもつこと、⑧自立できること、⑨創造性をもつこと、⑩継続的に自ら学習していけること、の10項目である。ナショナルなレベルで必要とされる知識・資質・能力・価値とともに、ローカルなレベルの事項、普遍的な事項がバランスよく配置されていると見ることができる。ただし、日本と比較すると「平和」に関する事項が見いだされないことも指摘できる。

　第22条では、学習者をもっとも大切であるとみなす学習者中心主義を掲げている。そして、第23条で次の5項目を各教育段階の特性に応じて重点を置くとされている。①自分自身に関する知識、および自分自身と社会との関係に関する知識。すなわち、家族、地域社会、国家、世界に関する知識、タイ社会の歴史および国王を元首とする民主主義政体に関する知識、②科学とテクノロジーの知識と技能。安定した持続的な自然および環境の管理、保護、有効利用に関する知識、理解、経験、③宗教、芸術、文化、スポーツ、タイの知恵、および知恵の応用に関する知識、④数学および言語面の知識・技能、特にタイ語の正しい使用、⑤職業への従事、および幸福な生活の維持に関する知識、技能、の5項目である。第1項において、ローカル、ナショナル、グローバルなレベルでの知識をバランスよく学ぶことを求めていることが特徴である。

　第24条では、興味関心に基づく自発的学習、問題解決能力の育成、経験

的学習の重視、知識・道徳・価値観のバランスの重視の原則によって、以上に示された学習内容の学習過程を提供するよう求めている。

以上、主な条項を見てきたが、1999年教育法が望ましいとするタイ人像はどのようなものであろうか。再び、ルンの論考から探ってみる[38]。ルンは第6条の「すべての面においてタイ人の完全な発達を目指す」ということについて、次のように述べている。「われわれは知識を備えているが道徳に欠けるような市民を望まない。同様に"what"は分かっていても"how"や"why"が分からない市民を望まない。まるで機械のような人間も歩く辞書のような人間も望まない。だから、われわれは子どもたちに彼らのニーズや態度に合わないことを学ばせてはならない。われわれは、子どもたちを幸福に学ばせ、知恵と人格のバランスのとれた統合に導かねばならない」。そういう人間を目指すためには、近代的西洋的知識ばかりでなくタイの知恵も知る必要があり、他者と共感できる力があって、道徳的で規律正しく責任感のある市民にならねばならないとしている。したがって、グローバリゼーションに対応した資質の開発はタイ的なものや他者との関係性が伴わなければならないということである。

(4) グローバリゼーション時代のタイ教育の構想
1) 1992年国家教育計画

グローバリゼーションへの対応がタイの教育政策に明確に表れたのは「1992年国家教育計画」[39]であると考えられる。目的の第3項で自国の文化だけではなく、相互理解の観点から外国文化の価値を認識することが重要であるとされ、第4項ではボーダレス社会における相互依存関係の維持が掲げられている。目標では情報通信技術への対応と、タイ語および外国語の能力、環境保護の価値、世界社会の一員となることの重視が掲げられている。

2) 第8次国家社会経済開発計画 (1997－2001年)

国家社会経済開発計画は、国家開発のマスタープランであり、1960年代から策定が始まった。5カ年計画で、社会経済開発の具体的指針を示すものである。1997年憲法が公布された同年から開始した「第8次国家社会・経済

開発計画(1997年〜2001年)」では、グローバリゼーションが強く意識されるようになった。そこでは、「人間の開発」に重点を置き、自己や自国の文化を知り、タイ人らしさ(クワーム・ペンタイ)を保ちつつ、グローバリゼーションの流れに対して競争力をもつことが目標とされている[40]。なお「人間の開発」とは、すべての人々の身体的、精神的、知性的な潜在能力の開発であるとされている。

グローバリゼーションは、情報通信技術の発達により地球のボーダレス化をもたらし、民主主義、人権、男女平等、環境保護といった国際的な価値観の浸透に貢献したとされ、同時に、さまざまなメディアを通して入ってくる情報が物質主義、消費文化といった弊害をも生んだことが指摘されている。さらに、開発のための行き過ぎた競争が、タイ社会の美徳であった社会道徳や倫理を希薄化させ、タイ社会を荒廃させたことが問題視されている[41]。こうした状況に対し、同計画では、タイの人々が権利と義務に対する高い認識をもち、市民(ポンラムアン)として次世代に対する責任意識をもつような市民社会(プラチャー・サンコム)文化を形成する必要性が提言されている。

3) 第8次国家教育宗教文化開発計画(1997–2001年)

国家経済社会開発計画を受けて、文部省によって策定される教育宗教文化開発計画は、教育面でのより具体的な方針について定めた計画として位置づけられる。「第8次教育宗教文化開発計画(1997年〜2001年)」のスローガンは「地球コミュニティ(プラチャーコムロ一ク)におけるタイ的生活様式を目指して」である。同計画によると、地球コミュニティの一員としての国家開発とグローバリゼーション時代のボーダレスな開発が不可避となっており、変化に対応できる人材の開発が国家の生き残り戦略として重要であるとされている[42]。一方で、グローバリゼーションの弊害について、情報伝達の大量化・ボーダレス化がもたらす伝統文化の変容に危惧を抱いており、国家の維持のために、タイ人らしさやすぐれた国家文化に対する認識を高めることが不可欠であるとしている。

そして同計画においては、タイ人が身に付けるべき望ましい資質として、①精神・社会(規律正しさ、倫理、道徳、民主主義、タイ人らしさ、環境保全など)、

②知恵（知識探求とその応用、科学テクノロジーの発展、変化への対応など）、③健康（健全な精神、麻薬等有害物の排除、病気の予防など）、④職業（技能、職業態度、職業倫理、適切な職に就くなど）の四つの側面を示している[43]。

開発の重点項目としては、①基礎教育、②保健促進、③倫理・道徳の開発、④人材育成・開発、⑤環境保護、⑥よき文化・芸術の維持復興継承を通したタイ的生活様式、⑦科学・テクノロジー教育、⑧民主主義の開発およびタイ人が権利と義務の擁護のための活動や、コミュニティ、社会、国家の開発へ参加すること、をあげている[44]。

4）第9次国家社会経済開発計画（2002－06年）

次に「第9次国家社会・経済開発計画（2002年～06年）」を見ていくこととしたい。同計画においては、従来の5カ年計画に加え、20年間の長期的視野に立った政策が打ち出された。これは、グローバリゼーションに対する重要な免疫力として、20年後のタイ社会を想定した「共通ビジョン」のもとにタイ社会の美徳を見直そうとする構想である。具体的には、①すべての人々が、道徳、規律、責任感をもって自立しているような「良質な社会」、②すべてのタイ人が自ら考え（キットペン）、実践でき（タムペン）、生涯にわたって学習することができる「知恵と学習を基盤とする社会」、③相互扶助や団結のもとに、地方や国家に対して誇りをもった「調和的互助社会」、という3つが想定されている。これにより、「強い社会かつバランスのとれた社会」に向かう発展が企図されている[45]。

さらに、グローバリゼーション時代における開発の特質として、国王によって唱道され普及した「足るを知る経済」（セータキット・ポーピエン、sufficiency economy）と「中道」（ターング・サーイクラーング、middle path）の原理と思想を打ち出している点は注目に値する[46]。すなわち、グローバリゼーションが物質主義、消費文化へとタイ社会を導き、公よりも自己を中心とする価値観を広めたことに注意を喚起し、タイ人らしさをアイデンティティとして重んじ、古くから継承されてきた地方の知恵や、調和を重んじる心がタイ社会の精神的支柱であったことを再確認し、両者のバランスをとることを求めている。教育内容については、カリキュラムの編成にあたり、多様化、柔軟性の確保

を前提に、外国語、ITの振興や科学的思考力の醸成のために、理数系学習内容の比率の増加を求める一方で、社会道徳、文化、歴史の内容のいっそうの充実を求めている。ここで、「足るを知る経済」の理解は市民性にとって極めて重要であるので、同計画に盛り込まれた公式定義を紹介しておく。

> 「足るを知る経済」とは、すべての人民の正しい行動と生活の営みのための最も重要な原則として中道を強調する哲学である。それは、個人、家族、地域社会のレベルでの行動と生活の営みに適用される。国家レベルでは、この哲学は、グローバリゼーションの結果として生じうる衝撃や過剰に対する国家の脆弱性を縮減するバランスのとれた開発戦略に通じている。「足るを知る」とは、すべての行動様式における中庸と熟慮を意味し、内部および外部からの衝撃からの十分な防御の必要性を含む。これを達成するためには、知識の慎重で注意深い応用が重要である。特に、理論や技術ノウハウの応用、および計画と実施においては注意が必要である。同時に、国家(チャート)を構成する人々の精神的基盤を構築しなければならず、したがって公務員、学者、実業家、融資家は、道徳性と誠実さの原則を厳守し、最優先させなければならない。忍耐、勤勉、知性、倹約を組み合わせたバランスのとれた方針は、グローバリゼーションの結果として生じる広範で急速な社会経済的、環境的、文化的変化から導かれる危機的な課題に対して適切な対処をするために不可欠である[47]。

この「足るを知る経済」の基礎となる思想である「中道」とは、仏教思想に基づいている。1980年代以降を通じて西洋流の経済開発を批判しつつ、仏教思想に基づいた人間開発論を主導する「開発僧」と言われる僧侶らが提唱した理論の一つである。教育問題にも多く発言しているパユットー師(現在の名はプラタンマピタカ)はその一人である。師は一貫してアメリカ流の生活様式や近代化、開発はタイに合わず、タイの社会問題は解決されないと批判する。例えば、アメリカ文化で「平等」と「機会」が重要な価値であるのはアメリカ社会の特徴が「迫害」と「開拓」であるからであるという。一方、タイ社会は「水に魚あり、田に稲あり」と言われるように住みやすく平和な社会ゆえに、「平等」や「機会」を特別に追求する必要はなく、ことさらに権利を主張せず現状に満足する価値観(マイペンライ)と、生活文化では楽しさ(サヌッ

ク)と善(ブン)が重要であると論じる[48]。

　パユットー師に関する西川潤の分析から引用してみよう。「本来の開発とは、人間が人間らしいものの考え方、生活をとり戻すことである。それは過剰消費でも不足でもなく、中道の生活を行い、自然と社会と調和して生きる道である。これが仏法(タンマ)の根本であり、……(中略)……。貪欲心をかき立てる上からの開発に対し、中道の世界観、生活を獲得していくためにはどうすればよいか。それは人間にとって本当のものを追求しようとする意欲、精進心を強めていくことである。精進心は、人間が何が正しいか誤っているか、を明確に識別し、正しいもの、真理に到達しようとする明確な認識と努力によってはじめて発揮される」[49]この「中道」の思想に基づく教育とは、一つは中道の生活を実践するための知識・能力・価値の育成であり、さらに「精進心」、換言すると思考力・判断力の発達を促すことであると考えられる。国王や国家政策の言葉にさらに置き換えると、「足るを知る経済」の原則の下で、自然や社会と調和したバランスのとれた生活を実践し、善良で、優秀で、幸福に生きる人間を育てることとも言えよう。

5)　国家教育計画(2002－16年)

　国家教育委員会が、1999年教育法施行後に策定したのが、「国家教育計画(2002年～16年)」[50]であり、15年間の長期的視野に立った社会改革を提言している。

　同計画では、まず過去50年間の順調なタイ社会の発展にもかかわらず残されてきた問題点と経済危機によって露呈した社会問題を確認した上で、グローバリゼーションにより地球社会が知識基盤経済(knowledge-based economy)へ移行したこと、天然資源や環境の衰退、社会が消費主義に陥って公共性よりも利己性を優先させていること、地方の知恵・タイの知恵・タイの芸術が軽んじられていること、宗教が力を失っていることが指摘されている。特に、教育に関しては、政策上の一貫性を欠き、教育機関には運営上の自由や弾力性がなく、民間・地域社会・社会団体の教育への参加もなかったとしている。

　こうした状況の中で「足るを知る経済」の原則のもとに、1999年教育法第6条の教育目的を達成することをめざすとともに、第9次国家社会開発計画

が企図した「強い社会・バランスのとれた社会」への発展をめざすとしている[51]。同計画は、これを実現するための最大の課題として学習改革をあげ、以下に示す3つの目的と11の実施のための政策指針が相互に関連する学習改革プランを提示している。

目的1：開発の基盤とするためのバランスのとれた全人的な人間開発

　指針1：誕生から生涯にわたってすべての人々が学習にアクセスできる機会の提供

　指針2：自然にかつ能力に応じて学習者を開発するための学習改革

　指針3：よき生活様式に基づく、社会道徳（シンラタム）、道徳（クンナタム）、倫理（チャリヤタム）、価値観（カーニヨム）、望ましい資質の涵養と向上

　指針4：自己依存および国際的なレベルにおける競争力を増すための科学テクノロジーの面での人材開発

目的2：道徳・知恵・学習で成り立つ社会へのタイ社会の変容

　指針5：人々の知識・思考・行動・道徳を向上させるための学習社会の開発

　指針6：人々とタイ社会の知識と学習を増すための研究開発（R＆D）の促進

　指針7：道徳・知恵・学習で成り立つ社会を構築するための知識と学習の創造、応用、普及

目的3：人間開発の基盤形成のため、および道徳・知恵・学習で成り立つ社会を構築するための社会環境開発

　指針8：宗教、地方の知恵、タイの知恵の基礎の上に社会的、文化的、自然的、環境的な資本の促進および創造

　指針9：社会における公正をもたらすために、タイの人々およびタイ社会が栄誉（サクシー）および機会の面で恵まれない状況、また貧困をもたらす構造的な問題の制限、削減、解決

　指針10：教育開発および国家開発のためのテクノロジー開発

　指針11：タイの人々およびタイ社会を開発するための教育、宗教、芸術、

文化の資源と投資のシステムの整備
6) グローバリゼーション時代のタイ市民性
　以上の各政策の分析を踏まえて、われわれ研究グループはタイの教育政策がめざす市民性を以下の5項目にまとめた[52]。
① ITや国際経済など、急速な社会変化への追従を図るべく、科学テクノロジーや外国語コミュニケーション能力を身に付ける。
② 物質主義、消費文化といったグローバリゼーションによってもたらされた弊害を見直す。
③ タイ人が本来もつ美徳「タイ人らしさ」によって、グローバリゼーションの中での調和的・自立的な発展を目指す。
④ 市民としての権利と義務を行使する市民社会の構築をめざす。
⑤ 「中道」思想と「足るを知る経済」の原則のもとに、全人的な発達をめざした生涯にわたる学習社会を構築する。

3　ローカル、ナショナル、グローバル——日本・タイの問題比較分析——

　本節では、ローカル、ナショナル、グローバルの各レベル別に日本とタイの特徴を抽出して比較分析を試みる。

(1) ローカリズムの問題
　前節で見たように、現在のタイの教育改革政策の特徴はローカル、ナショナル、グローバルのそれぞれのレベルでバランスをとろうとする点にある。ローカリズムは、1960年代以降の国民教育政策と比較すれば、1997年憲法においても1999年教育法においても「地方の知恵」「地方のニーズ」「地方分権」「地域社会の教育参加」などと強調されている。タイにおいて、地方が顧みられなかったのは国民統合の上で支障が生じるからと考えられる。北部の旧ランナー王国、南部の旧パタニー王国などシャム（タイ）に併合されてからの方が歴史が浅い地方が多く、言語的にも文化的にもアユタヤ―バンコクの

人々とは違いがある。共通語としてのタイ語と公定ナショナリズム（チャートニヨム）の教育があって、今日の国民統合を実現しているともいえる。

　なぜ、グローバリゼーション時代になると地方が強調されるのか、再びルンの論で確認してみよう。要点は、グローバリゼーションの弊害を克服するために、タイ人の基礎に帰れということである。伝統的なタイ教育は、家庭、寺院、王宮で行われた。すなわち、家庭では職業生活・社会の価値・伝統が伝えられ、寺院では読み書き、道徳、仏教が教えられ、王宮では国家の古典芸術が伝承された。その優れた点は「なすことによって学ぶこと」「経験を通した学習」「個別の学習指導」「楽しい学習」であるとする。近代的学校教育はこれらのよさを消滅させ、西洋的な知識技術にばかり価値を置いた。しかし、いくら西洋流の近代化を進めてもタイの社会はよくならないし、タイ人は幸福を感じない。したがって、地方の知恵を復興し、地方を強い社会とし、地域社会の道徳と豊かな地方文化を強調する。もちろん、グローバリゼーション時代においては、グローバルレベルでの理解・判断・行動の能力や資質が求められる。そこで、ローカルとグローバルのバランスが強調されるのである[53]。

　日本の近年の教育政策では、地方や地域社会について次の3つの論じ方がある。①地方教育行政改革、②学校と家庭・地域社会の連携、③郷土や国を愛する心である。①については、中央教育審議会答申「今後の地方教育行政の在り方について」(1998年)[54]によって、基本方針が示され「地方教育行政の組織及び運営に関する法律」の一部改正などによって具体化されている。政府全体の行政改革と地方分権の一環であり教育行政の面における対応ということができる。②は前述の1996年中央教育審議会答申によって、家庭や地域社会の教育力が低下しているという分析を完全学校週5日制の実施の根拠とし、学校が担ってきた役割を「連携」によって地域社会に還元し、地域社会の教育力の向上を図ろうとしている。端的に言えば、学校の病理的問題を解決するための方策である。③は、従来から道徳教育を中心に行われてきた事項であるが、2003年の中央教育審議会答申「新しい時代にふさわしい教育基本法と教育振興計画の在り方について」[55]において、教育基本法改正の必

要性と改正の視点の第5項目として「日本の伝統・文化の尊重、郷土や国を愛する心と国際社会の一員としての意識の涵養」が挙げられている。つまり、ナショナルなイデオロギーの涵養の一部に組み込まれていると言える。『郷土を愛する心を育てる指導』と題する文部省指導資料を見ても、「国旗と私」「ワシントンの叔父さんからの桜便り」という郷土愛とは無関係の愛国心教育事例が組み込まれたり、郷土愛は「『愛国心』や『国際親善』と深くかかわり、より広く『人類愛』へと発展していく」もので、「世界の中の日本人」という同心円的世界観で一貫している[56]。

①～③の共通項は、地方や地域社会の価値からは出発していないことである。逆に、ローカルではない問題や課題で説明できる。タイと比較した最大の特徴はグローバルな視点が全く含まれていないことである。また、タイにおいてはグローバリゼーションの弊害を排除するために、あえてナショナリズムとの矛盾が生じかねないローカリズムを称揚し、その上でバランスのとれた市民性の育成をめざしているのに対し、日本ではナショナリズムの内部に閉じこめられ、ローカリズムの重視は全く考えられていない。

(2) ナショナリズムの問題

ローカリズムの問題でも、教育政策上、日本はタイよりもナショナリズムが強いということが見いだされる。そこで、ナショナリズムの問題を具体的に検討してみたい。

前述の2003年中央教育審議会答申は、教育基本法改正を提言したが、マスコミでも「愛国心のような個人の内面の問題を法律に明記すべきかどうか」という論争が展開され、改正法案の国会提出が長く足踏みした。同答申では、先にあげた愛国心の項目とともに、第4項目で「『公共』に主体的に参画する意識や態度の涵養」を教育基本法に盛り込むべきだと提言している。この括弧付きの公共とは、前述の「21世紀報告書」で提起された「新たな公共」のことであり、折出は「個々人は本来の存在からして国家共同体の一員だと見なし、その一員性(その実質は全体性)、すなわち『公共性』を発揮すべく、教育・文化・経済等を通じて国家への貢献を当然のごとく要請する立場をさす」[57]

とまとめている。つまり、日本人は生まれながらにして「公共性」をもっているという立場である。中央教育審議会答申では、国づくり・社会づくりは国民の意思によってよくなりうるが、これまでの日本人は依存心が強すぎるという問題があり、「国や社会の問題を自分自身の問題として考え、そのために積極的に行動する」という公共心が重要であるとしている。つまり、公共性とは個人の内面性の問題になっている。したがって、教育とは生来的な公共性を開発することのように見える。この公共性は国家が個人に要求するのであるから、国家の要求を自分の問題として内面化し、その生き方に沿って自らを律しつつ国家に貢献するというのが中教審答申の国民に求めるところの真意である。

　国家と個人の関係は、国家が国民主権の下に構成されるとすれば、国民同士の関係性の中から構築されていくと考えられる。ところが、「新たな公共」では、個人の内面化において構築されるものとなる。中教審答申の提言が、教育基本法改正案としてまとめられている段階にあって、実は先行して、小学校・中学校の現場では、個人に内面化を求め、他者との関係性を断ち切るようなナショナリズムの教育が実施に移されている。道徳的副教材として2002年以降文部科学省が全国の児童・生徒に無料配布している『心のノート』である[58]。ただで配っただけではなく、文科省は利用状況調査を行うことにより、全国の学校で利用されるよう促しており、極めて大きな影響力を持っている。作成責任者は、「21世紀日本の構想」懇談会で議長を務め、中央教育審議会委員を務めた河合隼雄である。彼の本業である臨床心理学のスタッフを動員して作成されたが、カラフルな色遣いで写真と絵をふんだんに用いており、子どもたちに問いかけ、考えたこと実践したことを書き込ませるようになっている。あらゆる道徳的な事項が子どもたちの内面に問いかけられ、しかも、その答えはあらかじめ用意されている。

　例えば、見開き2ページにわたって、「『ありがとう』って言えますか？」と子どもに問いかける。左のページには緑色の「はい」のボタンが、右のページにはオレンジ色の「いいえ」のボタンが配置され、「下のボタンに軽くふれてください」と指示がある。さらに、「『はい』と答えた人は、これからももっ

ともっと自分を支えてくれる人々に感謝を。/『いいえ』と答えた人は、あらためて自分のまわりを見まわしてみて、ときどきこのページを開いてボタンとにらめっこしてみよう。/迷っている人は、その理由を考えてみよう。あなたの心には、必ず『はい』のボタンにふれようとする『あなた』がいます。」とある[59]。「はい」のボタンを押すまでは、このページから逃れられない仕組みになっている。

　愛国心にかかわる内容を見てみよう。小学校3・4年版(86-88ページ)では、「私たちの国の文化に親しもう」とあり、日本の衣食住、年中行事が「日本の文化として受け継がれてきました」と紹介されている。次のページでは「わが国の文化を支えてきた心」として「自然と共に生きようとする心」「他の人と力を合わせようとする心」「美しさを求めようとする心」「礼儀正しくしようとする心」があり、「私たちも、もち続けよう」となっている。小学校5・6年版と中学校版でも伝統文化の継承という体裁をとっており、中学校版になると明確に「我が国を愛しその発展を願う」となっている。このように、愛国心も、伝統文化に親しむことを入り口にしながらも、個人の内面にその継承を要求し、国を愛して国の発展を願うという唯一の正解を準備している。そこでは、日本が近現代史において他国との国際関係でどのような国家として位置づけられているのかが捨象されており、日本国家の在り方を批判的に考察する機会が与えられていない。また、続くページでは、国を愛する心が一気に飛躍して人類愛に結びつく強引さが見られる。

　『心のノート』の大きな問題は、他者との関係性が希薄なことである。あらゆることについて「自分で自分をコントロールする」ことが繰り返し説かれる。問題が起きたとすれば、それはすべてが個人の問題に還元されることになる。いわゆる自己責任である。「国を愛する」ことがどうしてもできない子どもが仮にいたとすると、それはその子に何か問題があると判断される。望ましくない子どもとして、構造的に排除される。そうした意味で、一種の暴力性をもった教材である[60]。

　他方、タイでは第4章で論じられたように開発主義国家としてナショナリズムの教育が1970年代に完成し、今日まで続いていると見ることができる。

1999年教育法をはじめ、多くの政策によって「タイ人らしさ」が強調されている。では、そのタイ人らしさとはいったい何か。実は、教育政策文書にはその定義は明確に表現されていない。公式には1977年に設置された首相を議長とする「国家帰属意識委員会」において「国家のアイデンティティ（エーカラック・コング・チャート）」を定義するための審議が絶えず続けられている。そして、その明確な解答は示されておらず、他の諸国との差異があるタイ社会とタイの人民のすぐれた特徴や性質によって幅広く定義されるとしている。その国家のアイデンティティによって、人民の「タイ人らしさ」を維持していると述べるに留まっている[61]。要するに、トンチャイが分析するように、「タイ人らしさ」というものがあると広く信じられてはいるが、そもそも「タイ人らしさ」の概念は明確ではないのである[62]。

ただし、「タイ人らしくなさ」はむしろはっきりとした共通認識があるという。それは、例えば「ベトナム人」や「コミュニスト」といった象徴的な概念である[63]。「らしくなさ」によって周縁は共通に理解されながら、肝心の「らしさ」の概念は政治的立場によって解釈のせめぎ合いがあるという。軍部にとっては共産主義や左翼からの攻撃にもかかわらずタイ人らしさはその優秀さを保ち続けているが、トンチャイが「保守的過激派」と呼ぶ仏教徒の目から見れば、前述のように開発やグローバリゼーションによってタイ人らしさは危機に瀕しているのである。後者の立場も、エリートによってつくられたタイ人らしさと農村の生活や伝統的な知恵の中に見出されるタイ人らしさの間で立場の分裂がある[64]。

結局、「タイ人らしさ」はこの30年間ほどの間につくられ、つくりかえられ続け、様々な解釈がせめぎ合っている[65]。カシアンはタイ人の現状を「文化的統合失調状態」と分析する。つまり、競争、消費、利益追求などの面では西洋流の資本主義的自由を求め、他方で権威的な秩序、規律、体制順応、合意などの価値観ではタイ人らしさを求めるという[66]。

そうした状況の中で、従来の「古いナショナリズム」にかわって、「新しいナショナリズム」が取って代わると分析するのが、チェンマイ大学のサーイチョンである。「古いナショナリズム」は独裁政治の時代に西洋の植民地主

義に対抗しタイの独立を維持するため民族の血統を強調して創造されたが、グローバリゼーション時代においてはこれを破壊して民主主義政治のもとでのナショナリズムにしなければならないという。その論の概要を以下に示してみよう。「新しいナショナリズム」とは、民族性に基づかずに、すべての民族・階級・同じ土地のタイ人と信じているグループ、言い換えると同じ国のチャート（国家の共同体）の一員と感じている人々が、力を合わせて国家の独立と利害を保ち、国民経済と独立上の主権を保護でき、他国からの支配による抑圧から脱し、タイ人らしさとチャートの構成員であることに尊厳と誇りをもって生活することを意味する。タクシン政権与党タイ愛国党も、経済上の主権を回復し維持するためにこの「新しいナショナリズム」を支持している。「古いナショナリズム」の文化的次元においては、政治的独裁のために「タイ人らしさ」が作り出され、その概念規定と普及の権限を独裁政権が独占したが、同時に「他の者（コン・ウン）」を生み出すことになり、国内外を問わず、「タイ人らしさ」を基準に敵味方に分かれた。しかしながら、民主主義においては、「タイ人らしさ」の「周縁者」を支えるための能力と権限が大きくなる。上・中層の人はタイ文化の多様性を受け入れて、「タイ人らしさ」の多様化が展開していく。したがって、「タイ人らしさ」の定義は弾力的であり、公正な権限の行使を支援し、正統な資源分配を支援し、創造的・平和的な社会における協力関係を強調するものであり、経済・政治・文化の結びつきの上に成立するものである[67]。

　以上のように、グローバリゼーションのもとで、日本の場合には「新たな公共」、タイの場合には「新しいナショナリズム」が構想され、教育政策に影響を与えている。一見するとどちらも復古的・保守的に見える。しかし、中身をよくみれば、タイの場合には多文化主義的な「タイ人らしさ」へと進んでいこうとし、他者との関係性を大切にしようとしているが、日本の場合にはむしろ国家の価値を個人の内面に注入し、異質な他者を排除していこうとする方向性にあるという違いがある。日本は「古いナショナリズム」の頃のタイに向かっているように思われる。

(3) グローバリズムの問題

　タイの教育政策においては、前述の通り、グローバリゼーションに対応した調和的・自律的発展を志向している。「タイ人らしさ」の護持も強調されるが、その内実はグローバリゼーション時代に対応して再構築されている。環境問題や持続的発展をはじめとして、国内問題に留まらないグローバル社会レベルでの課題に対しても、「足るを知る経済」の原則と「中道」主義に基づいて、タイ人らしく解決する知識や実践力の育成、その基盤となる価値の教育が模索されている。

　日本の教育政策では、極論すればグローバリズムはないと言える。たしかに、「国際化への対応」や「国境を越えた大競争の時代」といった課題認識は示されている。しかしながら、それらはいずれも、ナショナルなレベルでの伝統回帰的な価値意識の形成と競争力のある人材育成のための政策を導く根拠になっているばかりで、グローバリズムに基づく教育、あるいはタイのようにグローバリゼーションに対応してナショナルなレベルの再構築の方向は全く見られない。あくまでも、「国際社会に生きる日本人の育成のために、……日本の歴史や文化・伝統に対する誇りや愛情を育む」(教育課程審議会答申)や「我が国が世界に伍して競争力を発揮する」(2003年中央教育審議会答申)という論じ方である。

　近年の政策だけ比較すれば、以上のように日本におけるグローバリズムの欠如が際立つ。しかし、グローバリズムではないにしても全世界的で普遍的な価値と考えられる「平和教育」「人権教育」「民主主義社会における主権者を育てる教育」などについては、日本の50年間以上にわたる戦後教育において積極的に取り組まれ、一定の成果を上げていることは間違いない。タイの場合には、1990年代の民主化以降、ようやく市民社会形成の動向とともに課題として認識されてきた段階であると言える。したがって、日本の戦後教育は成果を上げているとして積極的に評価され、今後の継続と発展が望まれる。

　懸念されるのは、教育基本法改正案が「平和」の価値を現行法ほど重んじていないこと、また教育を国家の統治行為とする見方によって基本的人権の重要事項である「教育を受ける権利」に制限が加わる可能性があることであ

る。そして実際に、『心のノート』によって国家が規定する価値規範の一方的な涵養が行われていることである。

4　今後の展望

　最後に、今後の日本・タイ両国の市民性教育がどのように展開するか、展望して結びとしたい。

　日本における市民性像は、2003年中央教育審議会答申に描かれている。同答申では、教育の基本的使命を①個人の能力を伸長して自立した人間としての人格の完成、②国家や社会の形成者たる国民の育成に分けている。「21世紀報告書」における教育の二面性の指摘通りである。これらは、「21世紀を切り拓く心豊かでたくましい日本人の育成」を目的とすることでまとめられ、この目的達成のため、以下の5つの目標を立てている。①自己実現を目指す自立した人間の育成、②豊かな心と健やかな体を備えた人間の育成、③「知」の世紀をリードする創造性に富んだ人間の育成、④新しい「公共」を創造し、21世紀の国家・社会の形成に主体的に参画する日本人の育成、⑤日本の伝統・文化を基盤として国際社会を生きる教養ある日本人の育成、以上である。

　特徴は①〜③は普遍的な市民性とも言えるものである。例えば②では規範意識、自律心、誠実さ、勤勉さ、公正さ……などの価値が列挙されている。それに対して④⑤は、文末で明確に「日本人」としているように、日本特有の目標と言える。④は新自由主義的市場社会において、新たな国家と個人の関係(公共)を構築し、それを内面の問題として自覚し、自ら考えて行動し、その結果に対しては自己責任をとるというような個人に育てようという意図が見える。⑤は新自由主義的市場社会に適合した新保守主義的な国家への帰属意識(アイデンティティー)[68]を身に付けさせようとする意図が見える。

　タイでは、国家教育委員会がチュラロンコン大学のクリエンサックにとりまとめを依頼し、タイの教育界・言論界で論じられている「タイ人の将来像」のまとめが公表されている[69]。まず、「望ましいタイ社会」とは、①効率的な

社会、②知識基盤社会および開発の中心に知恵をもつ社会、③多様性の中での統一された社会、④環境を重要視する社会、⑤タイ人らしさを誇りに思う社会、⑥コミュニティー強化を重視する社会、⑦道徳的倫理的な社会とされている。

その社会を構成する「望ましいタイ人」が、身体・心・知識・技能および能力の4つの次元で指摘されている。列挙すると、①身体的次元：身体が健康でたくましく、年齢に応じた標準にしたがって身体的精神的に発達している人、②心的次元：自分自身、ならびに他者の気持ち、および身のまわりの様々な変化する状況や環境を十分に理解している人、③知識的次元：学問の中心内容を深く知ることができ、身のまわりのことを学際的に知ることができる人、および来るべき将来の状況を予測して展望をもつことができる人、④技能および能力的次元：思考、コミュニケーション、外国語、通信テクノロジー活用、社会性、職業技能、美的感覚、管理の優れた技能および能力をもつ人である。

前段の「望ましいタイ社会」では、①②でグローバリゼーションに対応できる社会を提示しながら、③で多元主義、多文化主義、⑥でローカリズムを同時に提示している点、グローバリゼーションの弊害を取り除く、⑤タイ人らしさ、⑦道徳倫理を提示している点が特徴である。後段の「望ましいタイ人」では、あらゆる面でバランスのとれた人間像を示しており、特定の思想信条には踏み込んでいないことである。1999年教育法第6条で示された完全な人間像が国民的議論の中で醸成されつつあると見ることができる。

両国とも本節で取り上げた内容が今後の市民性教育に大きな影響を与えると考えられる。日本の場合には教育基本法改正によって法的実効性を獲得するかどうか、タイの場合には、政策レベル・理念レベルから次章以下に検討する学校レベル・実践レベルに具体化していくのか、さらなる追究が必要である。

注
1 川野哲也「市民性概念の歴史的変遷と比較研究の観点」『日本・タイ両国におけ

る「市民性」の育成に関する実証的比較研究』科学研究費補助金中間報告書（研究代表者：平田俊文）、大分大学教育福祉科学部、2004年、pp.26-42。
2　小玉重夫『シティズンシップの教育思想』白澤社、2003年、pp.108-109。
3　宮島喬『ヨーロッパ市民の誕生——開かれたシティズンシップへ——』岩波書店、2004年。
4　アンディ・グリーン『教育・グローバリゼーション・国民国家』大田直子訳、東京都立大学出版会、2000年における「第7章教育、グローバリゼーションと国民国家」、pp.173-243参照。
5　本章を書きあげた後に、2006年12月15日、教育基本法改正法案が国会で可決成立し、同12月22日交付・施行された。時間的な制約から改正法の成立を前提とした内容に改めることができなかった。従って、本章における「教育基本法」または「現行教育基本法」とは1947年の教育基本法（昭和22年法律第25号）を指すものとする。なお、本章中で言及した教育基本法改正案とは、2005年10月時点の政府・与党案であり、民主党による日本国教育基本法案については分析していない。
6　教育基本法の制定過程と「改正」問題に関する多くの文献があるが、さしあたり、佐貫浩『新自由主義と教育改革——なぜ、教育基本法「改正」なのか』旬報社、2003年を参照。佐貫をはじめ、多くの論者は現行教育基本法の精神を生かし、より徹底することを主張している。これに対し、佐藤学は、教育基本法は天皇の戦争責任免罪と天皇制存続のために制定されたのであり、擁護すべき教育基本法の民主的価値は教育学者や教師たちが闘いとったものであるとして、「教育基本法の廃止」を唱えている。佐藤学「教育基本法の歴史的意味」『世界』岩波書店、2004年1月号、pp.222-225。
7　広田照幸『思考のフロンティア　教育』岩波書店、2004年、pp.75-76。
8　耳塚寛明・樋田大二郎編著『多様化と個性化の潮流をさぐる——高校教育改革の比較教育社会学——』学事出版、pp.45-58。
9　中央教育審議会、「21世紀を展望した我が国の教育の在り方について」第一次答申、1996年7月19日、http://www.mext.go.jp/b_menu/shingi/12/chuuou/toushin/960701.htm（2004年1月15日アクセス）
10　以下の論が代表的なものとしてあげられる。佐貫浩、前掲書、2003年。藤田英典『市民社会と教育——新時代の教育改革・私案——』世織書房、2000年。斎藤貴男『教育改革と新自由主義』子どもの未来社、2004年。橘木俊詔編著『封印される不平等』東洋経済新報社、2004年。
11　教育課程審議会「幼稚園、小学校、中学校、高等学校、盲学校、聾学校及び養護学校の教育課程の基準の改善について」http://www.mext.go.jp/b_menu/shingi/12/kyouiku/toushin/980703.htm（2004年1月15日）

12 学力低下論について多くの論があるが、全体を俯瞰するためには、市川伸一『学力低下論争』ちくま新書、2002年がもっとも好適であろう。
13 岡部恒治・戸瀬信之・西村和雄編『分数ができない大学生——21世紀の日本が危ない——』東洋経済新報社、1999年。
14 苅谷剛彦・志水宏吉・清水睦美・諸田裕子『調査報告「学力低下」の実態』岩波書店、2002年。
15 苅谷剛彦『階層化日本と教育危機——不平等再生産から意欲格差社会へ——』有信堂、2001年。
16 和田秀樹『受験勉強は子どもを救う——最新の医学が解き明かす「勉強」の効用——』河出書房新社、1996年。
17 http://www.mext.go.jp/b_menu/houdou/14/01/020107.htm （2004年1月15日）
18 http://www.mext.go.jp/b_menu/shingi/chukyo/chukyo 0/toushin/03100701.htm （2004年1月15日）
19 藤田英典『教育改革——共生時代の学校づくり——』岩波新書、1997年。
20 佐藤学『「学び」から逃走する子どもたち』岩波書店、2000年。橘木俊詔編著、前掲書、2004年。広田照幸、前掲書、2004年。折出健二『市民社会の教育——関係性と方法——』創風社、2003年。
21 広田照幸、前掲書、2004年、p.73。
22 折出健二、前掲書、2003年、pp.52-56。
23 21世紀「日本の構想」懇談会最終報告書「日本のフロンティアは日本の中にある——自立と協治で築く新世紀——」2000年1月。http://www.kantei.go.jp/jp/21century （2005年1月31日）
24 同上、p.100。
25 斎藤貴男、前掲書、2004年、p.25。
26 Prawese Wasi, *Pathiruup Kaansuksaa Thai–Kaan yokkhruang thaang panyaa–*, Saangsu, Bangkok, 1998, pp.45-46.（『タイ教育改革——知性のオーバーホール——』）
27 Chaianan Samutwanit, 'Kaancatkaan Beep Phaakhii Phua Kaanrianruu Yaang Mii Ongruam', in *Pathiruup Kaansuksaa Kaansaangsan Phumi Panyaa*, edited by Uthai Dunyakaseem, Thamkiat Kan'ari and Wiwat Khathithamnit, Samnakphim Amarin Wichaakaan lae Munnithi Sotsri-Sarutwong, Bangkok, 1996, pp.129-158.（「ホリスティックな学習のための参画方式」『教育改革——知恵の創造——』）
28 森下稔・平田利文「タイ」『アジア諸国における教育の国際化に関する総合的比較研究』平成10-12年度科研費報告書（研究代表者：望田研吾）、九州大学大学院人間環境学研究院、2001年、p.95。
29 Khana Sukaa "Kaansuksaa Thai Nai Yukh Lookaaphiwat", *Khwaamfan Khong*

Phaendin, Rongphim Tawanook, Bangkok, 1996, p.25.（グローバリゼーション時代のタイ教育審議会『わが大地の夢』）

30 多数の論考や評論があるが、日本語で入手可能なものとしてニティ氏の論が参考になる。ニティ・イーオシーウォン『当てにならぬがばかにできない時代——タイの社会と文化』吉川利治編訳、NTT出版、2000年。原著は1998年の出版。

31 Khana Sukaa "Kaansuksaa Thai Nai Yukh Lookaaphiwat", *Khwaamcin Khong Phaendin*, J. Film Process Ltd., Bangkok, 1998, pp.1-2.（グローバリゼーション時代のタイ教育審議会『わが大地の真実』）

32 Rung Kaewdeang, *Pathiwat Kaansuksaa Thai*, Samnakphim Tichon, Bangkok, 1997.

33 教育改革に関する仏教の議論は別稿で論じた。森下稔「タイの公教育における宗教教育の位置」江原武一編『世界の公教育と宗教』東信堂、2003年、pp.264-266。

34 本章を書き上げた後に、2006年9月国軍によるクーデターが発生し、1997年タイ王国憲法は停止された。タクシン政権は放逐され、翌10月に発足した暫定政権のもとで新たな憲法の起草が進められている。1999年国家教育法の取扱いも含めて、クーデター後の教育をめぐる変化については判断材料が乏しく、本章においては言及することができない。従って、本章の記述はクーデター発生以前の状況に基づくものとする。

35 平田利文・森下稔『タイ仏暦2542年（西暦1999年）国家教育法』ヨシダ印刷、2000年、pp.33-36参照。

36 Samnakgaan Khana Kammakaan Kaansuksaa Haeng Chaat, *Praraachabanyat Kaansuksaa Haeng Chaat Pho. So. 2542*, Bangkok, 1999.（国家教育委員会事務局『1999年国家教育法』）

37 森下稔・平田利文、前掲論文、2001年。森下稔、前掲書、2003年。森下稔・村田翼夫「タイにおける中等学校の多様化・個性化」『中等学校の多様化・個性化政策に関する国際比較研究』科学研究費補助金研究成果報告書（研究代表者：望田研吾）、九州大学大学院人間環境学研究院、2004年、pp.237-265。鈴木康郎・森下稔・カンピラパーブ・スネート「タイにおける基礎教育改革の理念とその展開」日本比較教育学会編『比較教育学研究』第30号、東信堂、2004年、pp.148-167。

38 Rung Kaewdeang, Learning for the New Century, 2001, http://www.drrung.com （2005年1月30日）

39 Samnakgaan Khana Kammakaan Kaansuksaa Haeng Chaat, *Phaen Kaansuksaa Haeng Chaat Phutthasakaraat 2535*, Bangkok, 1992.（国家教育委員会事務局『1992年国家教育計画』）

40 Samnakgaan Khana Kammakaan Phattanakaan Settakit Lae Sangkom Haeng Chaat, *Phaenphattana Settakit Lae Sangkom Haeng Chaat Chababthii 8 (1997-2001)*, Bangkok, 1996, 前文.（国家社会経済開発委員会事務局『第8次国家社会・経済開発計画 (2002年〜06年)』）

41 *Ibid.*, p.2.

42 Krasuang Suksaathikaan, *Phaenphattana Kaansuksaa Sasanaa Lae Wattanatham Rayathii 8 (1997-2001)*, Bangkok, 1996, p.14.（文部省『第8次教育宗教文化開発計画 (1997年〜2001年)』）

43 *Ibid.*, pp.15-16.

44 *Ibid.*, p.63.

45 Samnakgaan Khana Kammakaan Phattanakaan Settakit Lae Sangkom Haeng Chaat, *Phaenphattana Settakit Lae Sangkom Haeng Chaat Chababthii 9 (2002-06)*, Bangkok, 2001, p.d.（国家社会経済開発委員会事務局『第9次国家社会経済開発計画 (2002年〜06年)』）

46 *Ibid.*, p.a.

47 *Ibid.*, p.1. ただし、日本語への訳出にあたっては、国家社会経済開発委員会事務局作成の英語版を参照した。タイ語版と英語版では用語の使用法、文法構造上の位置関係等に相違がある。

48 Prathampidok (P.A. Payutto), Prawese Wasi, Ekawit Na Thalang, and Srisak Wanliphodom, *Kaanrianruu Thii Mosom Kap Sangkhom Thai*, Samnakgaan Khana Kammakaan Wattanatham Haeng Chaat, Bangkok, 2001, pp.11-21.（『タイ社会にふさわしい学習』国家文化委員会事務局）

49 西川潤「タイ仏教から見た開発と発展」西川潤編『アジアの内発的発展』藤原書店、2001年、p.36。

50 同計画は、当初「国家教育宗教芸術文化計画」という名称で発表された。1999年教育法で設置するとされた「教育宗教文化省」がタクシン政権による省庁再編構想の修正に伴って、宗教文化部門を独立させて「文化省」が設置されたため、新「文部省」に統合される国家教育委員会事務局が策定した計画から「宗教芸術文化」の語が削除された。

51 Samnakgaan Khana Kammakaan Kaansuksaa Haeng Chaat, *Phaenphattana Kaansuksaa Haeng Chaat (Pho.So.2545-2559)*, Bangkok, 2002, p.2.（国家教育委員会事務局『国家教育計画 (2002年〜16年)』）

52 Toshifumi Hirata, Minoru Morishita, Koro Suzuki, and Sunate Kampeeraparb, *Citizenship Education in the New Basic Education Curriculum of Thailand*, a paper for the 4th Comparative Education Society of Asia Biennial Conference 2003, July 22, 2003, at Indonesia.（中間報告書pp.57-66に収録）

53 Rung Kaewdeang, *Indigenous Knowledge For a Learning Society*, 2001, http://www.drrung.com（2005年1月30日）
54 http://www.mext.go.jp/b_menu/shingi/12/chuuou/toushin/980901.htm（2005年2月3日）
55 http://www.mext.go.jp/b_menu/shingi/chukyo/chukyo0/toushin/030301.htm（2005年2月3日）
56 著者不詳（文部省著作権所有）『小学校郷土を愛する心を育てる指導』大蔵省印刷局、1987年。著者不詳（文部省著作権所有）『中学校郷土を愛する心を育てる指導』大蔵省印刷局、1987年。
57 折出健二、前掲書、2003年、p.56。
58 本論では市販版を参照した。著者不詳（文部省著作権所有）『こころのノート小学校1・2年』文溪堂、2002年。同『心のノート小学校3・4年』学習研究社、2002年。同『心のノート小学校5・6年』暁教育図書、2002年。同『心のノート中学校』暁教育図書、2002年。
59 同上、小学校5・6年版、pp.52-53。
60 『心のノート』の批判的考察は、岩川直樹・船橋一男編『「心のノート」の方へは行かない』子どもの未来社、2004年。小沢牧子・長谷川孝編『「心のノート」を読み解く』かもがわ出版、2003年。
61 http://www.opm.go.th/thai/main.asp（2005年2月4日）
62 トンチャイ・ウィニッチャクン『地図がつくったタイ——国民国家誕生の歴史』石井米雄訳、明石書店、2003年、pp.24-25。
63 同上、pp.26-28。
64 同上、pp.33-38。
65 1970年代の「民族（チャート）」（本論では国家と訳している）「タイ人」の概念成立の経緯については、村嶋英治「タイにおける国民国家——歴史と展望——」西川長夫・山口幸二・渡辺公三編『アジアの多文化社会と国民国家』人文書院、pp.102-129参照。
66 Kasian Tejapira, *Thainess, Ethno-nationalism, and the State*, 2004, http://www.boell.de/en/05_world/2914.html（2005年1月28日）
67 Saichol Satyanurak, *Khwaam Plienplaeng Nai Kaansaang Chaat Thai Lae Khwaampen Thai Doi Luang Wichitwaathkaan*, Matichon, Bangkok, 2002, pp.179-189.（『ルアン・ウィチットワータカーンによるチャートタイとクワームペンタイの変遷』）
68 中間報告では「アイデンティティー」とされていたが、答申では日本人であることの自覚などの表現に置き換えられた。
69 Kriengsak Jarungwongsak, *Phaap Anakhot Lae Khun Laksana Khong Khon Thai*

Thii Prasong, Samnakgaan Khana Kammakaan Kaansuksaa Haeng Chaat, Bangkok, 2003. (『望ましいタイ人の将来像と資質』)

第2部

市民性教育カリキュラムと教員養成に求められる新しい市民性の育成

第6章 タイの基礎教育カリキュラムにおける市民性育成の原理と方法

鈴木　康郎

はじめに

　本章では、23年ぶりに刷新されたタイの新しいカリキュラムである、「仏暦2544年（2001）年基礎教育カリキュラム」（以下、2001年基礎教育カリキュラムと省略）を手がかりに、グローバル化への対応という大きな課題に直面したタイが、どのような市民性を育成しようとしているのかを明らかにすることとしたい。まず、2001年基礎教育カリキュラム成立に至るまでの市民性育成の指針を明らかにする。次に、これらの市民性育成の指針がどのようにカリキュラムに反映しているのかを確認する。最後に、2001年基礎教育カリキュラムの実施をめぐるさまざまな措置を検討し、タイにおける市民性育成の方向性と課題を提示することとしたい。

1　教育改革の指針に見るグローバル化時代に対応するための市民性

(1) 1999年国家教育法に見る市民性

　1999年8月、タイ史上初の教育基本法といえる「仏暦2542（1999）年国家教育法」（以下、国家教育法と省略）が告示された。同法の規定により、従来の初等・中等教育段階の区分を廃し、教育内容を12年間に一元化する2001年

基礎教育カリキュラムが作られることとなる。

具体的には、国家教育法におけるカリキュラム関連の規定は次の第27条に定められている。

> 第27条　基礎教育委員会は、タイ人であること、国家のよき国民であること、生活を営むこと、職業に就くこと、および進学を目指して、基礎教育コア・カリキュラムを定めるものとする。
> 　基礎教育機関は、地域コミュニティおよび社会における問題状況、地方の知恵、家庭、地域コミュニティ、社会、および国家のよき一員となるための望ましい資質に関する部分において、第1項で述べた目標に従って、カリキュラムの内容を定める義務を負う[1]。

本条の規定により、国家はコアとなる大綱的なカリキュラムを定め、各学校は地方のニーズ等に応じてカリキュラムを編成すること、が定められた。

国家教育法においては、市民性に関する直接的な記述は見られないが、「学習過程において、国王を元首とする民主主義政体のもと、政治や行政に関する正しい意識の育成、（中略）、タイ人であることに対する誇りの醸成、国家や全体の利益の維持についての理解、国家の宗教、芸術、文化、体育、地方の知恵、タイの知恵、普遍的な知識の奨励等が求められる。さらに天然資源や自然環境を保護すること、職業上の能力をもつこと、自立できること、創造性と学習意欲をもつこと、継続的に自ら学ぶこと」（国家教育法第7条）と規定されている。ここからは、グローバリゼーションへの対応という観点は明確に示されていないが、次に述べる国家教育計画においては、市民性の育成を図るにあたり、グローバル化時代におけるタイの存続が強く意識されている。

(2) 国家教育計画（2002年～16年）に見る市民性

教育政策の研究・立案を担当する国家教育審議会事務局が、15年間の長期的視野に立った国家の教育展望を示したのが、「仏暦2545～59（2002～16）年国家教育計画」である。同計画においては、グローバリゼーションにより

地球社会が知識基盤型（knowledge-based）社会あるいは経済へ移行したことを認識し、こうした社会の動きに対応するために抜本的な学習改革プランを実施する必要があることを提起している。

一方で、こうした状況への対応にあたり現在のタイ社会が抱える問題として、①教育の国際的な競争力が低下していること、②学校の運営が自由と柔軟性に欠け、コミュニティの参加も不十分であること、③社会が消費主義に陥り、自己の利益を中心に考えるものが増えていること、④伝統的な地方の知恵やタイの文化・芸術が軽視されていること、などを指摘した[2]。

そして、これらの問題状況を解決するための学習改革プランを提起し、その基本的理念もしくは枠組みとして、①タイ人が持続的かつ幸福な生活を営むための、過度に走らない「中道」主義に則った「足るを知る経済」原則、②タイのアイデンティティーや価値観を保持した上で、世界の変化に適応する「人間中心の開発」、③教育、宗教、文化、芸術などを統合した全体的計画、④心身、知性、道徳の各面を発達させ、他者と平和的共生することができるような「全人的人間形成」、を提示した[3]。

2001年基礎教育カリキュラムもまた、こうした国家教育計画の理念を反映し、タイがグローバル化時代への対応を果たすための人間開発、社会改革を推進することを強く意識して原理や目標が設けられることとなる。

2　2001年基礎教育カリキュラムの特質と市民性育成

(1) 2001年基礎教育カリキュラムにおける市民性育成の原理

国家教育法第27条の規定により2001年11月2日、2001年基礎教育カリキュラムが告示された。このカリキュラムの特徴は、各学校（学校以外の教育機関含む）が「教育機関カリキュラム」を編成する上での国家の最低限の基準を示した大綱的なものとして構想された点にある。2001年基礎教育カリキュラムの原理や目標を手がかりに、同カリキュラムにおいて、いかなる市民性を育成しようとしているのかを見ていくこととしたい。

以下のように、2001年基礎教育カリキュラムには5つの原理が示されてい

るが、その筆頭原理は「タイ人らしさ（クワームペン・タイ）」と同時に「国際性（クワームペン・サーコン）」を確保することによって国家統一を図るというものである。ここに端的に示されているように、グローバリゼーションを生き抜くタイ人の育成を強く意識したものとなっている。

2001年基礎教育カリキュラムの原理
1. タイ人らしさと同時に国際性に重点を置く、国家の統一のための教育。
2. 社会全体が教育に参加し、すべての国民が平等かつ同等に教育を受ける、万人のための教育。
3. 学習者は最も重要であり、自然に発達し、潜在能力を発揮することができるという原則のもとに、自ら継続的に生涯にわたって学習し発達するよう奨励する。
4. 学習内容、学習時間および学習の提供の各面で弾力的な構造をもつカリキュラム。
5. 各ターゲット・グループを網羅し、学習の成果と経験を読み替えることができる、あらゆる形態の教育を提供するカリキュラム[4]。

さらに、こうした原理に立脚した9つの具体的目標が示されているが、そこにはグローバリゼーションへの対応に関わるような目標と、タイのアイデンティティーを強調するような目標とが混在している。グローバリゼーションへの対応としては、創造的思考能力を育成すること（第2目標）、科学的進歩に対応できるようなコミュニケーション技能やテクノロジーの活用能力を身につけること（第3目標）、消費者よりも生産者としての価値観を身につけること（第6目標）、などがあげられる。タイのアイデンティティーの強調としては、宗教（とりわけ仏教）の教義を行動の規範とすること（第1目標）、タイの歴史を理解し、タイ人らしさを誇りに思い、よき市民（ポンラムアン）となること（第7目標）、国家と地方を愛する心をはぐくみ、社会に貢献すること（第9目標）、などがあげられる[5]。

以上のような基礎教育カリキュラムの原理や目標からは、市民性の育成として次のような特徴を見いだすことができる。すなわち、グローバリゼーションへの積極的対応として外国語コミュニケーション教育の早期導入やIT教育の振興を掲げている一方、極端な物質主義や消費文化の横行、社会道徳の

第6章　タイの基礎教育カリキュラムにおける市民性育成の原理と方法　131

荒廃といったグローバリゼーションのもたらす負の側面に対して強い危機意識を抱き、こうした弊害からの脱却をめざし「足るを知る経済」原則や「中道」主義を求め、アイデンティティーの中核としてタイの歴史や文化を身につけていこうとしていることが、タイの市民性の原理といってよいであろう。

(2) 2001年基礎教育カリキュラムの基本構造と市民性育成を担う学習内容

図6-1に示されるように、2001年基礎教育カリキュラムの基本構造は、①タイ語、②数学、③理科、④社会科・宗教・文化、⑤保健・体育、⑥芸術、⑦仕事・職業・テクノロジー、⑧外国語の8つの学習内容グループと学習者発達活動により構成されており、各学習内容グループには最低限の「内容」と「水準」が示されている。

このうち、市民性の育成に関する学習は主として「社会科・宗教・文化」学習内容グループに盛り込まれている。同学習内容グループの構成は、以下

ステージ	初等教育		中等教育	
	第1ステージ (小1-3)	第2ステージ (小4-6)	第3ステージ (中1-3)	第4ステージ (中4-6)
	義務教育 (9年)			
	基礎教育 (12年)			
学習内容グループ				
①タイ語	●	●	●	●
②数学	●	●	●	●
③理科	●	●	●	●
④社会科・宗教・文化	●	●	●	●
⑤保健・体育	■	■	■	■
⑥芸術	■	■	■	■
⑦仕事・職業・テクノロジー	■	■	■	■
⑧外国語	■	■	■	■
学習者発達活動	▲	▲	▲	▲
学習時間	年間約 800-1,000時間	年間約 800-1,000時間	年間約 1,000-1,200時間	年間 1,200時間以上

備考:
● 教育機関が思考、学習、問題解決の基礎を培うための柱としての学習内容
■ 人間性を育成し、思考や仕事における基礎的能力を育成するための学習内容
▲ 8グループの学習内容以外の学習で潜在能力に基づいて自己発達を促す活動
出所) Ministry of Education, *Laksut Kaansuksaa Khan Phun Thaan Phutthasakaraat 2544*, Bangkok, 2002, p.8 (『仏暦2544 (2001) 年基礎教育カリキュラム』)。

図6-1　2001年基礎教育カリキュラムの基本構造

のように5つの「内容」とそれぞれに対応した「水準」により構成されている。

「社会科・宗教・文化」学習内容グループの構造
　内容1：宗教・社会道徳・倫理
　　水準So1.1：仏教または自分が信仰する宗教の歴史・重要性・教義を理解し、宗教の教義を共生のための実践の原理として用いることができる。
　　水準So1.2：道徳・善行を確信し、優良な価値観をもち、仏教または自分が信仰する宗教を信仰する。
　　水準So1.3：仏教または自分が信仰する宗教の教義・宗教儀礼、優良な価値観に基づき自ら行動し、実践する。これを通して、平和な共生のために、自らを開発し、社会と環境に対して有益になるよう応用することができる。
　内容2：市民の義務・文化・社会生活
　　水準So2.1：よき市民としての義務に従い、タイの法律・伝統・文化に基づき自ら実践し、タイ社会および地球社会において平和に共に生活する。
　　水準So2.2：現代社会における政治・統治制度を理解し、信仰を確信し、国王を元首とする民主主義政体を保持する。
　内容3：経済学
　　水準So3.1：生産と消費における資源の管理・運営、限られた資源を効率的に価値あることに利用すること、さらにバランスのとれた生活を送るために足るを知る経済を理解し、実践することができる。
　　水準So3.2：さまざまな経済システム・経済機関、経済システムの関係性、地球社会における経済的協力の必要性を理解する。
　内容4：歴史学
　　水準So4.1：歴史学の時間と時代の意味と重要性を理解する。因果関係の基礎の上に、歴史学的方法を使って、システマティックにさまざまな事態を分析することができる。
　　水準So4.2：継続的な事態の関係性と変化の視点から過去から現在までの人類の発展を理解し、生じる事態の重要性を認識し、その影響を分析することができる。
　　水準So4.3：タイ国家・文化・タイの知恵の成り立ちを理解し、タイ人らしさを誇りに思い、保持する。
　内容5：地理学
　　水準So5.1：世界の地域構成の特徴を理解し、自然の体系において互いに影響を

及ぼし合う、位置に現れるすべてのものの関係を認識する。地理的資料の探求に際して、地図と道具を効率的に利用する。

水準So5.2：文化の創造を生じさせる人間と地理的事象との関係を理解し、持続的な発展のために資源と環境を意識し、保持する[6]。

市民性育成については、内容2「市民の義務・文化・社会生活」が中心となってくるが、その他の内容にも市民性育成に関わる項目が随所に示されている。具体的には、内容1「宗教・社会道徳・倫理」における平和的共生、内容3「経済学」における「足るを知る経済」、および内容4「歴史学」のタイ人らしさなどが、市民性育成に関わる重要な学習内容となっている。

一方、グローバリゼーションへの対応として、環境教育と関連し、「理科」学習内容グループの8つの「内容」のうち内容2「生活と環境」において、地方、国家、および地球レベルでの資源の持続的な利用についての学習が設定されている。「外国語」学習内容グループについては、コミュニケーションのための活用や各グループ間の共生を図ることを重視し、小学校第1学年より英語を学習するよう示している。

なお、2001年基礎教育カリキュラムの規定においては、これらの「内容」と「水準」は、あくまで国の教育として最低限のものを示したにすぎず、各学校（教育機関）は、地方や学校のニーズを踏まえた上で、学習者の望ましい資質を設定し、具体的な学習内容や学習時間、授業方法等を示した「教育機関カリキュラム」を編成しなければならないとされている[7]。

3　「社会科・宗教・文化」学習内容の各ステージにおける学習水準と市民性

これまで見てきたように2001年基礎教育カリキュラムは12年間の学習内容について最低限の基準を示したものである。これとは別個に、同カリキュラムに準拠し、学習者の望ましい資質を身につけさせることを目標として、8つの学習内容グループについて、各ステージ・各学年の「学習水準」が別途定められることとなった。

「社会科・宗教・文化」学習内容グループに関しては、2002年に教育省学術局より『社会科・宗教・文化学習内容グループにおける学習内容および学

表6-1　内容2「市民の義務・文化・社会生活」—水準So.2.1の学習水準（ステージ別）

水準So2.1：よき市民としての義務に従い、タイの法律・伝統・文化に基づき自ら実践し、タイ社会および地球社会において平和に共に生活する。

各ステージにおける学習水準			
初等教育 第1〜第3学年	初等教育 第4〜第6学年	中等教育 第1〜第3学年	中等教育 第4〜第6学年
1. 民主主義の生活様式を知り、それに基づきよき市民として実践する。家庭、学校およびコミュニティーのよき一員として、自分および他人の能力、価値を認識する。	1. グループレベル、地方社会レベルおよび国家レベルにおける自分と他人の民主主義の生活様式に基づくよき市民として誇りをもち、好む。	1. 自分と他人の民主主義の生活様式に基づくよき市民として価値を認識し、それが社会および国家に有益をもたらす可能性を有することを認識する。	1. タイ社会および地球社会において民主主義の生活様式に基づくよき市民として行動し、他人もそうなるように促す。
2. 自分および他人の地位、役割、権利、自由、義務を理解し、保障される権利を理解し、自分および家庭に関係する法律を守り、正しく行動する。	2. 地域および国家のよき市民としての地位、役割、権利、自由、義務、児童権利を認識し、自分および他人を守ることができ、自分および家庭に関係する法律に基づき行動する。	2. 社会および国家のよき市民としての地位、役割、権利、自由、義務を認識し、社会で平和に生活するために自分および他人を保護する人権の重要性を理解し、自分、家庭、コミュニティおよび国家に関係する法律に基づき行動する。	2. 地球社会および国家のよき市民としての地位、役割、権利、自由、義務を果たし、タイ社会および地球社会の平和な生活に影響のある人権保護に参加し、自分、家庭、コミュニティ、国家および地球社会に関係する法律に基づき行動する。
3. 地域における家庭の文化と規範（Norm）、国家の重要なアイデンティティーを知り、実践する。先入観なく、他人の異なる考え方、信念（Belief）、実践を尊重する。	3. 県、地方（Region）および国において文化と規範（Norm）を知り、実践する。社会の多様な人間集団の文化の重要性を認識し、お互いの価値を認め合う。	3. 社会的組織を理解し、タイの知恵および文化の価値を認識し、地域および国家のシンボルである文化を維持するために行動し、近隣諸国およびタイの各地方（Region）の文化について、似ているところ、異なっているところを比較し、総合理解を目指す。	3. 社会的組織の重要性を認識し、タイおよびさまざまな国の知恵および文化の価値を認識し、適切な文化を選択し受け入れるために合理的に分析して考えられ、国家の優良な文化を維持し、さらに永遠に存在するために状況に対応して変化・改善させる必要性を認識する。

出所）Department of Curriculum and Instruction Development, Ministry of Education, *Saara Lae Maattrathaan Kaanrianruu Klum Saara Kaanrianruu Sangkomsuksaa Sasanaa Lae Wattanatham*, Bangkok, 2002, pp.14-15（『社会科・宗教・文化学習内容グループにおける学習内容および学習水準』）。

表6-2　内容2「市民の義務・文化・社会生活」——水準So.2.2の学習水準（ステージ別）

水準So2.2：現代社会における政治・統治制度を理解し、信仰を確信し、国王を元首とする民主主義政体を保持する。

各ステージにおける学習水準			
初等教育 第1～第3学年	初等教育 第4～第6学年	中等教育 第1～第3学年	中等教育 第4～第6学年
1. 個人の役割と義務を理解し、家庭、学校、コミュニティ、および社会における民主主義に基づく行政構造を理解し、民主主義に基づき決定に参加し、活動にも参加する。	1. 社会内の人々について各グループのパワーの関係と役割を知り、国家を統治する主権について理解し、地域および国家レベルの民主主義政体に基づく政治活動に参加する。	1. 現在のさまざまな政体を理解した上で、タイの政体の構造を分析し、平和的共生のために社会倫理、道徳に基づいた民主主義の原理と様式にて利益供用のために、すべての人々が参加する民主主義政体の重要性を認識する。	1. 現在のタイおよび地球社会の政体が生活および国交にもたらす影響を分析し、利益供用および政策を理解し、国王を元首とする民主主義政体を保持する必要性を認識する。
2. 家庭、学校、およびコミュニティにおける共生の決まり事、ルール、規則を守り、それに基づいて行動し、国家の最も権威のある法律である憲法の理解を促進する。	2. ほかの法律の大本である憲法の重要性を理解し、現在の憲法による三権分立を理解し、年齢に適し、日常生活に関係する法律に基づき行動する。	2. 現在の憲法の経緯、原理、目的、構造および重要な内容を理解し、憲法の導入によって人々の生活にもたらす影響を理解し、憲法の規定に基づき行動することの重要性を認識する。	2. 憲法を理解し、憲法の各条項を分析し、特に社会的変化、国家および地球社会の地位に影響のある選挙、権利、自由、義務などについての条項を強調し、憲法の規定通りに行動し、他人も正しく適切に行動できるように促進する。

出所）Department of Curriculum and Instruction Development, Ministry of Education, *Saara Lae Maattrathaan Kaanrianruu Klum Saara Kaanrianruu Sangkomsuksaa Sasanaa Lae Wattanatham*, Bangkok, 2002, pp.16-17（『社会科・宗教・文化学習内容グループにおける学習内容および学習水準』）.

習水準』が刊行され、具体的な「学習水準」が規定された。以降、同「学習水準」に示された内容を具体的に検討することにより、市民性育成の内容をより掘り下げて検討していくこととしたい。

同「学習水準」のうち、市民性育成に深く関連した内容2「市民の義務・文化・社会生活」を見ると、水準So.2.1と水準So.2.2のそれぞれについて、ステージごとの「学習水準」が示されている。**表6-1**は水準So.2.1の「学習水準」を、**表6-2**は水準So.2.2のそれを示したものである。

水準So.2.1と水準So.2.2において共通した特徴として、ステージが上がるにつれ、自己－コミュニティ－ローカル－ナショナル－グローバルへと、段

階的に対象範囲が拡充していくことが指摘できる。すなわち、学年が上がるにつれて、自己に関する学習から自己をとりまくコミュニティに関する学習、さらには村や郡に関する学習からタイに関する学習へというように拡充していくのである。ここで注目すべきなのが「地球社会」という用語であり、水準So.2.1と水準So.2.2のいずれについても、第4ステージ（中4～中6）になってようやく登場するよう設定されている。換言すれば、義務教育9年間の内容には、地球社会というグローバルなレベルでの学習については期待されておらず、義務教育9年間では、ナショナルなレベルまでの市民性育成に重点が置かれているということである。

同学習内容グループを構成する5つの内容のうち1つが「市民の義務・文化・社会生活」であり、そこではタイの法律・伝統・文化に根ざした生活やタイの統治制度を保持した上で、地球社会における平和的共生を図ることが目標とされている。

4　中央カリキュラムと地方カリキュラムの設定と市民性

(1) 2003年1月教育省告示による中央カリキュラムと地方カリキュラムの設定

基礎教育の実施にあたっては、中央による大綱的なカリキュラム2001年基礎教育カリキュラムに基づき、各学校が地方のニーズ等に応じて「教育機関カリキュラム」を編成することとなっていたが、実際には、移行期間の短さや、予算不足、および教師の理解不足といった状況の中で大きな困難や混乱に直面することとなった。こうした問題状況に対して、教育省は2003年1月27日告示により「教育機関カリキュラム」編成にあたっては中央カリキュラムとして定められた内容を70％、学校が自主的に編成するカリキュラムを30％とする方針を打ち出した[8]。

すなわち、学習内容の7割については、中央が定めて国の教育として共通化を図り、国家教育法第27条第2項に規定された各学校の裁量権は残りの3割の学習内容に制限されることとなったのである。しかしながら本来、基礎教育カリキュラムにおいては中央カリキュラム、地方カリキュラムといった

区分はなく、国が定めた大綱的な基準としての基礎教育カリキュラムをもとに、地方や学校のニーズを踏まえ各学校が100％自主的に「教育機関カリキュラム」を編成することが基礎教育の理念であったはずであり、教育の地方分権に修正を迫る措置であるといえる。以降、この教育省告示における中央カリキュラムに焦点を当て、その市民性育成の方向性を検討することとしたい。

(2) 中央カリキュラムにおける市民性の育成

　2003年1月27日教育省告示により、教育省は新たに中央カリキュラムに相当する内容を定めることとなった。中央カリキュラムを具体化するための措置として各学習内容グループの「学習水準」が見直され、新たなガイドラインが提供されることとなった。

　「社会科・宗教・文化」学習内容グループについても、2003年に教育省学術局より『社会科・宗教・文化学習内容グループの学習内容および学習水準の編成』(以下、「2003年学習水準編成」と省略) が刊行された。

　「2003年学習水準編成」においては、「社会科・宗教・文化」学習内容グループを構成する5つの「内容」について、学習の基本指針が新たに定められた。例えば、内容2「市民の義務・文化・社会生活」に関しては次の4つの基本指針が定められた。

1. タイ社会および地球社会において民主主義政体におけるよき市民であること。学習者は個人、家庭、国家および地球社会レベルで、民主主義政体におけるよき成員の原理と資質について理解し、民主主義過程に基づいて参加し、行動する。他人がよき市民としての地位、役割、権利、自由に基づき行動し、よき市民であることの社会倫理・道徳原理を導入した上で行動規範として用いることができるよう促進する。
2. 家庭、学級、コミュニティ、社会、および国レベルにおける規則、社会ルールに基づいて行動する。自分、家庭、コミュニティ、国家および地球社会に関連する法律に基づいて行動する。タイ社会および地球社会において人権に基づいて自分および他人の保護に参加する。
3. 国家の重要なシンボル、文化、規範 (Norm) に則り、正しい地位、役割に基づ

いて社会的組織のよき成員として行動し、優良な価値観をもち、タイの文化、タイの知恵の保護に参加し、国際的な知恵および文化を適切に選び、受け入れる理性をもつ。
4. 政体、民主主義過程に基づく管理運営、社会グループ内の各個人との関係、国家を統治する主権の行使、地域、国および国際的レベルの主権行使、およびさまざまな形態による政体の違いに関する知識を有し、国王を元首とする民主主義過程の政体活動に参加する[9]。

この4つの基本指針においては、タイ人としての規範を守りつつ、自ら考えて行動することが地球社会のよき成員としての規範や行動につながっていくという理念を見て取ることができる。

さらに「2003年学習水準編成」について特徴的なのは、中央カリキュラムの学習内容を図式化した「ビジュアルマップ」を示した点にある。「ビジュアルマップ」は、各学習内容グループに示された「内容」について、各ステージ各学年の2段階にわたって、コア学習内容、すなわち中央カリキュラムとして学ぶべき項目が示されている。

例えば、図6-2に示されるように、第1ステージ（小1～小3）の内容2「市民の義務・文化・社会生活」においては、①水準So.2.1に対応する単元として「よき市民」「文化・慣習」「ルール、規則、法律」が、②水準So.2.2に対応する単元として「政治政体」が、③水準So.2.1と2.2に共通単元として「平和的共生」が示されている。単元については、第4ステージに「社会構造」という単元が新設される以外は、第2ステージ以降もほぼ同様の構成となっている。

一方、その対象範囲について着目すると、第1学年では家庭、学級、学校レベル、第2学年では村、コミュニティレベル、第3学年では郡レベルというように同心円状に範囲が拡大していることが特徴である。ただしここでも、「地球社会」や「国際」といった範囲の学習は第4ステージ以降にしか登場せず、あくまでも義務教育9年間では国家レベルまでの市民性育成を意図していることがうかがえる。

2003年1月27日教育省告示に示された中央カリキュラムの内容は、「2003

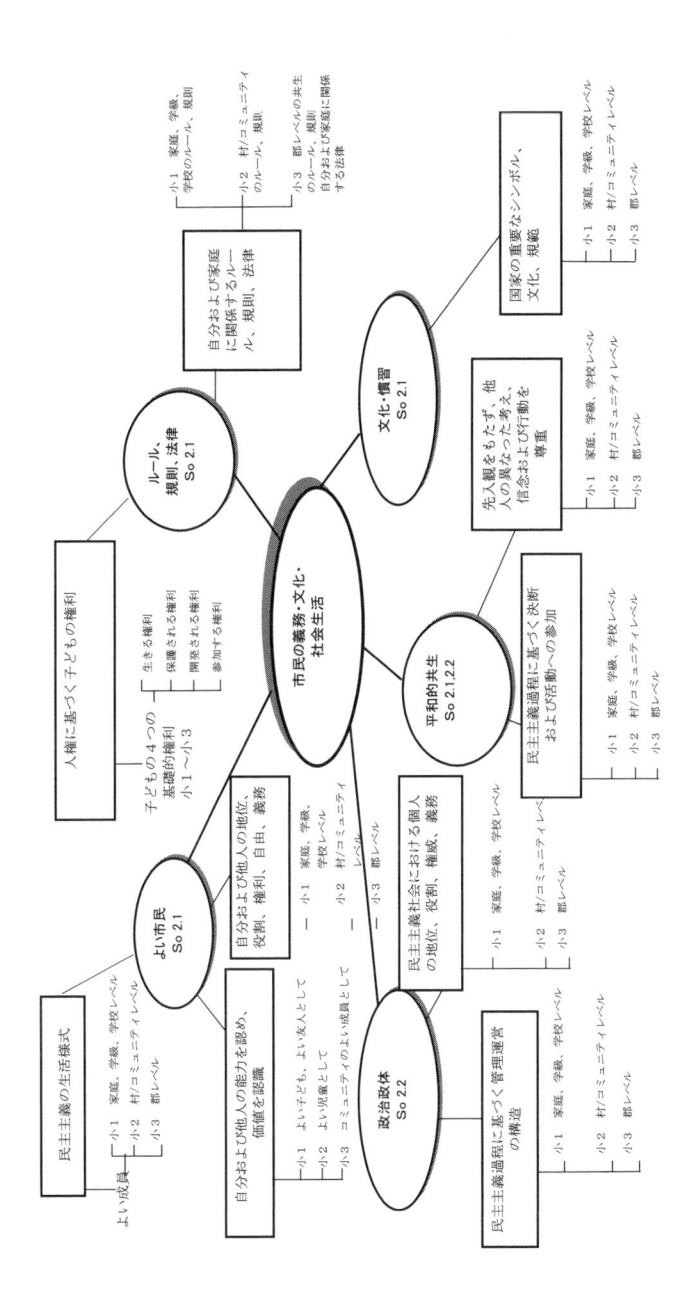

第6章　タイの基礎教育カリキュラムにおける市民性育成の原理と方法　139

図6-2　ビジュアルマップ：内容2「市民の義務・文化・社会生活」第1ステージ：初等教育第1学年〜第3学年

出所）Department of Curriculum and Instruction Development, Ministry of Education, *Kaanchad Saara Kaanrianruu Klum Saara Kaanrianruu Sangkomsuksaa Sasanaa Lae Wattanatham Chan Prathomsuksaa Piithii 1-6*, Bangkok, 2003, p.54（『初等教育第1学年〜第6学年　社会科・宗教・文化学習内容グループにおける学習内容および学習水準』の編成』）。

年学習水準編成」におけるビジュアルマップという形で提示されたが、自己ーコミュニティーローカルーナショナルーグローバルへと、段階的に対象範囲が拡充していく構造は変わらず、グローバルレベルの学習は義務教育以後の第4ステージに委ねられているということが指摘できる。

5 2005年1月基礎教育委員会告示による基礎教育カリキュラムの運用方針明確化と市民性

　民主化グループが支持する1999年国家教育法成立時の民主党チュアン政権に代わり、2001年2月に成立したタイ愛国党タクシン政権は、教育改革を引き続き推進しながらも、改革の成果についてはやや懐疑的な姿勢を示しており、軌道修正ともとれるさまざまな措置を講じている。既に述べた中央カリキュラムを70％とする方針も、地方分権に修正を迫る措置であった。

　タクシン政権はさらに、2004年10月、4年にわたる教育改革が十分な成果を上げておらず、次のような課題を抱えていることを公表した。その具体的な内容は、①学習者中心主義を掲げながらも実際の現場ではいまだに教室内での暗記中心授業が行われていること、②グローバリゼーションの弊害により、タイの子どもがマクドナルド・MTV文化と称することができるような欧米の影響を強く受けた価値観や文化に支配されていること、③多様なタイの諸文化を見聞することによりタイの文化を再認識する必要があること、である[10]。

　こうした問題を踏まえ、基礎教育の政策立案や運営を担う教育省基礎教育委員会[11]は、2005年1月5日の基礎教育委員会告示によって、「教育機関カリキュラム」と学習教授過程の編成について明確な方針を打ち出した[12]。同告示は、本来各学校の自主性に委ねられていたはずの「教育機関カリキュラム」や学習教授過程の編成方法について、国がガイドラインを示したものである。

　具体的には、カリキュラムの編成について、①各内容の学習場所、②学習方法上の留意点、③時間割編成、④各学習内容における学習の重点、の4点について方針を示した。さらに学習教授過程の編成についても、①学習教授

過程編成の際の目標、②教師の開発、③教師の教授方法、④学習教授のための教材開発、⑤学校間のネットワーク構築の5点について方針を示した。

同告示の特徴はまず、基礎教育カリキュラムに示された内容を下記のように3つのグループに区分したことにある。

 第1グループ：学習の基礎となる必須内容グループ
  ——タイ語、英語、数学、理科およびコンピュータなど
 第2グループ：社会的共生の基盤となる内容グループ
  ——歴史学、地理学、宗教・社会道徳・倫理、市民の義務、経済学、保健など
 第3グループ：自己表現および技能育成のための内容グループ
  ——音楽、スポーツ、芸術、仕事・職業、学習者発達活動など[13]

その上で同告示は、各グループについて、学習場所や時間割の定め方などを細かく指定している。例えば、市民性とも深く関連する第2グループについては、教室内の学習と教室外の学習とを同程度の割合で実施し、時間割編成の際には午前中に組み入れるよう示している。

市民性育成と関連して重要なのは④各学習内容における学習の重点であり、「社会科・宗教・文化」学習内容については以下のような重点が示されている。

 「社会科・宗教・文化」学習内容グループにおける重点
  タイ国家の歴史、タイ人であること、国家のシンボル、タイの習慣および文化に関する内容を強調し、道徳をもったよき人間、さまざまな形態の不正や汚職を正すような人間となるよう育成する[14]

「タイ国家の歴史」「タイ人であること」「国家のシンボル」といったように、同告示に示された重点では、ナショナルレベルでの市民性ばかりが強調されていることが明白であり、基礎教育委員会告示にはグローバリゼーションの弊害に危惧を抱いた保守反動の傾向が認められる。

6 むすびにかえて——2001年基礎教育カリキュラムの展開に見る市民性育成の展望——

　2001年基礎教育カリキュラムの原理は、「タイ人らしさ（クワームペン・タイ）」と同時に「国際性（クワームペン・サーコン）」を確保することによって国家統一を図るという筆頭原理に端的に示されているように、グローバリゼーションを生き抜くタイ人の育成を強く意識したものとなっている。具体的には、グローバリゼーションへの積極的対応として外国語コミュニケーション教育の早期導入やIT教育の振興を掲げている一方、極端な物質主義や消費文化の横行、社会道徳の荒廃といったグローバリゼーションのもたらす負の側面に対して強い危機意識を抱き、こうした弊害からの脱却をめざし「足るを知る経済」原則や「中道」主義を求めていることがタイ的な特徴であり、市民性育成の特色であるともいえるであろう。

　基礎教育カリキュラムにおいて、市民性の育成に関する内容は主として「社会科・宗教・文化」学習内容グループに盛り込まれている。例えば、同学習内容グループを構成する5つの内容のうちの1つが「市民の義務・文化・社会生活」であり、そこではタイの法律・伝統・文化に根ざした生活やタイの統治制度を保持した上で、地球社会における平和的共生を図ることが目標とされている。ここからは、タイの市民性教育が、あくまでもナショナルなシチズンシップを前提としている点や、「平和的共生」に向けた具体的な学習方法の希薄さが見てとれる。

　また、学年段階が上がるにつれ、自己ーコミュニティーローカルーナショナルーグローバルへと、段階的に学習水準が上がっていく構造も特徴的であるが、こうした構造ゆえに、義務教育以降にようやく地球規模の普遍的シチズンシップに関する学習機会が増えるという結果を招いている。

　さらに2001年基礎教育カリキュラムの実施にあたっては、「社会科・宗教・文化」学習内容グループを例にとると、以下に示すように、毎年のように基礎教育の実施にあたって各学校に規制を迫るような措置がとられていること

第6章　タイの基礎教育カリキュラムにおける市民性育成の原理と方法　143

が明らかとなった。

2001年11月2日	2001年基礎教育カリキュラム告示	必須である8つの学習内容グループに対する「内容」とそれに応じた「水準」の設定
2002年	『社会科・宗教・文化学習内容グループにおける学習内容および学習水準』	各「内容」におけるステージごとの「学習水準」設定
2003年1月27日	2003年1月27日教育省告示	中央カリキュラムを70％、地方カリキュラムを30％とする方針
2003年	『社会科・宗教・文化学習内容グループの学習内容および学習水準の編成』	中央カリキュラムの内容として、各「内容」における基本指針とビジュアルマップの設定
2005年1月	2005年1月教育省告示	基礎教育カリキュラム運用方針の明確化、ナショナルレベルでの市民性を強調

　これら一連の措置は、地方分権の後退を意味するのみならず、市民性についても保守反動ともとれるような傾向が認められる。2005年1月の基礎教育委員会告示によって、基礎教育カリキュラム実施の効率化を名目に、具体的な教授学習法や各学習内容グループにおいて特に強調すべき目標などが細かく規定されるなど、事実上のカリキュラム改訂ともいえる措置がとられるに至っている。この告示では、市民性に関する学習についても、タイの歴史、タイ人らしさ、および国家のシンボル等、ナショナルレベルの市民性育成に関わる項目ばかりが強調すべき目標として示されるに至った。
　今後は、政府による保守反動ともいえる措置を受けながら、各学校がいかに独自性を発揮し、本来のグローバリゼーションを生き抜くタイ人の育成を図っていくのかについて注視していかなければならない。

注
1　タイ仏暦2542（1999）年国家教育法（仏暦2545（2002）年改正版），第27条（「Praratchabanyat Kaansuksaa Haeng Chart Pho Sor 2542 Laethii Kaekhai Phuemterm Chababthii 2 Pho Sor 2545」）
2　Office of the National Education Commission, Office of the Prime Minister, *Synopsis of the National Scheme of Education B.E. 2545–2559 (2002–2016)*. 2nd ed., Bangkok, 2003, pp.4–5.

3 *Ibid.*, p.7.
4 Ministry of Education, *Laksut Kaansuksaa Khan Phun Thaan Phuthasakaraat 2544,* Bangkok, 2002, p.4. (『仏暦2544（2001）年基礎教育カリキュラム』)
5 *Ibid.*
6 *Ibid.*, pp.16-18.
7 *Ibid.*, p.9.
8 Ministry of Education, *Prakaat Krasuang Suksaathikaan Ruang Kaankamnot Raayla-iat Saara Kaanrianruu Kaenklaang Taam Laksut Khan Phun Thaan Phutthasakaraat 2544.* 2003年1月27日告示。(教育省告示「仏暦2544（2001）年基礎教育カリキュラムに基づくコア学習内容の詳細を定めることについて」)
9 Department of Curriculum and Instruction Development, Ministry of Education, *Kaanchad Saara Kaanrianruu Klum Saara Kaanrianruu Sangkomsuksaa Sasanaa Lae Wattanatham Chan Prathomsuksaa Piithii 1-6,* Bangkok, 2003, p.53. (『初等教育第1学年～第6学年　社会科・宗教・文化学習内容グループにおける学習内容および学習水準の編成』)
10 Matichon紙、2004年10月19日、30面。
11 教育省基礎教育委員会の業務は、「基礎教育に関する政策、開発計画、教育基準、コア・カリキュラム、資源の援助、基礎教育運営の点検・評価に関する検討および提言を行う」(国家教育法第34条)こととされている。
12 Office of the Basic Education Commission, Ministry of Education, *Prakaat Samnak-ngaan Khanakammakaan Kaansuksaa Khan Phun Thaan Ruang Kaanphattanaa Laksuut Lae Krabuan Kaanrian Kaansorn Taam Laksut Khan Phun Thaan Phutthasakaraat 2544.* 2005年1月基礎教育委員会告示。(「2001年基礎教育カリキュラムに基づくカリキュラムおよび学習教授過程の編成について」)
13 *Ibid.*
14 *Ibid.*

第7章 日本の初等・中等教育カリキュラムにおける市民性教育

平田利文　白井史朗　長光孝正

はじめに

　本章では、わが国の市民性教育はどのように行われているのか、また、今後どのように行われようとし、どのような課題があるのかを、初等・中等カリキュラム(学習指導要領)の分析から明らかにする。まず最初に、1 わが国の現行学習指導要領編成の全体像について概観する。次に、2 市民性教育を担う教科についてその目標と内容を分析し、市民性教育の特質を明らかにする。そして最後に、3 学習指導要領一部改正によって、市民性教育はどのような方向をめざそうとしているのか、そしてその課題は何かについて検討する。

1　初等・中等教育のカリキュラム編成(学習指導要領)

　わが国の学校教育のカリキュラム基準となっているのは学習指導要領である[1]。学習指導要領は文部科学大臣が告示したもので、法的拘束力[2]をもつとされている。また、学習指導要領は学校の種類ごとに作成されており、小学校学習指導要領、中学校学習指導要領、高等学校学習指導要領、盲・聾・養護学校小学部・中学部学習指導要領、盲・聾・養護学校高等部学習指導要領、幼稚園教育要領がある。現行の学習指導要領は、幼稚園、小学校、中学校は1998年度に告示され、高等学校、盲・聾・養護学校小学部・中学部・高等

部は1999年度に告示された。

　小・中学校の教育課程は、各教科[3]・道徳・特別活動・総合的な学習の時間の4領域からなり、高等学校の教育課程は、各教科・特別活動・総合的な学習の時間の3領域からなる。このうち「総合的な学習の時間」は小・中は1998年度版学習指導要領から、高等学校は1999年度から新設された。

　小・中学校の具体的な各教科、領域の授業時数は以下の通りである（**表7-1、表7-2**）。まず小学校を見よう。小学校1・2年生では生活科が学習され、社会科と理科は学習されない。また、小学校低学年の生活科との関連から総合的な学習の時間が小学校3年生から設けられている。総合的な学習の時間は、各学校が、地域や学校、児童生徒の実態、興味・関心に基づいて行われる。そのため学習指導要領には具体的な目標や内容は定められておらず、ねらいと学習活動の例、配慮事項が記述されているだけである。また、授業時数の割合は、国語科、算数科、体育科の順に高い。一方で、社会科、理科は学年が上がるにつれて授業時数が増えている。家庭科は小学校第5、6学年で設けられている。これらのことから、学校教育が始まった時点では、学力の基礎となる国語科、算数科と体育に重点が置かれていることがわかる。また、学年が上がるに伴い社会科、理科、家庭科などの学習が充実している。道徳教育は学校教育全体を通じて行うとされているが、道徳教育の補充、深

表7-1　小学校の授業時数[4]

区分	各教科の授業時数									道徳の授業時数	特別活動の授業時数	総合的な学習の時間の授業時数	総授業時数
	国語	社会	算数	理科	生活	音楽	図画工作	家庭	体育				
第1学年	272		114		102	68	68		90	34	34		782
第2学年	280		155		105	70	70		90	35	35		840
第3学年	235	70	150	70		60	60		90	35	35	105	910
第4学年	235	85	150	90		60	60		90	35	35	105	945
第5学年	180	90	150	95		50	50	60	90	35	35	110	945
第6学年	175	100	150	95		50	50	55	90	35	35	110	945

表7-2 中学校の授業時数[5]

区分	必修教科の授業時数									道徳の授業時数	特別活動の授業時数	選択教科等に充てる授業時数	総合的な学習の時間の授業時数	総授業時数
	国語	社会	数学	理科	音楽	美術	保健体育	技術・家庭	外国語					
第1学年	140	105	105	105	45	45	90	70	105	35	35	0〜30	70〜100	980
第2学年	105	105	105	105	35	35	90	70	105	35	35	50〜85	70〜105	980
第3学年	105	85	105	80	35	35	90	35	105	35	35	105〜165	70〜130	980

化、統合のために道徳の時間が週当たり45分設けられている。

　一方、中学校の授業時数をみると、国語科、数学科、外国語科の授業時数が多い。続いて、保健体育科、そして、社会科と理科が続く。音楽科、美術科、技術・家庭科に充てられた授業時数はかなり少なくなっている。また、選択教科の割合は学年が上がるにつれ多くなっていることも特徴である。これは、児童生徒の特性に応じて、多様な学習活動を展開するために設けられた。

　高等学校の教育課程は各教科・科目、特別活動、総合的な学習の時間から構成されている。卒業に必要な単位は、各教科・科目などから74単位以上である。単位は、1単位時間は50分で、35単位時間の授業で1単位となる。各教科・科目は普通教育では、国語、地理歴史、公民、数学、理科、保健体育、芸術、外国語、家庭、情報がある。専門教育では、農業、工業、商業、水産、家庭、看護、情報、福祉、理数、体育、音楽、美術、英語がある。

2　市民性教育を担う教科

　わが国で市民性教育を専門的に取り扱う教科は特別に設置されていないものの、実際には、市民性教育を担っている教科・科目は存在している。市民性教育は、広義には、学校教育、家庭教育、社会教育等あらゆる場面を通して行われるが、とりわけ学校教育では学習指導要領に基づいて意図的に行われる。しかも単に特定の一教科のみで行われるのではなく、複数の教科（教

科及び教科外)において、間接的、直接的に行われる。そこで各教科の目標と内容で市民性に関わるものを学習指導要領の記述から抽出し、**表7-3**、**7-4**、**7-5**に整理してみた。

表7-3　小学校において市民性教育を担う教科

国語	(教材の配慮事項)「公正かつ適切に判断する能力や態度」「科学的、論理的な見方や考え方をする」「生命を尊重し、他人を思いやる心」「日本人としての自覚」「国を愛し、国家、社会の発展を願う態度」「世界の風土や文化の理解」「国際協調の精神」
社会	(目標)「社会生活についての理解を図り、我が国の国土と歴史に対する理解と愛情を育て、国際社会に生きる民主的、平和的な国家・社会の形成者として必要な公民的資質の基礎を養う」 (内容)「わが国の政治の働き」「国民主権」「現在のわが国の民主政治と日本国憲法」「地方公共団体の働き」「世界の中の日本の役割」「異なる文化や習慣」
理科	(目標)「生物の体のつくりと働き及び生物と環境とを関連付けながら調べ、見いだした問題を多面的に追及する活動を通して、生命を尊重する態度を育てるとともに、生物の体の働き及び生物との環境とのかかわりについての見方や考え方を養う」
生活	(目標)「自分と身近な人々及び地域の様々な場所、公共物などとのかかわりに関心をもち、それらに愛着をもつことができるようにするとともに、集団や社会の一員として自分の役割や行動の仕方について考え、適切に行動できるようにする」 (内容)「公共物」「公共施設」
家庭	(内容)「自分の家庭生活」「環境に配慮した工夫」
体育	(目標)「協力、公正などの態度を育てるとともに、健康・安全に留意して最後まで努力する態度を育てる」
道徳	(目標)「教育基本法及び学校教育法に定められた教育の根本精神に基づき、人間尊重の精神と生命に対する畏敬の念を家庭、学校、その他社会における具体的な生活の中に生かし、豊かな心をもち、個性豊かな文化の創造と民主的な社会及び国家の発展に努め、進んで平和的な国際社会に貢献し未来を拓く主体性のある日本人を育成するため、その基盤としての道徳性を養うこと」 (内容)「自然の偉大さ」「自然環境」「自他の生命の尊重」「公徳心」「法やきまり」「自他の権利、義務」「差別や偏見」「公正、公平」「働くことの意義」「社会に奉仕する喜び」「外国の人々や文化を大切にする心」「日本人としての自覚」
特別活動	(目標)「望ましい集団活動を通して、心身の調和の取れた発達と個性の伸長を図るとともに、集団の一員としての自覚を深め、協力してよりよい生活を築こうとする自主的、実践的な態度を育てる」 (内容)「勤労の尊さや生産の喜び」「ボランティア活動など社会奉仕の精神」

表7-4　中学校において市民性教育を担う教科

国語	(教材の配慮事項)「公正かつ適切に判断する能力や態度」「科学的、論理的な見方や考え方をする」「生命を尊重し、他人を思いやる心」「日本人としての自覚」「国を愛し、国家、社会の発展を願う態度」「世界の風土や文化」「国際協調の精神」
社会	(目標)「広い視野に立って、社会に対する関心を高め、諸資料に基づいて多面的・多角的に考察し、我が国の国土と歴史に対する理解と愛情を深め、公民としての基礎的教養を培い、国際社会に生きる民主的、平和的な国家・社会の形成者として必要な公民的資質の基礎を養う」 (内容)「家族や地域社会などの機能」「現在の家族制度における個人の尊厳」「両性の本質的平等」「市場経済の基本的な考え方」「現代の生産の仕組みのあらまし」「金融の働き」「社会における企業の役割と社会的責任」「社会生活における職業の意義と役割」「雇用と労働条件の改善」「勤労の権利と義務」「労働組合の意義および労働基準法」「国や地方公共団体が果たしている経済的な役割」「社会資本の整備」「公害の防止など環境の保全」「社会保障の充実」「消費者の保護」「租税の意義と役割および国民の納税の義務」「基本的人権」「法の意義」「日本国憲法」「基本的人権の尊重、国民主権および平和主義」「天皇の地位と天皇の国事に関する行為」「地方自治」「地方公共団体の政治の仕組み」「住民の権利や義務、住民としての自治意識」「政治の仕組みのあらまし」「政党の役割」「議会制民主主義の意義」「公正な裁判の保障」「選挙の意義」「国家の主権の尊重」「わが国の安全と防衛の問題」「核兵器の脅威」「人類の福祉の増大」「地球環境」「資源・エネルギー問題」
理科	(目標)「生物とそれを取り巻く自然の事物・現象を調べる活動を行い、自然の調べ方を身に付けるとともに、これらの活動を通して自然環境を保全し生命を尊重する態度を育て、自然を総合的に見ることができるようにする」 (内容)「エネルギー資源の利用と環境保全」「科学技術の利用と人間生活とのかかわり」「科学的に考える態度」
美術	(内容)「日本および諸外国の美術の文化遺産の表現の相違と共通性」「文化遺産の尊重」「美術を通した国際理解」
保健体育	(目標)「運動における競争や協同の経験を通して、公正な態度や、進んで規則を守り互いに協力して責任を果たすなどの態度を育てる。また、健康・安全に留意して運動をすることができる態度を育てる」 (内容)「廃棄物の影響と処理」
外国語	(目標)「外国語を通じて、言語や文化に対する理解を深め、積極的にコミュニケーションを図ろうとする態度の育成を図り、聞くことや話すことなどの実践的コミュニケーション能力の基礎を養う」
道徳	(目標) 小学校と同じ (内容)「法やきまりの意義」「自他の権利、義務」「社会の秩序と規律」「公徳心」「社会連帯の自覚」「公正、公平」「差別や偏見」「勤労の尊さや意義」「奉仕の精神」「公共の福祉」「日本人としての自覚」「伝統の継承と新しい文化の創造」「世界の平和と人類の幸福」
特別活動	(目標)「望ましい集団活動を通して、心身の調和のとれた発達と個性の伸長を図り、集団や社会の一員としてよりよい生活を築こうとする自主的、実践的な態度を育てるとともに、人間としての生き方についての自覚を深め、自己を生かす能力を養う」 (内容)「青年期の不安や悩み」「自己および他者の個性の理解と尊重」「社会の一員としての自覚と責任」「男女相互の理解と協力」「望ましい人間関係の確立」「ボランティア活動の意義の理解」「勤労の尊さや創造することの喜び」「社会奉仕の精神」

表7-5 高等学校において市民性教育を担う教科

地理歴史	(目標)「我が国及び世界の形成の歴史的過程と生活・文化の地域的特色についての理解と認識を深め、国際社会に主体的に生きる民主的、平和的な国家・社会の一員として必要な自覚と資質を養う」 (内容)「核兵器問題」「人種・民族問題」「第二次世界大戦後の主要な国際紛争」「情報化、先端技術の発達」「環境問題」「科学技術と現代文明」「国際政治」「世界経済」「現代文明」「資源・エネルギー」「人口」「食料問題」「居住・都市問題」「国際協力」
公民	(目標)「広い視野に立って、現代の社会について主体的に考察させ、理解を深めさせるとともに、人間としての在り方生き方についての自覚を育て、民主的、平和的な国家・社会の有為な形成者として必要な公民としての資質を養う」「現代の経済社会における技術革新と産業構造の変化、企業の働き、公的部門の役割と租税、金融機関の働き、雇用と労働問題、公害の防止と環境保全について理解させるとともに、個人と企業の経済活動における社会的責任について考えさせる」 (内容)「基本的人権の保障と法の支配」「国民主権と議会制民主主義」「平和主義と日本国憲法の基本的原則」「世論形成と政治参加」「民主政治における個人と国家」「生命の尊重」「自由・権利と責任・義務」「法と規範」「人権」「国家主権」「領土に関する国際法の意義」「人種・民族問題」「核兵器と軍縮問題」「わが国の安全保障と防衛」「資本主義経済と社会主義経済の変容」「貿易の拡大と経済摩擦」「南北問題」「国際平和や国際協力の必要性」「国際組織の役割」「貿易と国際収支の現状」「為替相場の仕組み」「国際経済機関の役割」「国際経済の特質」「大きな政府と小さな政府」「少子高齢社会と社会保障」「住民生活と地方自治」「情報化の進展と市民生活」「労使関係と労働市場」「産業構造の変化と中小企業」「消費者問題と消費者保護」「公害防止と環境保全」「農業と食料問題」
理科	(目標)「自然の事物・現象に関する観察、実験などを通して、エネルギーと物質の成り立ちを中心に、自然の事物・現象について理解させるとともに、人間と自然とのかかわりについて考察させ、自然に対する総合的な見方や考え方を養う」 (内容)「蓄積型の化石燃料」「原子力及び非蓄積型の水力、太陽エネルギー」「科学技術の成果と今後の課題」「科学技術と人間生活」「生態系」「環境の現状と課題」
保健体育	(目標)「各種の運動の合理的な実践を通して、運動技能を高め運動の楽しさや喜びを深く味わうことができるようにするとともに、体の調子を整え、体力の向上を図り、公正、協力、責任などの態度を育て、生涯を通じて継続的に運動ができる資質や能力を育てる」 (内容)「人間の生活や産業活動と自然環境の汚染」「環境汚染への取り組み」「環境衛生活動」「食品の安全性とその基準」「職業病や労働災害」
芸術	(内容)「工芸が国際間の理解や協調に果たす役割」「文化遺産の保存の意義」
家庭	(目標)「人の一生と家族、子どもの発達と保育、高齢者の生活と福祉、衣食住、消費生活などに関する知識と技術を総合的に習得させ、生活課題を主体的に解決するとともに、家庭生活の充実向上を図る能力と実践的な態度を育てる」 (内容)「家庭の経済生活」「社会の変化」「消費生活」「消費者の権利と責任」「現代の消費生活と環境とのかかわり」「高齢社会の現状と課題」「高齢者福祉の基本的な理念」「高齢者福祉サービス」「家庭経済と国民経済」「消費生活の現状と課題」「消費者問題と消費者の保護」「現代の消費生活と資源や環境とのかかわり」
特別活動	(目標)「望ましい集団活動を通して、心身の調和のとれた発達と個性の伸長を図り、集団や社会の一員としてよりよい生活を築こうとする自主的、実践的な態度を育てるとともに、人間としての在り方生き方についての自覚を深め、自己を生かす能力を養う」 (内容)「個人及び社会の一員としての在り方生き方」「青年期の悩みや課題とその解決」「自己及び他者の個性の理解と尊重」「社会生活における役割の自覚と自己責任」「男女相互の理解と協力」「コミュニケーション能力の育成と人間関係の確立」「ボランティア活動の意義の理解」「国際理解と国際交流」「集団生活の在り方や公衆道徳」「勤労の尊さや創造することの喜び」「職業観の形成」「ボランティア活動など社会奉仕の精神」

以上、各教科の目標と内容などから市民性教育に関係ある部分を抽出してみた。この表をもとに、(1)各教科の関連性、(2)目標、(3)内容という観点から、わが国の市民性教育の特質について考察してみよう。

(1) 各教科間の関連性

　市民性を育成する教育は複数の教科で横断的に扱われている。特に国語、社会科、道徳では多くの資質を取り扱っており、市民性教育の中心を担う教科となっている。また、態度に関する資質は国語、道徳で多く取り扱われているのが特徴である。

　現代社会の諸問題も多くの教科で取り扱われている。エネルギー、環境、福祉、少子高齢化などが現代社会の諸問題として扱われている。ただし、そのような諸問題について考察する際のアプローチは各教科によって異なっている。社会科では制度面から、理科では、エネルギー科学技術の観点から、家庭科では消費、福祉、家族の観点から、保健体育では環境、衛生の観点からそれぞれアプローチされている。従って現代社会の諸問題を取り扱う場合、各教科の専門性をいかして、いろんな視点からのアプローチがとられている。

(2) 目標から見た市民性

　目標から見た市民性を整理すると、以下の6つの目標に集約できよう。すなわち、1) 民主的な社会を維持、実現するための態度の育成、2) 法律や政治制度、経済制度などの理解をもつこと、3) 現代社会の課題や変化に主体的に取り組む態度をもつこと、4) 資料の調べ方、多面的な見方考え方、科学的な考え方などのスキルの育成、5) 国際社会の形成者としての自覚をもつこと、6) 国を愛する態度や地域へ関心をもつことである。

　1)の民主的な社会を維持、実現するための態度の育成は、社会科や生活科、保健体育での目標となっている。特に社会科と生活科は、社会の一員としての自覚を育てるという点で目標が一致している。

　2)の法律や政治制度、経済制度などの理解をもつことは、主に社会科、保健体育、家庭科で行われる。社会科では教科の専門性のため、法律や政治

制度、経済制度とは関係が深い。保健体育では環境や衛生、福祉などの観点から法制度の理解が求められる。家庭科では消費や福祉の観点から経済制度や法の理解が必要である。

3) 環境など現代社会の課題や変化に主体的に取り組む態度の育成は、社会科、理科、保健体育科、家庭科で行われる。これは各教科の関連性でも述べたように、現代社会の課題に各教科の専門知識を用いてアプローチする。

4) 資料の調べ方、多面的な見方、考え方、科学的な考え方などのスキルの育成は、社会科、理科、家庭科で行われる。法律や政治制度、経済制度を扱う社会科、科学技術と人間の生活を結びつける理科、家族の機能や福祉など日常生活の問題を扱う家庭科では知識と同時に、グローバルな社会の変化に対応するスキルが求められる。

5) 国際社会の形成者としての自覚をもつことは、社会科、外国語科で育成される。歴史や地理を学習内容とする社会科では、当然、国際社会やグローバルな問題を取り扱う。外国語も異文化の理解やグローバルな時代への対応をねらいとしている。

6) 国を愛する態度や地域へ関心をもつことは、国語科、社会科、道徳で行われる。各教科の関連性でも述べたように、態度に関する資質は国語科、道徳で系統的に取り扱われる。また、社会科では小学校中学年で地域社会を対象とし、高学年では日本の地理や歴史を対象としている。

(3) 内容から見た市民性

内容から見た市民性も目標と同様に以下の6つに集約できる。1) 民主的な社会を維持、実現するための態度に関する内容、2) 法律や政治制度、経済制度などの理解に関する内容、3) 現代社会の課題や変化に主体的に取り組む態度に関する内容、4) 資料の調べ方、多面的な見方考え方、科学的な考え方などのスキルに関する内容、5) 国際社会の形成者としての自覚に関する内容、6) 国を愛する態度や地域への関心に関する内容。

具体的に見ると、1)については「公共物」「公共施設」「自他の生命の尊重」「公徳心」「法や決まり」「自他の権利、義務」「差別や偏見」「公正、公平」「働くこと

の意義」「社会に奉仕する喜び」「家族や地域社会などの機能」などがある。

2)については「現在の家族制度における個人の尊厳」「両性の本質的平等」「雇用と労働条件の改善」「勤労の権利と義務」「労働組合の意義および労働基準法」「基本的人権」「法の意義」「日本国憲法」「基本的人権の尊重、国民主権および平和主義」「議会制民主主義の意義」「公正な裁判の保障」「選挙の意義」「国家の主権の尊重」「現代の生産の仕組みのあらまし」「金融の働き」「社会における企業の役割と社会的責任」「資本主義経済と社会主義経済の変容」「消費生活」「消費者の権利と責任」「現代の消費生活と環境とのかかわり」「家庭経済と国民経済」「消費者問題と消費者の保護」などである。

3)の場合、「核兵器の脅威」「人類の福祉の増大」「地球環境」「資源・エネルギー問題」「核兵器問題」「人種・民族問題」「第二次世界大戦後の主要な国際紛争」「情報化、先端技術の発達」「蓄積型の化石燃料」「原子力及び非蓄積型の水力、太陽エネルギー」「科学技術の成果と今後の課題」「環境汚染への取り組み」「環境衛生活動」「食品の安全性とその基準」「職業病や労働災害」「高齢者福祉の基本的な理念」などがある。

4)では「公正かつ適切に判断する能力や態度」「科学的、論理的な見方や考え方」「科学的に考える態度」などがある。

5)では「外国の人々や文化を大切にする心」「国際協調の精神」「日本および諸外国の美術の文化遺産の表現の相違と共通性」「文化遺産の尊重」「美術を通した国際理解」「国際平和や国際協力の必要性」「国際組織の役割」などがある。

そして6)の場合は、「ボランティア活動など社会奉仕の精神」「日本人としての自覚」「国を愛し、国家、社会の発展を願う態度」「伝統の継承と新しい文化の創造」「地方自治」「地方公共団体の政治の仕組み」「住民の権利や義務、住民としての自治意識」などがある。

以上、目標と内容から市民性について見たが、6つの目標とそれに対応する内容が明らかになった。これらは、複数の教科において取り扱われる。そして、それらが有機的に関連をもちながら行われるときに、市民性教育が成立する。これらのうち、1)から5)まではグローバルで普遍的な性格をもっていると考えられるが、6)の国を愛する態度及びそれに対応する内容が併

存していることが大きな特色といえる。つまり、グローバルなシティズンシップとナショナルなシティズンシップとが混在しているのが、我が国の市民性教育の特色といえる。

3 2003年の学習指導要領一部改正について

　現行の学習指導要領の一部が2003年に改正された。今回の改正の趣旨は、「今回、学習指導要領に示す基礎的・基本的な内容の確実な定着を図るとともに、各学校の裁量により創意工夫を生かした特色ある取り組みを行うことによって、児童生徒に、知識や技能を加え、学ぶ意欲や、自分で課題を見つけ、自ら学び、主体的に判断し、行動し、問題を解決する資質や能力などの確かな学力を育成し、生きる力をはぐくむという新学習指導要領のねらいの一層の実現を図るため、学習指導要領を改訂したこと」ということである。文部科学省の教育課程実施状況調査、国際数学・理科教育調査（国際教育到達度評価学会（IEA）調査）、OECD生徒の学習到達度調査（PISA）、学校教育に関する意識調査（文部科学省、2003年度実施）で、「我が国の学力は、国際的に見て成績は上位にあるものの、(1)判断力や表現力が十分に身についていないこと、(2)勉強が好きだと思う子どもがすくないなど、学習習慣が十分に身についていないことなどの点で課題が指摘されているほか、学力に関連して、自然体験・生活体験などの子どもの学びを支える体験が不足し、人やものと関わる力が低下しているなどの課題」が明らかとなり、学習指導要領の見直しが行われた。

　改正点は、「学習指導要領の基準性を踏まえた指導の一層の充実」「総合的な学習の時間の一層の充実」「個に応じた指導の一層の充実」の3点である。

　この中で市民性教育の観点からは特に「総合的な学習の時間の一層の充実」に注目したい。この総合的な学習の時間は第8章でも触れられているように、ローカルカリキュラムに相当する。「総合的な学習の時間」のねらい、学習活動の例、配慮事項から見て、総合的な学習の時間は市民性教育を行うのに最もふさわしい時間であると考えられる。ここでは、総合的な学習の時間で

市民性教育を行うと仮定して考察を行う。学習指導要領一部改正で示されている総合的な学習の時間の取り扱いについて、小学校を例に整理しておく[6]。

【総合的な学習の時間の取り扱いについて（2003年学習指導要領一部改正後）】
（下線部分が改正点）

1 （略）
2 (1)・(2)（略）
  (3)各教科、道徳及び特別活動で身に付けた知識や技能等を相互に関連付け、学習や生活において生かし、それらが総合的に働くようにすること。
3 各学校においては、1及び2に示す趣旨及びねらいを踏まえ、総合的な学習の時間の目標および内容を定め、例えば国際理解、情報、環境、福祉、健康などの横断的・総合的な課題、児童の興味関心に基づく課題、地域や学校の特色に応じた課題などについて、学校の実態に応じた学習活動を行うものとする。
4 各学校においては、学校における全教育活動との関連の下に、目標及び内容、育てようとする資質や能力及び態度、学習活動、指導方法や指導体制、学習の評価の計画などを示す総合的な学習の時間の全体計画を作成するものとする。
5 （略）
6 総合的な学習の時間の学習活動を行うにあたっては、次の事項に配慮するものとする。
  (1)目標及び内容に基づき、児童の学習状況に応じて教師が適切な指導を行うこと。
  (2)（略）
  (3)グループ学習や異年齢集団による学習などの多様な学習形態、地域の人々の協力をも得つつ全教師が一体となって指導にあたるなどの指導体制について工夫すること。
  (4)学校図書館の活用、他の学校との連携、公民館、図書館、博物館等の社会教育施設や社会教育関係団体等の各種団体との連携、地域の教材や学習環境の積極的な活用などについて工夫すること。

改正後では、四つ注目すべき点がある。第一は、総合的な学習の時間のねらいとして、「各教科等で身に付けた知識や技能等を相互に関連付け、学習

や生活に生かし、それらが総合的に働くようにすること」を新たに規定していることである。第二は、各学校において目標・内容・全体計画を定める必要があることを規定したことである。第三は、配慮事項に「目標及び内容に基づき、児童の学習状況に応じて教師が適切な指導を行うこと」を規定したことである。第四に、「学校図書館の活用、他の学校との連携、公民館、図書館、博物館等の社会教育施設や社会教育関係団体等の各種団体との連携、地域の教材や学習環境の積極的な活用などについて工夫すること」を規定したことである。以上四点の規定を加えることで、総合的な学習の時間の「一層の充実」を図っている。

　それでは、四点を市民性教育の観点から、個別に見よう。まず第一に、総合的な学習の時間のねらいとして、「各教科等で身に付けた知識や技能等を相互に関連付け、学習や生活にいかし、それらが総合的に働くようにすること」を新たに加えて規定している点である。これは、各教科の知識を「いかす」場として総合的な学習の時間を位置付けようとしている。今回の改正では、「総合的な学習の時間の一層の充実」とあわせて「学習指導要領の基準性を踏まえた指導の一層の充実」「個に応じた指導の一層の充実」が打ち出された。学習指導要領に規定された内容は児童生徒が習得すべき「最低基準」となった。各教科では、基礎的・基本的な知識・理解内容を確実に児童・生徒に保障しようとしている。各教科での理解内容を、総合的な学習の時間でいかすことを明確にしたといえる。従って、市民性教育の実践的な行動・態度は、各教科の知識内容をベースに育成することになる。

　第二に、各学校において目標・内容・全体計画を定める必要があることを規定したことについてである。従来までこの規定はなかったが、実際には、すでにほとんどの学校では目標・内容・全体計画を独自に設定し、総合的な学習の時間を進めてきた。むしろ、目標・内容・全体計画を定める必要性を明確にしたというよりは、「いかす場」を系統立てて学習を充実さる必要性を指摘したものと考えられる。特に、場を設定する際、学校やその周辺地域を利用することが多い。そして、それらが地域の教材として、国際理解、情報、環境、福祉・健康などで編成され、系統的に設定され、展開されることで、

「地域をいかした総合的な学習の時間」が行われるように組織される。いわば、「地域をいかした（地域から始まる）市民性教育」のようなものが、同心円拡大的に行われる。

　第三は、配慮事項に「目標及び内容に基づき、児童の学習状況に応じて教師が適切な指導を行うこと」を規定している点である。これは、目標の達成や内容の習得が児童・生徒一人ひとりに行われることを意味している。

　第四は「学校図書館の活用、他の学校との連携、公民館、図書館、博物館等の社会教育施設や社会教育関係団体等の各種団体との連携、地域の教材や学習環境の積極的な活用などについて工夫すること」を規定している点である。教育を学校という場に固執しないで、地域に開かれた形で「総合的な学習の時間」を行うこととなる。すなわち市民性教育は、学校を包括する地域と連携しながら行われることになる。

　以上を端的にまとめると、第一に、「各教科の知識をいかした市民性教育」として、市民性教育は各教科の知識を、より実践的な形で「いかす」教育になることである。第二に、「地域をいかした（地域から出発する）市民性教育」として、児童生徒の身近な地域から出発し、同心円拡大的にグローバルな問題を考え行動できるように、市民性教育の目標・内容を系統的に設定することである。第三に、市民性教育が児童・生徒一人ひとりに対し目標や内容の確実な定着を図ることである。第四に「地域における市民性教育」として、市民性教育が学校教育という場で自己完結せずに、地域と連携しながら、あるいは地域において行われるようにすることである。

　しかし、課題もある。ここまでは、「総合的な学習の時間」のねらい、学習活動の例、配慮事項からみて、総合的な学習の時間は市民性教育を行うのに最もふさわしい時間であると考え、この時間で市民性教育を行うと仮定して考察をしたが、実際には、市民性教育は教科として存在しない。また、各教科で市民性教育との関連を図るためのまとまった時間を取れないのが現状である。教科として存在しない市民性教育をどのように行うのか、各教科で市民性教育との関連を図るための時間をどうとるのかを含め、今後体系的な市民性教育のカリキュラム（目標、内容、方法、評価法など）を開発しなければ

ならない。

注
1 学校教育法施行規則第25条には、「教育課程の基準として文部大臣が別に公示する学習指導要領によるものとする」とある。
2 学習指導要領は1947（昭和22）年から作成されているが、法的拘束力をもつとされてきたのは1958（昭和33）年版以降からである。
3 小学校では、国語、社会、算数、理科、生活、音楽、図画工作、家庭、体育があり、中学校では、国語、社会、数学、理科、音楽、美術、保健体育、技術・家庭、外国語である。
4 学校教育法施行規則別表第1。また、この表の授業時数の1単位時間は45分である。
5 学校教育法施行規則別表第2。また、この表の授業時数の1単位時間は50分である。
6 「小学校学習指導要領（平成10（1998）年文部省告示第175号）新旧対照表」（文部科学省HP）を参考に、表を作成した。改正前後の比較をする際には、上記HPを参照されたい。

第8章 タイの基礎教育諸学校における
カリキュラム開発と市民性の育成

カンピラパーブ・スネート

はじめに

　本章では、「仏暦2544（2001）年基礎教育カリキュラム」（以下、「2001年基礎教育カリキュラム」と省略）により編成が義務づけられた「教育機関カリキュラム」について、どのようなガイドラインのもとに編成が図られているのか、また、実際の編成過程にあたって、どのような問題が生じたか、さらに本プロジェクトの研究調査の過程で入手できたタイ各地方の基礎教育諸学校の「教育機関カリキュラム」を分析し、各学校が独自に設定した展望（ビジョン）および学習者の望ましい資質から各学校における市民性育成の実態について検討する。

1　基礎教育改革における教育課程編成の枠組み

　基礎教育改革に伴い、2001年11月2日に告示された「2001年基礎教育カリキュラム」は、国の最低限必要とされる教育内容を定めた、極めて大綱的で弾力的な運用ができるカリキュラムとして成立した。
　一方、国家教育法第27条の規定により、基礎教育諸学校は、学校や地域のニーズに応じて、社会や国家のよき一員となるための望ましい特質に関する部分において、「2001年基礎教育カリキュラム」の水準に準拠した「教育

機関カリキュラム」を編成する義務を負うこととなった。すなわち、各学校は「2001年基礎教育カリキュラム」に準じて、独自の「教育機関カリキュラム」を編成し、学習内容や学習時間、授業方法といった具体的な学習内容を定めることとなったのである。

「2001年基礎教育カリキュラム」では、各学校が必ず学ぶべきものとして、8つの学習内容グループと学習者発達活動を定めている。8つの学習内容グループとはすなわち、①タイ語、②数学、③理科、④社会科・宗教・文化、⑤保健・体育、⑥芸術、⑦仕事・職業・テクノロジー、⑧外国語、の8つであり、学習者発達活動とは学習内容グループ以外の学習で、学習者の潜在能力に基づいて自己発達を促す活動とされている。

また、「2001年基礎教育カリキュラム」は、「教育機関カリキュラム」を編成するねらいとして次の2つをあげている。すなわち、①子ども中心主義に則り、子どもが楽しく学習できるような環境を整え、読み書きなどの重要な技能を身につけるよう配慮すること、②道徳的に望ましい資質を身につけるよう精神的な発達に配慮すること、である[1]。

さらに、「教育機関カリキュラム」編成にあたっては、まず各学校が展望（ビジョン）を設定する必要があることを明示している。展望（ビジョン）の設定にあたっては、保護者、コミュニティ、教員、学習者等より構成される教育機関委員会が、どのような学習者を育てるための学校作りを進めていくのかを検討した上で、決定することとされている。従って、展望（ビジョン）は、各学校における教育の特色を端的に示すものとなることが期待されている[2]。

展望（ビジョン）のほか、「教育機関カリキュラム」では、①期待される学習成果（各学年または各学期）、②授業計画、および③学習時間と単位数、を設定するものとされている。

以上のような、各学校が主体となるカリキュラム編成は、基礎教育改革以前の中央集権的な教育制度においては見られなかったシステムであり、実際の学校現場におけるカリキュラム開発にはさまざまな混乱や困難が生じることが予想される。

なお、「2001年基礎教育カリキュラム」は、2003年度より小1・小4・中1・

中4の各学年から学年進行で段階的に実施し、2005年度にすべての学年で実施することになっている。それに先立ち、2002年度から全国約2,000校がパイロットスクール、ネットワークスクールの指定を受け、「教育機関カリキュラム」の編成をはじめ、基礎教育改革の実施が試行された。

2 2002年「教育機関カリキュラム編成ガイドライン」に見る「教育機関カリキュラム」の位置づけと市民性

(1) ガイドラインに見る「教育機関カリキュラム」の理念と編成プロセス

2002年に文部省学術局は、「2001年基礎教育カリキュラム」を実施に移すため、8つの学習内容グループを中心に、学校向けにさまざまなガイドラインを刊行した。その際、「教育機関カリキュラム編成ガイドライン」(以下、「ガイドライン」と省略)も刊行され、各学校に配布された。

同「ガイドライン」では、まず「教育機関カリキュラム」が1999年国家教育法の理念を強く反映したものであることを強調する。具体的には、「教育機関カリキュラム」が学習者中心主義(第22条)に立脚していること、そのために学習者の技能・関心に応じた学習内容を提供する必要があること(第24条)を指摘している。さらに、こうした学習者中心主義に立った学習内容を提供するにあたっては、各学校がカリキュラムを編成する義務を負うこと(第27条)、加えてカリキュラム編成のみならず教育行政・運営上の権限も地方や各学校に委譲されること(第39条)を指摘し、各学校の教育運営に対する自覚を促している[3]。

「ガイドライン」では、まず「教育機関カリキュラム」の目的として、①学習者中心主義に立ち、各学習者が自己の能力を最大限に発揮できるよう学習環境を整えること、②学習者の精神的発達とともに、地域、国家、地球社会の一員としての社会的道徳と責任感を涵養すること[4]の2点をあげており、ローカルからグローバルレベルへと拡がる市民性の育成を強く意識しているといえる。

一方、「教育機関カリキュラム」の役割として、①学校や地域のニーズに対応し、各学校が学習者の質の開発を促すために編成すること、②教育機関

162 第2部 市民性教育カリキュラムと教員養成に求められる新しい市民性の育成

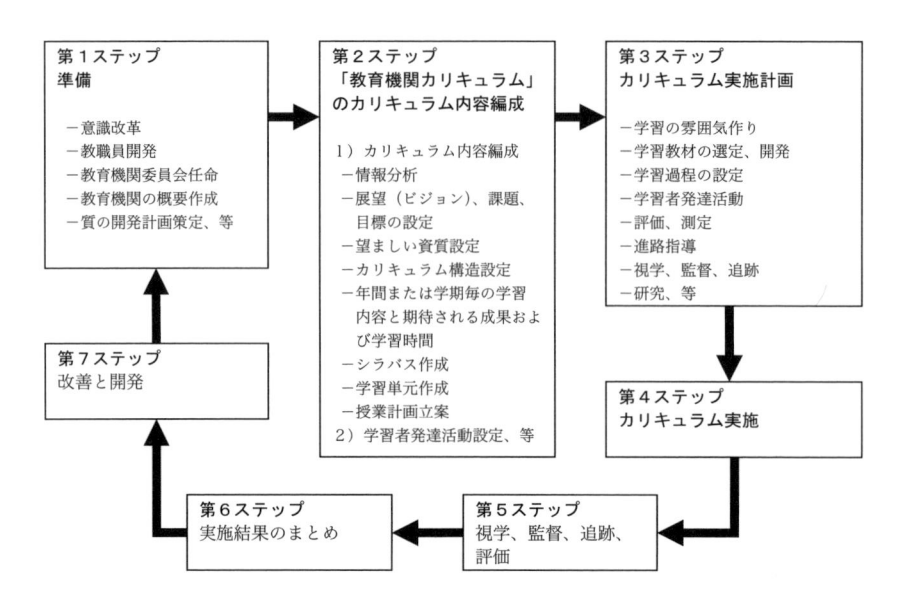

```
┌─────────────┐    ┌─────────────────┐    ┌─────────────┐
│第1ステップ   │    │第2ステップ       │    │第3ステップ   │
│準備         │───▶│「教育機関カリキュラム」│───▶│カリキュラム実施計画│
│             │    │のカリキュラム内容編成│    │             │
│ －意識改革   │    │                 │    │ －学習の雰囲気作り│
│ －教職員開発 │    │1）カリキュラム内容編成│    │ －学習教材の選定、開発│
│ －教育機関委員会任命│ │ －情報分析      │    │ －学習過程の設定│
│ －教育機関の概要作成│ │ －展望（ビジョン）、課題、│ │ －学習者発達活動│
│ －質の開発計画策定、等│ │  目標の設定    │    │ －評価、測定 │
└─────────────┘    │ －望ましい資質設定│    │ －進路指導   │
       ▲           │ －カリキュラム構造設定│    │ －視学、監督、追跡│
       │           │ －年間または学期毎の学習│  │ －研究、等   │
┌─────────────┐    │  内容と期待される成果およ│ └─────────────┘
│第7ステップ   │    │  び学習時間     │           │
│改善と開発   │    │ －シラバス作成   │           ▼
│             │    │ －学習単元作成   │    ┌─────────────┐
└─────────────┘    │ －授業計画立案   │    │第4ステップ   │
       ▲           │2）学習者発達活動設定、等│  │カリキュラム実施│
       │           └─────────────────┘    └─────────────┘
       │                                          │
┌─────────────┐    ┌─────────────┐              │
│第6ステップ   │◀───│第5ステップ   │◀─────────────┘
│実施結果のまとめ│    │視学、監督、追跡、│
│             │    │評価         │
└─────────────┘    └─────────────┘
```

図8-1 「教育機関カリキュラム」の運用プロセス

出所）Department of Curriculum and Instruction, Ministry of Education, *Naewthaang Kaanchadtham Laksut Sathaansuksaa*, 2002, p. 12（『教育機関カリキュラム編成ガイドライン』）

の教育実施状況について調査する際の基礎資料とすること、③学校に対する外部評価の基礎資料とすること[5]、があげられており、基礎教育改革に伴い新たに創設された外部評価制度等に対応するためという実務的側面からの要請に応えるという側面があることも確かである。

「教育機関カリキュラム」の編成プロセスは、**図8-1**に示す通り、7つのプロセスを経て編成されることが示されている。

「教育機関カリキュラム」開発のための研修は、文部省学術局（当時）から中央各局へ、さらに県レベルから学校レベルへと、典型的な上意下達方式によって実施された。

最も大規模かつ広範囲に実施された研修としては、県レベルの研修があげられるが、同研修は2002年6月から7月にかけて、主としてネットワーク・スクールでのカリキュラム開発を目的として、7都県で1回ずつ実施された。

1回あたりの受講者は300人から400人前後であり、その対象は学校経営者、各学校の教科主任、およびその他の教職員である。このような研修方式により、本来「教育機関カリキュラム」編成の主体であるはずの各学校が末端レベルの扱いを受けたことにより、学校により伝達度および理解度はさまざまであり、カリキュラムの内容は教師の資質・能力に大きく左右されることとなった。

(2) ガイドラインに見る展望 (ビジョン) の設定と市民性

「教育機関カリキュラム」の内容を特色づけるものとして、各学校が学校やコミュニティの実情・ニーズに合わせて設定する展望 (ビジョン) がある。

ガイドラインにおいて、展望 (ビジョン) の設定に関して以下のように示されている。

> 「教育機関は、世界や周りの社会がどのように変化しており、それに対し、教育機関がどのように適応し、カリキュラムをどのように改訂するのかを見据え、展望 (ビジョン) を設定する必要がある。コミュニティ、父母、保護者、教員、学習者、およびコミュニティ内のビジネスセクター、公的セクター、教育機関委員会と協力して展望 (ビジョン) を設定する[6]」

さらに、展望 (ビジョン) は各学校固有の意図、原理、信念、望ましい将来、および将来に向けての考え、などを盛り込む必要があること、コミュニティと協力して、学習者の社会倫理、道徳および価値観の面での発達目標としての「望ましい資質」を設定しなければならないことを定めている[7]。

3 「教育機関カリキュラム」編成にあたり浮上した問題点

従来とは全く異なるプロセスをもつ「教育機関カリキュラム」の編成にあたっては、さまざまな問題が発生することが当然のことながら予想されており、2002年8月より9月にかけて文部省学術局は、「2001年基礎教育カリキュラム」試行中のパイロットスクールおよびネットワーク・スクール指定校全2,146校に対し、「教育機関カリキュラム」編成に関する大規模な調査を実施

している。

　調査の項目は、①「教育機関カリキュラム」実施について、②「教育機関カリキュラム」実施満足度、③「教育機関カリキュラム」実施上の問題と改善提案の3点である。

　まず、①の「教育機関カリキュラム」実施については、以下の点が明らかになった。

- 経営者の50％以上が教育機関カリキュラムの運用に関する知識を十分にもっている。
- コミュニティの58％以上が教育機関カリキュラムの編成および実行の重要性を強く認識しており、それに参加している。
- 90％以上の教育機関が教育機関カリキュラムの編成ハンドブックなどの資料を所持している。
- 70％以上の教育機関が教育機関に関するデータ・情報をもっている。
- 43％の教育機関が学習の教材や学習源をもっている。50％以上が教育機関内に学習源をもっている。42.3％がもっていないか、十分でないと回答したのはコンピュータ室であった。50％以上が教育機関外に学習源をもっている。75.8％の教育機関がもっていない教育機関外の学習源は地方の知恵であった。
- 70％以上の教育機関が関係者の会議を開催したり、広報資料を配付したことによって、教育機関カリキュラムについて広報を行った。
- 94.7％の教育機関が教材の作成や使用を促進した。
- 92.7％の教育機関がカリキュラムをチェックし、改善をした。方法について、70％以上は教員の会議を開き、カリキュラムの問題および解決策を考えた。
- 93％以上の教育機関が教育機関カリキュラムの実行についての問題状況を調べ、計画し、カリキュラム実施について視学をした。77％以上が内部視学委員会や視学プロジェクトを設けている。
- カリキュラム実施後に変化が生じた上位順に、
　　―教育指導者が研究するよう奨励された。

―教育テクノロジーを学習教授に使用するよう奨励された。
　―地方の知恵、コミュニティの資源・学習源を学習に導入した、等。
・85％以上の教員は教材を使用している。78％の教員は読書教材、テクノロジー教材、図書室の順に学習源を使用している。
・カリキュラム実施後に、コミュニティの参加に変化が生じた上位順に、
　―教育機関カリキュラム編成に参加した。
　―学習者発達に参加した。
　―学習者の学習成果の評価に参加した、等。
・カリキュラム実施後に、生徒の行動に変化が生じた上位順に、
　―考える勇気、実行する勇気、自分の行動に対し責任をもてた。
　―さまざまな情報源および知識探求方法を知った。
　―時間厳守になった。
　―自分の欠点を認め、自分の長所に誇りをもっている。
　―栄養のある食事を選ぶようになった、等。
　（※この質問項目で学習の喜びが最下位であった）

　②の「教育機関カリキュラム」実施満足度については、以下の点が明らかになった。
・経営者の満足度、高い満足度がある項目は上位順に、
　―学校の教員がカリキュラム編成に協力した。
　―社会倫理、道徳促進活動を実施した。
　―生徒の栄養・健康を促進した、等。
・教員の満足度、高い満足度がある項目は上位順に、
　―自分が担当する学習グループにおいて年間／学期ごとの期待される学習成果を設定した。
　―教育機関のビジョンが教育機関カリキュラムに一致している。
　―学習教授が期待される学習成果に一致している、等。
・生徒の満足度、高い満足度がある項目は上位順に、
　―麻薬防止活動の実施に参加できた。
　―教室内外で教員と生徒とが挨拶や会話を交わしている。

―学習活動の実施に生徒を参加させた、等。
　　　（※「授業にコミュニティの地方の知恵や学習源を使用した」は最下位から2番目）
・コミュニティの満足度、高い満足度がある項目は上位順に、
　　―教育機関が地域および国家の伝統、芸術文化を継承するよう促進している。
　　―教育機関が児童の権利、障害児や恵まれない子どもを保護するよう促進している。
　　―外部の講演者や地方の知恵の専門家を招き、学習教授活動に実施している、等。

　③の「教育機関カリキュラム」実施上の問題と改善提案については、1) カリキュラム編成上の問題、2) 学校運営上の問題、3) 学校の広報の問題、4) 学習教授の問題、5) 教材についての問題の5点をあげている。

　それぞれの主たる問題としては、1) については編成に際し、時間的な余裕がなく、予算も足りないこと、2) については専門と異なる教科を担当する必要に迫られたり、編成委員会が十分な知識を有していないこと、3) については学校と保護者・コミュニティ間との連絡調整が不十分であったり、教育機関委員会もうまく機能しなかったこと、4) については統合型学習に対する理解が不十分で、効率的な学習単元が設定できなかったり、複数の学習内容グループを掛けもちしたり、授業以外の業務に時間が割かれるなど教師の負担が大きいこと、などが問題点として指摘された[8]。

4　各学校の「教育機関カリキュラム」に見る市民性の特質

　本プロジェクトの研究調査の過程で、タイ各地方の基礎教育諸学校の「教育機関カリキュラム」を入手することができた。
　ここでは市民性育成に関連の深い、「展望（ビジョン）」と「学習者の望ましい資質」に焦点をあてて、各学校における「教育機関カリキュラム」の特質と市民性について見ていくこととしたい。

表8-1 学校の「教育機関カリキュラム」における「展望（ビジョン）」と「学習者の望ましい資質」

学　校	展望（ビジョン）	学習者の望ましい資質
E小学校 公立 コンケン市内 大規模校 生徒数 2,429人 (2003年)	学校は水準を満たし、学習者は調和性をもち、賢く、よい人間で幸せである。	【規律的である】1 規則通りに正しい服装をする。 2 列を保ち、規律的に歩く。 3 大声を出さない、建物内で走らない。 【責任感を持つ】4 時間を守る。 5 まじめに勉強し、宿題を時間通りに終わらせる。 6 清潔に掃除する。 7 公共の物を守る。 【丁寧である】8 丁寧な言葉遣いをする。 9 正しく適切に礼をする。 10 自分の感情をコントロールできる。 11 食事のマナーを身につける。 12 自分が信仰する宗教の宗教的活動に参加する。 【正直である】13 うそをつかない。 14 仕事や義務を避けない。 15 他人の物を自分の物にしない。 16 自分の間違いを認める。 【親切である】17 他人が困ったときに思いやりのあるサポートをする。 18 思いやりがあり、他人のために物を分け与え、援助する。 19 許しを知り、他人をいじめない。 20 他人が名誉を得たときに喜び、称える。 【節約につとめる】21 お金を有効に節約して使う。 22 水、電気を大切に使用する。 23 残った材料を有効に使う。 24 倹約を知る。
F小学校 国立 コンケン市郊外 小規模校 生徒数 337人 (2003年)	2006年度までに学校は教育水準を満たし、学習者が道徳的で知識をもち、幸福に社会で暮らし、テクノロジー、地方の知恵およびコミュニティの参加を教育に利用する。	1 基礎教育機関カリキュラムに基づいた学習水準を満たす。 2 規律的で責任感をもつ。 3 清潔を好み、きれいでふさわしい服装をする。 4 集団を愛し、調和性をもつ。 5 目上の人を尊敬し、丁寧な言葉遣いをする。 6 自己、地方の知恵、環境の価値を認識する。
G小学校 国立 ヤラー市内 大規模校 生徒数 1,661人 (2003年)	知識を深め、道徳的で、仕事の技能をもち、心身ともに健康である。	1 与えられた義務に対し責任感をもつ。 2 時間厳守する。 3 規律的である。 4 謙そんである。 5 節約、倹約する。 6 チームで仕事ができる。
H小学校 国立 ヤラー市郊外 小規模校 生徒数 236人 (2003年)	学習者が知識・能力をもち、宗教の教義に基づき道徳・倫理をもち、カリキュラムの規定する望ましい資質をもつ。健康で、麻薬に溺れず、地域を愛し、タイらしさを愛し、環境および天然資源を愛し、進学の基礎となり、職に就き、社会的責任を果たすために地方の知恵およびテクノロジーを使用する。	自分の価値を認識し、規律的で、道徳・倫理、価値観をもち、宗教の教義に基づき行動し、運動を好み、スポーツをし、麻薬を避け、自分の健康を保つ。よい性格と技能、知識、能力をもち、タイ人らしさを認識し、地方の知恵を学び、タイの知識および国際的テクノロジーによるメディアを使用し、環境および天然資源を保護し、タイ語、伝統、芸術、文化を維持し、国王を元首とする民主主義政体を固く信じる。

学　校	展望（ビジョン）	学習者の望ましい資質
I 小学校 国立 ヤラー市郊外 小規模校 生徒数 260 人 (2003 年)	第2ステージ（小6）を修了した児童は水準に定められた質を保ち、道徳・倫理観をもち、優良な文化の価値を認識し、タイ語、英語の基礎を身につける。学校、地方自治体およびコミュニティの管理運営の下に学校の施設を改善し、ITを適切に活用し、教職員が十分に開発できる。	1　道徳・倫理、価値観をもち、タイの社会で仕事でき、生活できる。 2　規律的で勤勉、正直、犠牲をいとわず、節約し、責任感をもつ。 3　丁寧で時間厳守、報恩を知り、時と場をわきまえる。 4　自分が信仰する宗教の教義を固く信仰し、それに基づいて行動する。 5　タイ人らしさに誇りをもち、国王を元首とする民主主義政体に基づいてよい市民になる。
N 中等学校 国立 ナムポーン市郊外 小規模校 生徒数 639 人 (2004 年)	学習者が基礎教育を十分に受けられ、質を保ち、規律的で道徳・倫理観をもち、自分のコミュニティや地域を愛し、社会で幸福に生活できる。	1　学校の規則を守り、責任感をもち、自分の役割と義務を知り、調和性をもち、親切で報恩を知り、人間の価値を知り、学校、家族およびコミュニティの評価を高めることに協力する。 2　勤勉で、継続的に学習に専念し、宿題をきちんと提出でき、学習到達度および教育の質の水準に応じた資質をもつ。 3　スポーツや音楽や芸術の能力をもち、心身ともに健康で、麻薬およびエイズを追放する。 4　節約、倹約ができ、学校およびコミュニティの物を維持し、資源を有効に適切に使用し、幸福に生活できる。 5　自然環境を保護するよき認識をもち、芸術、伝統文化および地方の知恵に対し誇りをもつ。
O 中等学校 国立 コンケン市内 大規模校 生徒数 4,146 人 (2003 年)	学習者が学術的卓越性を有し、道徳・倫理をもち、よい性格、健康、健全な習慣をもち、よい仕事の基礎をもち、芸術・音楽・スポーツの面で発達し、タイ人らしさに対する誇りと国際性をもち、幸せな生活のためにテクノロジーを応用でき、公共に対する認識があり、問題解決・自己開発・社会創造するための研究手法を使用し、同時に学習者中心の学習過程を重視し、目標を2007年度までに達成させる。	1　自分の潜在能力に応じてカリキュラムを修了し、 2　知ること、学習することに意欲があり、探求を好む。 3　読み書きを好み、教育機関内外の学習源およびさまざまなメディアから知識を探求することができる。 4　地域および国家の優良な文化習慣を愛し、奨励する。 5　規律的で責任感をもち、社会の規則および自分が信仰する宗教の教義に基づいて行動する。 6　思いやりや分け合いの心、犠牲を知る。 7　消費を正しく行い、自分および公共に利益をもたらすよう資源およびテクノロジーを使用する。 8　公共に貢献し、環境を保護する。 9　自分の健康を保ち、運動し、麻薬や事故から自分を守る。

第8章　タイの基礎教育諸学校におけるカリキュラム開発と市民性の育成　169

学　校	展望（ビジョン）	学習者の望ましい資質
P中等学校 私立（イスラーム学校） ヤラー市内 大規模校 生徒数 2,224人 (2003年)	学習者の質を向上させる原則に立ち、学習者の統合的発展をもたらし、身体、知性、精神、感情および社会的に健全な人間で、道徳・倫理をもち、宗教（イスラーム）の原理を正しく生活に導入できる。学習者が自由であり、学習過程の面、数学・理科・外国語の技能の面で効率的となるよう訓練され、学習活動、作業活動を正しく気持ちよく実行でき、体系的に考え分析する人間になるよう育成し、地方の文化、タイの文化をもち、コミュニティが教育提供に参加し、学習者の発達を奨励し、自ら自分の得意なことを最大限に継続的に学習し、他人と幸福に共生できる。	1　宗教の預言者をモデルとし、正しい礼儀をわきまえる。 1.1　先生を尊敬する。 1.2　きれいな服装をする。 1.3　イスラームの挨拶ができる。 1.4　宗教儀礼を実行する。 2　意見を表明する勇気をもち、指導する者と指導される者としての資質をもつ。 2.1　責任感をもつ。 2.2　正直である。 2.3　探求・研究をする。 2.4　犠牲を知る。 3　健康的で、病気と麻薬を追放する。 3.1　明るく楽しく。 3.2　暴力的態度をもたない。 3.3　麻薬に溺れない。 3.4　健康的。 4　勤勉で、自分や社会に対し責任感をもち、自ら規律を保つ。 4.1　積極的である。 4.2　時間厳守である。 4.3　勤勉である。 4.4　規律的である。
Q中等学校 私立（イスラーム学校） ヤラー市郊外 小規模校 生徒数 544人 (2003年)	学習者がよい人間であり、知識を有し、道徳・倫理をもち、イスラームの教義に基づいて行動し、自分、コミュニティおよび国家の生活の質を向上させるために学習者の能力を促進させ、タイ人らしさ、天然資源、環境を保護する意識をもたせ、教職員を持続的に発展させ、テクノロジーおよび地方の知恵を学習教授に導入し、国王を元首とする民主主義政体を築く。	1　イスラームの教義に基づいて道徳・倫理をもつ。 2　責任感をもち、規律的で、正直である。 3　タイ人らしさの価値観をもつ人間である。 4　知識を有し、進学を選択したり適切に職業に就く。 5　民主的であり、義務を知り、他人の権利を尊重し、公共のために犠牲を払う。
R中等学校 国立 ヤラー市内 大規模校 生徒数 1,733人 (2003年)	規律的で、常に学習意欲をもち、道徳的で、社会のリーダーとなる。	1　自ら規律、宗教の教義に基づきよき信仰者として行動する。 2　国王を元首とする民主主義政体を固く信じる。 3　社会の変化に遅れをとらないで変化を有効に利用し、科学的な進歩を創造的に使用し、国家のために利益をもたらす。 4　コミュニケーションの面およびテクノロジー使用の面で技能をもつ。 5　管理、考えること、仕事をすることを高い質を保ち実行する能力をもつ。 6　自己に対し誇りをもち、地域を愛し、公のために利益をもたらすことを目指す。

学　校	展望（ビジョン）	学習者の望ましい資質
S中等学校 私立（イスラーム学校） サイブリー市郊外 大規模校 生徒数 2,616人 (2002年)	学校は専門的管理運営のリーダーとなり、学習者の基礎技能を開発し、宗教教育、普通教育、職業教育の面での学術的卓越性を基盤とする学習を目指し、健康でイスラームの教義に従い道徳・倫理観をもち、学習に適した環境を保護し、タイ語および外国語のコミュニケーション能力をもち、数学、理科の知識および知性的過程とITより入手した情報を知識探求に使用し、考え、分析し、科学技術の影響およびイスラームの教義に基づき幸福に生活するための適切な選択をし、コミュニティと共に活動に参加し、国家・宗教・国王を原理とする民主主義政体のモデルとなる。	1 健全でよい習慣をもつ。 2 よい人間関係を保つ。 3 責任感をもつ。 4 規律的である。 5 よい性格をもち、意見を表明する勇気をもつ。 6 節約、倹約する。 7 報恩を知る。 8 正直である。 9 犠牲を払う。 10 民主的である。 11 環境を保護する。 12 宗教の教義に基づき行動する。 13 国家、宗教、国王に忠誠心をもつ。
AC小学校 国立 チェンマイ市内 小規模校 生徒数 276人 (2004年)	2006年までに学校はラーンナーの芸術、伝統文化の学習源となり、学習者は教育水準の規定通り定められた質を保ち、環境に対する知識を踏まえ保護し、道徳的で、学校の最高学年を修了したとき、コンピュータの知識技能を職業に使用できる。	1 タイおよびラーンナーの伝統文化を保護する。 2 エネルギーおよび環境を保護する。 3 学習意欲をもつ。 4 勤勉、節約、正直、我慢、犠牲、清潔、報恩を知る。 5 道徳・倫理をもつ。 6 コンピュータの知識技能をもつ。 7 責任感をもつ。 8 自ら規律的である。

出所）各教育機関カリキュラムより展望（ビジョン）および学習者の望ましい資質を抜粋。

　以上のような「展望（ビジョン）」と「学習者の望ましい資質」からは、各学校に共通の特色として以下の点を指摘することができる。

各学校に共通して見られる資質：
・日本の学校とは異なり、学習者の道徳・倫理、信仰している宗教の教義を守ることを表に出している。
・仏教の教義に結びついた資質が多々見られる。
・ユニバーサルな資質が多く取り入れられ、日本では常識ともいえるような「規律正しさ」「時間厳守」といった資質も強調されている。

・資質については、学校により大きく二つの傾向が見られる。一つの傾向は、漠然としたあいまいな展望、資質を中心に掲げている学校である。もう一つの傾向は、反対に具体的かつ日常的な資質を中心に掲げている学校である。前者の傾向は、教育機関カリキュラムの編成にあたっての戸惑いを示し、後者の傾向は、内外の評価を受ける際の達成度を高めるというねらいがあるものと考えられる。

一方で、学校の独自性が明確にあらわれているものとしては、以下の点を指摘することができる。

学校の独自性があらわれている資質：
・民主主義政体を固く信じることを掲げる学校がある一方、麻薬やエイズといった現実的かつ現代的な問題状況を駆逐することを重視する学校がある。また、ITやコンピュータ技能についても、一部の学校は積極的に導入しようとしている。
・南部の学校や私立イスラーム学校は、他地域の仏教徒が多数を占める学校よりも、むしろタイ語能力、タイ人らしさ、共生といった資質を強調している。

おわりに

以上見てきた「教育機関カリキュラム」は、本来各学校が「2001年基礎教育カリキュラム」を基準として自主的に学校別のカリキュラムを編成することとなっていたが、実際には、移行期間の短さや、予算不足、および教師の理解不足といった状況の中で大きな困難や混乱に直面することとなった。

とりわけ、研修方式の問題等によって、各学校により伝達度や理解度がまちまちの状況を生み、「教育機関カリキュラム」の内容は教師の資質・能力に大きく左右されることとなった。

また、「教育機関カリキュラム」に示されている市民性は、「規律正しさ」

や「時間厳守」といった極めてユニバーサルな特質から、宗教の教義や「タイ人らしさ」を身につけるといったタイ独特の特質、はては「宿題をきちんと出す」「食事のマナーを守る」といった個人レベルのしつけともいうべき特質にまで多岐に及んでいる。

　このような各学校により、各レベルの市民性の特質が示される「教育機関カリキュラム」の影響を受けて、どのような共通性と独自性を有した児童生徒が育成されるのかを今後検討していかなければならない。

注

1　Ministry of Education, *Laksut Kaansuksaa Khan Phun Thaan Phutthasakaraat 2544, 2002*, p.28（『仏暦2544（2001）年基礎教育カリキュラム』）.
2　*Ibid.*, p.29.
3　Department of Curriculum and Instruction, Ministry of Education, *Naewthaang Kaanchadtham Laksut Sathaansuksaa,* 2002, pp.2-3（『教育機関カリキュラム編成ガイドライン』）
4　*Ibid.*, p.5.
5　*Ibid.*, p.6.
6　*Ibid.*, p.30.
7　*Ibid.*, p.31.
8　Department of Curriculum and Instruction, Ministry of Education, *Sarup Phon Kaanchai Laksut Sathaansuksaa: Krongkaan Tidtaam Lae Pramoenphon Kaanchai Laksuut Kaansuksaa Khan Phun Thaan Khong Rongrian Namrong Lae Rongrian Kroekhai,* 2003, pp. 8-38（『教育機関カリキュラム実施結果報告要約──パイロットスクールおよびネットワークスクールにおける「基礎教育カリキュラム」実施の追跡および評価プロジェクト』）.

第9章　日本とタイにおける教員養成と市民性教育

堀内　孜

1　教師にとっての「市民性」

　子どもにとって学校教育で形成される（されようとされる）「市民性」は、公教育政策によって明示されるものだけではなく、より実質的に教師の価値観や行動規範によって方向づけられるし、この教師の価値観や行動規範はある程度、教員養成教育に関わっている。本章は、この点を踏まえて、日本とタイの教員養成教育における「市民性」の位置づけを明らかにすることを課題とするが、その前提として「市民性」を問う視点と教師にとって「市民性」がもつ意味の検討が必要とされる。

　19世紀後半に主要国において成立した近代公教育は、タイも含めた「周辺国」においても共有され、国際的な共通性をもつに至ったが、それは産業革命以後の「世界システム」の構築による国民国家とその枠内での「国民形成」を共通課題としたことによる。現在に至るまで、この公教育は「国家による国民形成」たることにおいて普遍的共通性をもってきたといえる。そこでは言語や知識、価値観や行動規範を含めた国民としての共通性の強化、形成が課題とされてきた。つまり公教育において形成されてきたのは「国民性」であったといえるが、この「国民性」の形成において国家や国民社会の同質性を強化するための価値観や行動規範の形成に関わるものが「公民教育」とされてきた。

だが、この「国民性」や「公民性」は近代の国民国家が確立する以前から「国民社会」において自生的に蓄積され、公教育がこの自生性を前提に緩やかな枠組みの設定を課題とする場合と、こうした蓄積が形成されることなく国家が直接的に「国民性」や「公民性」の内実を形成する場合とでは、公教育経営における国家の役割、関与は大きく異なるものとなる。前者の場合は、国民社会に自生的に形成、蓄積されたものが、歴史的に市民革命によって確認された個人主義や私事性を原理とするものであることから、個別の「国民社会」を越えた「普遍性」をもつことができた。これを「国民性」や「公民性」と区別した「市民性」ということができよう。

　およそすべての国で、公教育制度の成立と同時に師範学校が設立されている。このことは公教育が国民形成を担い、国民を規範化することを課題とする以上、公教育を担う教師がより強い規範性を求められ国家により養成されることの必要性を示している。日本が1872（明治5）年に「学制」によって近代公教育制度を創始し、同年に東京師範学校を設立したこと、そしてこの師範学校制度が1886（明治19）年の森有礼による「師範学校令」により確立し、そこでの教師像が「順良、親愛、威重」として描かれたことに、その典型例を見ることができる。公教育がその本質において「国家による国民形成」であり、それを担う教師がより規範性の強い「国民性」を教員養成教育において育成されるべきとされたのは当然であった。この意味において、近代公教育体制下での教員養成教育からは先に述べた「市民性」は前提的に排除されていた。

　だが現在、少なくとも日本においては、この「国家による国民形成」としての公教育が大きく揺らいでいる。それは国家が国民社会運営において集約的な目標設定をすることが困難となり、また意味をもたなくなったこと、つまり地方分権や規制緩和が社会運営システムの転換における機軸とされてきたことと関わって、「国民形成」の規範性が緩やかになり、その主体が中央政府から地方政府や非政府団体へと拡散し、学校の設置から学校制度、教育内容に至るまで、画一性から多様性へ、統制・規制から選択・裁量へと転換してきたこととして示される。その背景としては、日本の国民社会が安定的

にその「豊かさ」を維持できるようになり、情報公開の制度化や住民投票などの参加による、それなりの「成熟性」をもつに至ったことがあり、国民形成が国民社会の「自律性」にある程度まで委ねられようとしてきたことが認められる。

だが教員養成については、少子化による供給過剰の解消という背景における国立教員養成系大学、学部の量的縮小がなされたにせよ、かつての「名称変更」(1966) 以前の学芸大学・学部に戻ることは否定され、目的養成を前提とした量的調整に止められた。そして二度にわたる教免法の改正をもって、免許基準の引き上げと「実践的指導力」として示される技術的緻密化が改革の機軸とされた。単純な二元論に立つものではないが、限られた年限において教師として必要とされる内容を養成教育においてどのように位置づけるか、について「改革」の方向性は教育改革全体と背馳するものとなっている。つまり、養成段階において職業的規範性を求めるのか、それとも広く社会的規範性、市民的規範性を求めるのか、としたとき、現在に至る「教員養成改革」は明らかに前者を優位に置くものである。

公教育において子ども達に「市民性」を育成するためには、教師自身が成熟した大人たることを不可欠とする。教員養成の基本において、その年限や現職教育との接続を踏まえた場合、技術的緻密化を図ることと人間的成熟性を育成することとは二律背反的とならざるをえない。現在に至る日本における教員養成改革が前者に傾斜するものたることは否定できず、たとえ学校段階において「総合的な学習」に示されるように子ども達に「市民性」育成カリキュラムが提供されたとしても、それを担う教師の養成がそれと異なるベクトルをもつならば、その成果を期待することは困難である。

翻ってタイにおいては、日本との比較において、未だその「豊かさ」や「成熟性」についてはより低位の段階にあると認めざるをえない。だが教師の社会的地位や子どもとの関係において、タイの教師はより「大人」たることを求められ、社会的に求められる規範性も大きい。これが師範教育の延長としてのものなのか、新たな「市民性」を指向するものなのかが検討課題とされよう。

タイのバーツ暴落に端を発した1997年の経済危機は、日本とタイ、アジア諸国との経済的一体性を示すものとなったが、経済的な国際競争力の強化を課題とする教育改革が地方分権や規制緩和を機軸とし、教育機関や保護者の選択や裁量の拡大をもって教育の質的向上を図ることにおいて、日本とタイは大きな共通項をもって進められている。ただ現在に至る教育の制度的整備の程度に差があることによって、タイは日本よりもその制度設計の余地が大きく、より大胆な図面を描いている。この中で、教員養成制度改革が子どもの「市民性」形成（この文脈において、日本における教育改革課題としての「生きる力」の育成を捉えることは間違っていない）を担うべく、教師の成熟性の育成をどこまで視野に入れているかが問われるべきであろう。

2　日本における教員養成制度改革と「市民性」

(1) 制度改革の概要[1]

　日本は戦後教育改革において、戦前の師範学校制度を核とする閉鎖制教員養成制度から、免許制度による開放制の教員養成制度に転換した。この戦後の教員養成制度は、1947年の教育職員免許法によって運用されてきたが、現在の制度の枠組みを構築するに至った1988年の改正まで、8度の改正を経ている。それは1954年改正における校長・教育長・指導主事免許の廃止を除き、戦後改革の理念とされた「大学での養成」つまり教員養成の質的レベルについてと、「開放制」つまり教員養成の量的調整についてであった。この問題は、戦後改革時の論議としてなされた師範教育としての閉ざされた技術性や倫理性と教育内容の専門性との対峙から始まったとしても、その後における教職の専門職論が加味されることによって輻輳したものとなってきた。現在、教員養成の専門職大学院が論議されているように、専門職性としての技術性を問うことにおいて、技術性と教科知識を内実とする専門性との二元的対峙は一応止揚されたといえる。だが教員養成の専門職大学院が政策設定において教職の「専門職性」を明確にできなかったように、教職の「専門職性」を定位することは未だ困難であり、これまでの二度の教免法改正に

おいても回避されてきた。

　1988年の教免法改正は、その1949年の制定以降における最大のものであり、それまでの教員養成制度を大きく変更する内容を含んでいた。それは教育実習を含む教職専門科目の単位増と「体系化」、そして学歴に対応した免許状種別の設定(専修、1種、2種)を主要な内容としていた。その背景としては、1960年代後半から次第に顕著になり、また深刻化してきた学校の病理現象に対する教員の実践的力量の向上要請と、教師教育における連続性認識と生涯学習社会における教員の継続的力量形成の必要性認識があり、それはこの両者を繋ぐものとしての「初任者研修制度」の導入が同時に図られたことにも示されていた。だがこうした制度改革にもかかわらず、学校における諸問題はいっそう深刻となり、教員の指導力量や問題解決能力の在り方が問われ続けてきた。

　この教免法の「大改正」から10年を経ない中で、教養審は1996年7月に文部大臣より「新たな時代に向けた教員養成の改善方策について」の諮問を受け、1年間の審議を経た後、翌1997年7月に現行法を「強化」する方向での第1次答申を出した。そしてこの答申を受けて1998年に教免法は再度改正され、教員養成課程における「実践的指導力」の育成強化を図るべく教職専門科目が大幅に増加された。標準免許(1種免許)を大学学士課程4年間で取得することを維持したことから、教職課程の単位(59単位)を増やすことは見送られ、この枠内での教職専門科目と教科専門科目との比率が変更され、中高1種免許における教科専門科目の最低履修単位は半減し20単位とされた。

　この二度にわたる教免法改正に共通するキー・ワードは「実践的指導力」であり、それは増強された教職専門科目に反映されている。教師としてこの「実践的指導力」が必要であることは確かであるが、問題は4年間、124単位(最低)という学部課程において教員養成課程を位置づけ、その量的、時間的限定において何を優先して学生に修得させるかであり、この「実践的指導力」の育成強化を図れば、その対極にあるものが減退せざるをえなくなる。この対極に位置するものが教科専門であることは確かであるが、「実践的指導力」が技術的に捉えられるならば、その対極には教師の人間的な成熟性や「市民

性」があり、その軽視や看過が必然とされる。

(2)「実践的指導力」の形成と「市民性」

　二度にわたる教免法の改正における「実践的」教職専門科目の強調や介護体験の義務化、また各種のボランティア活動としての教育現場への学生の参加によって、「実践的指導力」の育成は大学学部課程における教員養成課程で増強されてきた。これらが教師として求められる職能に必要であることは否定できないが、およそここ15年間の流れにおいて、こうした「実践的指導力」の教員養成における育成、強化と教員採用数の減少による教員採用段階における「採用水準」の向上にもかかわらず、「指導力不足教員」の増加や教員の質的低下が問われ続けてきた。

　勿論、この15年間は日本の社会が高度化し、極度に「豊か」になり、急速な社会変化によって学校と社会、子どもと学校の関係が多元化、多様化してきたことは確かであり、そこにおける教師の役割も当然に変化してきた。このことから教員養成における「実践的指導力」を強化する改革、改善が未だ不十分であり、この方向をよりいっそう強めることが必要との認識も成り立たないわけではない。

　だがこの認識は、次の2点についての解答を必要としている。第一は、子どもに対して「自己教育力」や「生きる力」を求めることが必要ならば、それを学校教育において育成していく教師が、基本的には18歳からの4年間で「実践的指導力」の形成を中心に養成されることが可能であるのか、という問いである。そして第二は、この第一と関わって、大学における教職課程の必須単位を固定した上で、「実践的指導力」形成に関わる科目を増加させるならば、相対的にそれ以外の科目の履修を減ずることにならざるをえないし、実際にはそれ以上に教職科目の枠外での科目（情報機器の操作、外国語コミュニケーション）や介護体験が必修となり、また学校現場での「ボランティア活動」が採用試験合格にとって大きな意味をもつようになっていることについてである。

　つづめていえば、たとえ教職志望を強くもっていたとしても、「未熟な」「子

ども」が教職課程に投入され、「実践的指導力」に傾斜した教員養成教育を受け、教師になることができたとしても、子どもに「自己教育力」や「生きる力」を育成することができることにはならないことの問題である。教師になるもの自身が、「成熟した」「大人」となることは不可欠な前提であり、もし教員養成課程がこれを欠いて「実践的指導力」の形成を課題としても、その実効性は保証されない。

　この人間としての「成熟性」の指標となるものが、「常識」や「教養」、また人間関係における行動規範であり、広く「市民性」として捉えられるものでもある。つまり現在に至る日本の教員養成改革は、単に量的にだけではなく、そのベクトルにおいてもこの「市民性」の形成を視野に入れてこなかった。本来、ボランティア活動や種々の体験的活動はこの「市民性」の育成に繋がるものであるが、そのためには実践者の自発性や主体的契機が不可欠な前提となり、制度化されるものではない。

　人間としての成熟性を高める「市民性」の育成が教員養成教育の枠組みとして求められるが、ここで「教師教育の連続性」提起の画期となったイギリスのジェームス報告（1971）が想起されるべきであろう。そこでは教師教育を3つの段階において設定し、養成段階（pre-service and induction）に先立つ「人間教育（personal education）」を重視している点が、その後の日本における連続性認識と大きく異なっている。人間としての「成熟性」が、養成教育に先立って求められ、それを前提としてはじめて専門教育としての教員養成教育が意味をもつことになる。現在の日本における大学改革において、理念はとにかくも実態においては「一般教育−教養教育」が解消され、それに代わるものが位置づかずにきている。専門教育の質的高度化と同時に、人間的成熟を求める大学教育の視点こそが必要であり、大学教育全体の在り方と関わった捉え直しが求められている。

3　タイにおける教員養成制度改革の概要

(1) 社会変化と教育改革

これまで、タイでは先にクーデターで失脚したタクシン・シナワトラ内閣のもとで、大規模な行政改革が進められ、教育改革はその主要部分を担っていた。だが今日に至る改革は、1990年代の社会変動の結果でもある。

　タイの1990年代は、チャチャイ内閣を倒した1991年の軍事クーデターをもって始まった。このクーデターは、チャチャイ内閣の腐敗に反発した国民に支持され成功する。

　だが、民政移管を掲げて実施された1992年の総選挙で軍事クーデターの指導者、スチンダ将軍が総理大臣に就任したことにより、広範な民主化要求運動が高揚し、国王の「調停」を介して軍事政権の敗退をもって終息する。この過程で、それまで最も強大な政治勢力であった軍の政治への影響力が弱まり、また80年代後半の経済成長による「中間層」の拡大が確認され、民主化運動の後に政権を委ねられた「アナン臨時政権」が象徴するように経済運営を中心にテクノクラートの役割の増大が認められた。その後、民主化の定着に向けた政治システムの整備が進められ、その集大成として広範な「国民的論議」を通じて1997年憲法が制定されたが、同時に80年代後半以降加速化した外国資本の投資による実体経済の脆弱化が主要因とされるバブル経済が1997年の「バーツ暴落（トムヤム・クライシス）」によって破綻するに至った。1990年代前半において平均8.6％で伸びてきたタイのGDPは、この経済破綻により60％に減じ（1996年度の1818億ドルから1998年度の1120億ドルへ）、バーツの対ドル・レートは60％に切り下げられた[2]。

　だが他方で、1984年のブルネイの参加によって確立した「アセアン6」は、その後1995年のベトナム、1997年のラオス、ミャンマーそして1999年のカンボジアの参加と拡大し、「アセアン10」の形成に至る。バーツ暴落が周辺アジア諸国に共通するものであったこともあり、地勢学的に「アセアン10」の中心に位置するタイは経済危機を跨いで「メコン川国際開発」を軸にした「バーツ経済圏」をインドチャイナ半島に拡張しつつあることも看過できない[3]。

　また軍の権威が失墜した後、在位50年を越えた国王（王室）の権威、存在はいよいよ大きなものとなったが、タイ社会がこの王制と仏教によって支え

られていることが、その近代化に種々の課題を投げ掛けていることも確かである。つまり日本と共にアジアで植民地化を免れたタイは、その国旗の3色が示すように、国家－国民（赤）を国王（青）と仏教（白）が支えることによってそのアイデンティティを維持し、強めることが求められてきた。1990年代の政治的、経済的また軍事的変動にもかかわらず、またそれだけにいっそう王制と仏教をタイ社会において強固なものとしていかなければならないことが、一方における情報化、国際化というグローバリゼーションを受け入れつつも、他方において独自なローカリゼーションを確立しなければならない課題を与えている。今日のタイの教育改革においても、この両者の矛盾的交錯が問われることになろう。

　1997年の経済危機以降、IMF管理下で進められた経済再建プログラムは2000年6月に終了したが、この経済の下降状況下においても、教育改革はその背景的状況の変化（国民の実質所得、家庭の可処分所得の減少による私費教育費の減退）にもかかわらず、1997年憲法を基盤に「予定通り」に遂行されようとしてきた。つまり、新憲法の規定に基づき1999年に最初の体系的教育法たる「国家教育法（National Education Act）」が制定され、義務教育年限の延長、教育行政システムの抜本的改変、大学の自律化、教員免許制度の導入等が準備されてきた。

　こうした総括的な教育改革は、現在の日本のそれを凌駕する規模のものと考えられるが、大学改革や学校選択（ヴァウチャーによる私立学校も含めたもので、検討中）に見られる「民営化」「市場化」という方向性を共有しつつも、前述したタイ社会のもつ矛盾的交錯から規定される基本的な社会構造や教育の制度的整備水準の違いにおいて、義務教育年限の延長等、その国家関与の在り方は輻輳したものとなっている。

(2) 教育関係職員免許制度の創設と教員養成制度改革

　1999年の国家教育法はその第53条で、教員（高等教育機関を除く）、教育機関管理職者、教育行政指導職、教育行政官のための組織の設置とこの組織によるこの4者に対する免許状の発行を規定している。この組織は、当初に予

定された2002年8月までには設置されず、1年後の2003年6月に公布された「教育職員及び教育行政職員審議会法」によって設置され、この下で教員等免許の発行が準備されてきた。

　これまでタイにおける教員資格は、1980年に制定された「国立学校教員法」において、タイ国籍をもつ者、18歳以上等々と14項目にわたって規定されてきた。だがこれらは一般的条件に止まっており、具体的には教育省規則において、学士号の取得、1学期間（4ヵ月－16週間）の教育実習の修了、18単位以上の教職専門科目の履修が、国立の初等・中等教育学校教員採用試験の受験資格とされてきた。これら3条件を満たすことができるのは大学の教育学部卒業者に限られており、実質的には「閉鎖制」であったといえる[4]。

　この教員の資格制度から免許制度への転換は、教員の質的向上を制度的に担保するものとして設定されたと理解できるが、新たに制度設計されようとしているこの免許制度は、日本との比較において画期とされる特質を含んでいる。その第一は、免許所持の対象を教授者としての教員だけではなく、学校の校長、教頭（学校管理職者）と教育行政官（ただし新たに設置された全国175の教育地区より上位の教育行政機関の行政官を除く）としたことである。第二には、この免許状取得の基礎資格についてである。それは教員については、満20歳以上（タイでは「飛び級」が広く認められている）、学士号所持またはそれと同等の者、教育機関での1年以上のインターン修了、の3点であり、教員養成課程が2004年度より4年から5年に引き上げられた。また学校管理職者免許については、5年以上の教員免許の保持を前提に大学院教育行政・経営修士課程修了、もしくは教育行政・経営研修の修了が授与条件の原則とされている。

　日本との比較において、このタイにおける免許制度の特徴は次のように示すことができる。その第一は、タイの場合、教員以外の学校管理職者と教育行政官の免許が設置されるが、教員については日本のように校種、教科別になっていない。ただ実際には、後述するように教員養成大学の専攻が、幼児教育課程、初等教育課程、中等教育課程（教科別専攻）の別となっており、勤務校種や中等学校における担当教科との一致は保証されている。またこの点

は逆に日本における最近の改革動向において、校種を超えた免許の設定の必要性が問われており、細分化された「専門性」から教育指導の共通性へとその重点が移っていることからも注目されよう。第二には、免許の更新制についてである。これについては日本において一旦は見送られたものの再度、中教審に諮られ、さらに「教育再生会議」の報告（2007年1月）で明示されたが、タイにおいても免許を終身制とするか更新制とするかについては多くの議論が重ねられ、最終的に更新制とされた。だがその年限については、5年間とされた。そしてこの更新の条件としては、5年間に一定の研修プログラムを履修し、その蓄積にするものとされている。

そして校長等の学校管理職者の資格化と教員養成課程の年限延長（5年課程）は、これまで日本における教員養成改革の焦点とされてきた課題であり、現在でも教員養成の「専門職大学院」構想と関わって議論されている。今次のタイにおける教員養成制度改革は、この2点、つまり学校管理職者、教育行政官を含む免許制度の創始と教員養成課程の5年制を基本としているが、前者については2005年度からの着手が、また後者については2004年度入学者から適用とされたことから、その実施過程の検証は今後の課題とせざるをえない。

4　地域総合大学（Rajabhat University）の教員養成課程の特徴と市民性教育

(1) 事例校の教育課程とその特徴

既に述べたように、タイでは2004年度新入生より教育学部−教員養成課程については5年制に移行し、4年生の4年制課程と併存状況にある。これは免許制度の導入とともに教員−教職課程の質的高度化を企図したものであるが、これに併せて教員給与の引き上げ（初任給を月額6,360バーツから7,260バーツへ）と特別奨学生制度（3年間の限定で毎年2,500人、合計7,500人を別枠で大学教育学部に入学させ、年額69,000バーツの奨学金を与え、卒業後の教員登用を保証する――ただし、財政難等の理由から、初年度だけで中断された）を導入した。

また小学校教員のほとんどを供給している地域総合大学 (Rajabhat University——旧教育大学——以後、RUと略) 40校が2004年6月から独立法人化し、その名称もタイ語のサタバーン (Institute) からマハウィテヤライ (University) に変えられた。このRUは法人化以前は教育省地域総合大学庁 (ORIC) が所管し、教員養成課程の教育課程もORICの作成したシラバスに従っていた。このためRUの教員養成課程教育課程は各校でほとんど差異はなかった。新たに5年課程を設置するに当たっては、バンコクにあるスアンスナンタRUがそのモデル・カリキュラムを提示し、各RUがそれを参考にして作成することとなった。

ここではこれまでの4年課程の教育課程について、バンコクにあるチャンカセムRUのものを示し、次いで5年課程教育課程についてはアユタヤにあるプラナコン・シ・アユタヤRUのものを事例として検討する。

1) 4年制教員養成課程教育課程——チャンカセムRU

卒業単位は130単位とされ、大きく「一般教育科目」「専門科目」「自由科目」に分けられる。各科目の構成は次の通りである。

- 一般教育科目 (General Education) 　　　40単位
  - 語学・コミュニケーション科目　　　10単位
  - 人文科学科目　　　10単位
  - 社会科学科目　　　10単位
  - 自然科学科　　　10単位
- 専門科目 (Specialized Education) 　　　80単位
  - 主専攻科目及び副専攻科目　　　45単位
  - 教職専門科目　　　25単位
  - 教育実習　　　10単位
- 自由選択科目　　　10単位

なお教育実習は、3年次と4年次になされ全体で22週間の長期に及ぶ。

- 3年次——観察　　：2週間

観察参加　　　：2週間
　○4年次──指導実習　：2週間
　　　単独実習　　　：16週間（1学期──4ヵ月間）

　4年次に実施される「指導実習」とは、日本の「教壇実習」にほぼ相当するものであり、附属校等の実習校の教員の指導を受けながら実際に授業を担当する。これに対して「単独実習」は、実習校教員の指導を受けることなく、全く単独に実習生が教員に代わって授業を担当するものであり、4ヵ月の長期間が設定されている。

2) 5年制教員養成課程教育課程──プラナコン・シ・アユタヤRU

　卒業単位は171単位とされ、「一般教育科目」「教職専門科目」「主専攻科目」「自由選択科目」に分けられている。各科目の構成は次の通りである。

　○一般教育科目（General Education）　　　　30単位
　　コミュニケーション・タイ語　　　　　　　5単位
　　コミュニケーション・英語　　　　　　　　6単位
　　コミュニケーション・アジア語　　　　　　4単位
　　＊中国語、日本語、韓国語、ベトナム語、カンボジア語、ラオス語、
　　　ミヤンマー語、マレー語から1科目を選択
　　思考と自己開発　　　　　　　　　　　　　5単位
　　人間と社会　　　　　　　　　　　　　　　5単位
　　科学・技術を通じた生活　　　　　　　　　5単位
　○教職専門科目（Specialized Education）　　　55単位
　　教育基礎と教育総合　　　　　　　　　　　5単位
　　学習者の性質　　　　　　　　　　　　　　5単位
　　教育課程と学習活動の運営　　　　　　　　5単位
　　学習活動の革新　　　　　　　　　　　　　5単位
　　教職開発　　　　　　　　　　　　　　　　5単位

学習活動開発の課題研究　　　　　　　　　5単位
　　　教育実習　　　　　　　　　　　　　　　 25単位
　　　　教育実習1　　3年次後期──135時間以上　3単位
　　　　教育実習2　　4年次前期──135時間以上　3単位
　　　　教育実習3　　4年次後期──135時間以上　3単位
　　　　インターンシップ1　5年次前期──360時間以上　8単位
　　　　インターンシップ2　5年次後期──360時間以上　8単位
　○主専攻科目　　　　　　　　　　　　　　　 80単位
　○自由選択科目　　　　　　　　　　　　　　 6単位

　既に述べたように、この5年課程の教育課程は、ORICが消滅したことから、全RUが基準とするシラバスがなくなり、スアンスナンタRUのモデル案を参考としつつ各RUが独自に作成したものである。これまでの4年課程のものと比較すれば、次の点が特徴として明らかにされる。
　第一は、修業年限が4年から5年に1年延長され、5年次はすべて学校現場におけるインターンシップ（16単位）に充てられるにもかかわらず、卒業単位は130から171に41単位増えていること。つまり4年次までに修得する単位が25単位増やされている。第二は、第一の点にもかかわらず、一般教育科目が40単位から30単位に減らされ、またその半分が語学とされ、これまで各10単位の設定であった人文科学、社会科学、自然科学が特定の1科目で単位数も各5単位と半減されていること。第三としては、教育実習を除く教職専門科目は25単位から30単位に増やされ教育課程や学習論に重点が置かれていること。第四は、教育実習が10単位から25単位に大きく増加しているが、これは5年次のインターンシップで16単位を占めていることから、ほぼこの分の増加に充てられていること。第五には、主専攻科目がこれまでの45単位から80単位へとほぼ倍増していること。そして最後に、これまでも10単位と必ずしも多くはなかった自由選択科目がさらに減じられ6単位となり、全体171単位に対する比重が極めて小さくなったこと、である。これまでもRUの授業開設数は、教員数や施設設備に比して学生数が多いことから、

極めて限定され、制度的には選択科目とされていても実際には同じ専攻の学生は同じ科目しか履修できないという状況が一般的であった。この5年課程は、上で述べた諸特徴から教育実習——インターンシップや教職専門科目と専攻専門科目——教科専門科目が修学年限を1年間増やした分以上に増強されるものとなっている。前者については、日本と同じく「実践的指導力」の強化として理解できるし、後者についてはこれまでもいわれてきたタイの教員の専門知識の弱さを克服するものと考えられる。また併せて導入された特別奨学生制度やその初任給の引き上げに見られるように、この5年課程の立ち上げに必要な制度的整備もなされている。だが一般教育科目の大幅な削減や教職専門科目の実践性重視は、教職の専門職性強化を志向する中で、日本と同様に教師に求められる「市民性」がどのように捉えられているかが疑問とされる。

　タイの教師は、戦前の日本の教師のように、基本的には閉鎖制の教員養成制度において養成され、低い給与ながら身分の安定が保障され、親や地域社会からはそれなりの尊敬を受ける、という状況に置かれてきた[5]。そこでは日本でいう「師範タイプ」の教師像が描かれ、近代的な「市民性」を教師自身が求められてきたわけではない。だが現在の教育改革が、タイの経済発展、近代化またグローバライゼーションからする教育の転換をめざすものであるならば、教師像、教職観の転換が不可避とされよう。

　教員養成課程が5年課程となることにより、教員の専門性や指導力への信頼は高くなり、また特別奨学生のような制度の導入により高校から良質な学生の確保も可能とされよう。こうした教員養成制度改革は、日本でも課題とされつつも制度的に実現されていないことから、大いに参考となるものといえる。だが日本と同様に、教師が「成熟した大人」として次代の大人を育成することを担うべきならば、より本質的な面において教員の質、教員養成の質が問われることが必要とされよう。

(2) タイの教育改革認識と今後の教員養成——地域総合大学学長に対する質問紙調査から

タイにおいて教員養成、とりわけ初等教員養成を主要に担っているのはタイ全土に36校あるRUである。(RUは現在、40校あるが1998年に開設された4校のうち3校には教育学部が開設されておらず、1校もそれまでに開設された36校に比べて規模が小さい。)また現在に至るタイにおける教員養成制度改革では、これまでの一般大学の教育学部長(その調整機関として大学教育学部長会議があり、その議長が各種審議会等で大きな発言力を有している)と並んで、RU学長とこれまでRUを統括していたORICの長官が大きな役割を果たしてきた。

こうした背景から、改革に関わる識者がタイの教育改革や今後の教員養成についてどのような認識をもち、その中で「市民性」育成をいかに位置づけているかについて明らかにするために、地域総合大学学長に対する質問紙調査を実施した。本調査は、2003年3月に当時のORICを通じて新設4校を除く36RUの学長に依頼し、29RU学長から回答を得たものである。(回答率―80.1%)(なお本調査の実施については、当時のORIC職員、現プラナコーンRU講師のパニッツ・ヴァサムアング氏と当時京都教育大学大学院に在学していた現プラナコーン・シ・アユタヤRU講師のスパラーク・ゲオシーガム氏に翻訳等の協力を得た。)

本調査は、1.現在のタイの教育改革全般について、2.教員制度改革・教員養成制度改革について、3.RUの今後の在り方について、の3領域について、全体で44項目を設定している。本稿においては、2を中心に本稿のテーマに関わる項目を中心に検討する。(回答実数が限られているが、ここでは整数のパーセントで回答分布を表す。)

1) 現在のタイの教育改革について

まず現在の教育改革の基盤となった1999年国家教育法についての認識、評価であるが、輻輳したものとなっている。それは、これからのタイにとって大変重要であると認識されているが(4段階の選択肢回答で、全くそう思う――以下、この回答をaとする――90%、いくらかはそう思う――以下、この回答をbとする――10%、あまりそう思わない――以下、この回答をcとする――0%、全くそう思わない――以下、この回答をdとする―0%)、多くがあまりにも理想的とし(a――3%、b――73%)、またタイの実情に合わないとする者も1/3

に達している（a――0％、b――38％）。とりわけその内容の実現可能性については約半数がいささかなりの危惧を抱いている（a――0％、b――49％）。

その教育改革理念については、あまりに欧米をモデルとし過ぎている、とする者が過半を占め（a――17％、b――55％）、タイ固有の伝統、文化を重視すべきと考える者がほとんどである（a――49％、b――48％）。だが同時に、この改革はタイ社会の実情やタイ国民の考え、期待に合致しているとも捉えられ（a――31％、b――63％）、必ずしも論理整合的な理解がなされているとはいえない。

改革の中心的課題である義務教育年限、無償教育年限の延長に関して、6年から9年への義務教育年限の延長については、100％（a――97％、b――3％）が大変重要であると考えているが、その完成には長い時間がかかると認識している（a――14％、b――62％）。またこの延長には、中学校教員の質的確保、とりわけ理数科や英語担当教員の質が問題になるとの認識では一致している（a――41％、b――59％）。12年間の基礎教育を無償とすることには賛成しつつも（a――52％、b――34％）、その財源確保が困難であり、実現できないとする見方がほとんどである（a――38％、b――54％）。

教育の内容や方法についての改革に関して、教科の知識よりもタイ国民としての価値観を重視すべきとの理解において共通しているが（a――59％、b――41％）、逆にタイ国民としての価値観よりも国際的に共通するグローバルな価値観の育成についても、それに重ねて賛成する者が少なくない（a――10％、b――52％、c――31％、d――7％）。

以上の回答傾向から、タイの教員養成に責任をもち、またその改革に携わっているRU学長は、現在の教育改革全体については概ね賛成しつつも、その実効性にはいささか懐疑的であること、また改革理念や学校での教育内容については、欧米をモデルとする以上にタイの固有の価値観をより重視すべきと考えていることが理解できる。

2）教員制度改革・教員養成制度改革について

まず教員制度改革や教員養成制度改革の前提となるタイの教員やその養成

についての現状認識についてである。小学校教員の質については「意外にも」「高く、十分である」とする者の方が、それを否定する者よりも多い（a――7％、b――72％、c――21％、d――0％）。だが他方で、給与が低いため質のよい教員が小学校では確保できないとする見方にもほとんどが肯定している（a――45％、b――52％、c――3％、d――0％）。またこれと関わって、高校で成績のよい生徒が教育学部に進学しないことも認めている（a――49％、b――45％、c――3％、d――3％）。そして教員に必要な資質、能力として、教科の知識よりも子どもに対する理解や指導力を重視することは全員が賛成し（a――86％、b――14％）、また教員にはタイ国民としての価値観や規範性よりもグローバルな市民性が求められることを肯定している（a――21％、b――62％、c――17％、d――0％）。

　教員免許制度については、それにより質のよい教員が確保できるとの見方は支持されているが、圧倒的とはいえず（a――34％、b――56％、c――10％、d――0％）、学校管理職や教育行政官に対する免許が不要とする意見も少なくない（a――0％、b――24％、c――55％、d――21％）。また5年課程の教員養成について、教員になるために4年間の大学教育と1年間のインターンシップが必要とする意見に全員が賛成しているが（a――69％、b――31％）、それは必ずしも大学院での養成を意味するものとは考えられていない。つまり教員になるためには修士号が必要とすることに対して積極的賛成は必ずしも多くはない（a――24％、b――49％、c――24％、d――3％）。また免許の更新制については全員が賛成しているが（a――83％、b――17％）、日本との比較において教員免許を校種別にすること（a――55％、b――28％、c――10％、d――7％）や中等教員に関して教科別にすること（a――41％、b――28％、c――28％、d――3％）については、意見が分かれている。

　こうしたRU学長が表明した教員像や教員養成観は、必ずしも整合性をもっておらず、問題によっては矛盾すらしている。だがこのことは、急展開する改革自体が多面的な要因を含んでいることの反映でもあり、タイ社会それ自体が大きく転換し、その内部における相互に対立矛盾する社会システム

が調整されていくことによって、自ずと収斂されていくものといえよう。ただこの調査の回答者が、既に述べたようにタイ国民一般ではなく、教員養成に責任をもち、法人化により大きな権限をもつに至ったRU学長であることを考えれば、絶対的に支持されている改革と消極的な支持しか得られていない改革とでは、今後の展開において濃淡がよりはっきりとしてくることは十分に予見されよう。

5　結び

　タイにおける教員養成改革、またその全体枠組みとなっている教育改革総体は、二つのベクトル、つまりグローバライゼーションとローカライゼーションのバランスを前提に制度設計されようとしている。このバランスを取ることが決して容易ではないことは、RU学長に対する調査結果からも明らかである。例えば、教員がもつべき、また教員養成で重視すべきものとして、タイ固有の価値観は絶対的に必要と認識されているが、それに加えてグローバルな価値観も必要と考えられている。

　このことは、近代国民社会のもつ二重性、つまり国民社会を構成するものが「公民」と「市民」の二重性をもっていることと関わって理解されるべきであろう。タイにおいては1980年代以降の急速な近代化が、近代国民社会の確立とともにグローバライゼーションを受け入れることを必要としたが、この両者の共通性と差異性をないまぜにしたままに社会改革を推進せざるをえなかった。激動の1990年代が示しているように[6]、経済危機に至った経済発展の過熱化とそれによる経済的離陸は、同時に中間階層を拡大し、国民間で所得格差を拡大しつつも、社会運営における情報公開や国民参加の制度的整備を進めるに至った。その結果が1997年憲法であり、1999年国家教育法であるといえるが、それだけこうした新たな法体系に基づく改革は種々の二元的対抗軸を内部にもった構造とならざるをえない。つまり今日のタイ社会において、より近代的な諸制度を装置としてもつ国民国家の確立は、同時に主として国際経済におけるグローバライゼーションへの対応を余儀なくされ、

人権や環境といった問題についての国際的基準への適応が必要とされている。固有の文化や伝統、宗教を基盤とする内なる国民国家の確立が同時に外なる国際国家としての存立を必要とする状況に置かれたときに、そこで求められる「国民」は内なる国民−「公民」とより普遍的な「市民」の二面性をもたざるをえない。

教員養成において「市民性」をどのように位置づけるかについても、その制度改革に見られるように、グローバルな価値観をもって教職をより高度な専門性をもつものにしていく志向と、タイ固有の価値観を枠組みとして、それに実践的な指導力を付加する志向とが並立的に捉えられている。前節で示した5年課程教員養成の教育課程の諸特徴も、RU学長の輻輳した認識をそれなりに反映していると理解できるものであった。つまり現在の教員養成改革において、種々の制度的整備をもって教職の高度化、専門職化を志向しつつ、同時により規範的で実践力重視の教員を養成しようとしており、日本と同様に教員となるべき教員養成課程に在学する学生を「成熟した市民」として形成する視点は極めて稀薄となっていることは指摘できよう。

そして日本との比較においては、つまり高度な資本主義国家となった日本の国民国家の確立過程とその現在の国民社会の転換課題との比較においては、教員養成の制度的整備の面で、短大卒資格の解消が免許制度によって急速になされ、5年課程への移行や学校管理職者、教育行政官の修士号資格を基本とした免許制度により教員資格全体が日本以上に高度化される一方で、こうした制度整備を受け入れるタイ社会が仏教や王制を枠組みとしたままでどこまで市民社会としての成熟度を高めることができるのかが課題とされるし、法制度の確立がその実効性においてどこまで可能であるかが併せて問題とされざるをえないのである。

注

1 堀内孜「教師教育改革と社会変化への対応」、西之園晴夫編『インターネットを利用した現職教育のための遠隔教育に関する基礎研究』(科学研究費補助金研究成果報告書) 1998年3月、参照。

2 『世界国勢図絵 — 2001/2002』2001年、pp.124-125。
3 バンコク日本人商工会議所編『タイ国経済概況(2000/2001年版)』2001年、pp.71-72。
4 堀内孜「タイ国の教員養成・教員資格・教員採用——制度、実態と改革動向(1)」、『京都教育大学紀要』第97号、pp.4-5、2000年9月。
5 堀内孜「タイの教師」、日本教師教育学会編『講座・教師教育学Ⅲ 教師として生きる——教師の力量形成とその支援を考える』pp.252-253、学文社、2002年。
6 堀内孜「タイの教育改革にみる国家」、篠原清昭編『ポストモダンの教育改革と国家』pp.153-154、教育開発研究所、2003年。

第3部

市民性教育に関する質問紙調査

第10章　日本とタイにおける市民性に関する意識調査結果の比較分析

森下稔　鈴木康郎　カンピラパーブ・スネート

1　調査の目的と概要

(1) 調査の目的

　日タイ両国の児童生徒を対象に、実際に身につけている市民性についての調査を行い、日タイ児童生徒の市民性に対する意識を比較分析する。

　調査枠組みとして、市民性をローカル-ナショナル-グローバル-ユニバーサルの4レベルに区分し、それぞれについて知識・理解-能力・技能-価値・態度の3側面から分析した。

(2) 調査方法

　日本の調査は、2003年11月16日～27日まで、3名のタイ人共同研究者の協力を得て、それぞれ、①つくば市・牛久市・東京都、②名古屋市および③宇治市・大分市において実施した。タイの調査は、2003年8月3日～17日まで、バンコクおよびピサヌローク県にて実施した。また、2003年12月21日～2004年1月15日までヤラー県、パッタニー県およびコンケン県にて実施した。

　調査対象校プロフィールは、**表10-1**および**表10-2**に示す通りである。日本においては、初等教育段階の児童302人、前期中等教育段階の生徒475人、および後期中等教育段階の生徒315人、計1,092人に対して質問紙調査を実

表10-1 調査対象校プロフィール（日本）

	学校	所在地	国公私立	サンプル数	学校基本データ
1	A小学校	東京都	区立	63	東京都内、生徒数約420人(2003年)
2	B小学校	名古屋市	市立	60	名古屋市内、生徒数399人(2003年)
3	C小学校	宇治市	市立	90	宇治市内、生徒数835人(2003年)
4	D小学校	大分市	市立	89	大分市内、生徒数581人(2003年)
5	E中学校	つくば市	市立	118	つくば市内、生徒数388人(2003年)
6	F中学校	名古屋市	市立	149	名古屋市内、生徒数723人(2003年)
7	G中学校	宇治市	市立	105	宇治市内、生徒数840人(2003年)
8	H中学校	大分市	市立	103	大分市内、生徒数497人(2003年)
9	I高校	牛久市	県立	144	牛久市内、生徒数722人(2003年)
10	J高校	名古屋市	市立	73	名古屋市内、生徒数1,086人(2003年)
11	K高校	宇治市	府立	98	宇治市内、生徒数665人(2003年)
				1,092	

表10-2 調査対象校プロフィール（タイ）

	学校	所在地	国公私立	サンプル数	学校基本データ
1	A小学校	バンコク	私立	97	バンコク市内、大規模校、生徒数1,720人(2003年)
2	B小学校	ピサヌローク	国立	142	ピサヌローク市内、大規模校、生徒数1,884人(2001年)
3	C小学校	ピサヌローク	国立	28	バンラッカム郡、小規模校、生徒数159人(2003年)幼稚園・中学併設
4	D小学校	ピサヌローク	国立	56	バンラッカム郡、小規模校、生徒数407人(2003年)中学校併設115人
5	E小学校	コンケン	公立	105	コンケン市内、大規模校、生徒数2,429人(2003年) 幼稚園併設
6	F小学校	コンケン	国立	97	コンケン市郊外、小規模校、生徒数337人(2003年)幼稚園・中学校併設
7	G小学校	ヤラー	国立	100	ヤラー市内、大規模校、生徒数1,661人(2003年)幼稚園併設
8	H小学校	ヤラー	国立	27	ヤラー市郊外、小規模校、生徒数236人(2003年)幼稚園併設
9	I小学校	ヤラー	国立	36	ヤラー市郊外、小規模校、生徒数260人(2003年)幼稚園併設
10	J中等学校（中学校）	バンコク	国立	97	バンコク市内、大規模校、生徒数2,120人(2003年)
11	K中等学校（中学校）	バンコク	国立	155	バンコク市内、大規模校、生徒数高校と合わせ3,339人(2001年)
12	L中等学校（中学校）	ピサヌローク	国立	98	ピサヌローク市内、大規模校、生徒数1,726人(2000年)
13	M中等学校（中学校）	ピサヌローク	国立	101	バンラッカム郡、大規模校、生徒数654人(2002年)
14	N中等学校（中学校）	コンケン	国立	73	ナムポーン市郊外、小規模校、生徒数326人(2003年)
15	O中等学校（中学校）	コンケン	国立	110	コンケン市内、大規模校、生徒数1,905人(2003年)

16	P中等学校(中学校)	ヤラー	私立	99	ヤラー市内、大規模校、イスラーム学校、生徒数1,061人(2003年)
17	Q中等学校(中学校)	ヤラー	私立	53	ヤラー市郊外、小規模校、イスラーム学校、生徒数431人(2003年)
18	R中等学校(中学校)	ヤラー	国立	73	ヤラー市内、大規模校、生徒数1,393人(2003年)
19	S中等学校(中学校)	パッタニー	私立	99	サイブリー市郊外、大規模校、イスラーム学校、生徒数1,488人(2002年)※
20	T中等学校(高校)	バンコク	国立	91	バンコク市内、大規模校、生徒数2,210人(2003年)
21	U中等学校(高校)	バンコク	国立	139	バンコク市内、大規模校、生徒数高校と合わせ3,339人(2001年)
22	V中等学校(高校)	ピサヌローク	国立	100	ピサヌローク市内、大規模校、生徒数621人(2000年)
23	W中等学校(高校)	ピサヌローク	国立	95	バンラッカム郡、大規模校、生徒数471人(2002年)
24	X中等学校(高校)	コンケン	国立	92	コンケン市内、大規模校、生徒数2,241人(2003年)
25	Y中等学校(高校)	ヤラー	私立	100	ヤラー市内、大規模校、イスラーム学校、生徒数1,163人(2003年)
26	Z中等学校(高校)	ヤラー	私立	21	ヤラー市郊外、小規模校、イスラーム学校、生徒数113人(2003年)
27	AA中等学校(高校)	ヤラー	国立	92	ヤラー市内、大規模校、生徒数340人(2003年)
28	AB中等学校(高校)	パッタニー	私立	93	サイブリー市郊外、大規模校、イスラーム学校、生徒数1,128人(2002年)※
				2,469	※幼稚園・小学校併設

施した。対象とした調査校は初等学校4校、前期中等学校4校、および後期中等学校3校であった。タイにおいては、初等教育段階の児童688人、前期中等教育段階の生徒958人、および後期中等教育段階の生徒823人、計2,469人に対して質問紙調査を実施した。対象とした調査校は初等学校9校、中等学校10校(そのうち1校は前期中等教育段階のみ実施)であった。特にマレー系ムスリムが多く居住しているタイ南部調査対象県、すなわちヤラー県およびパッタニー県では、私立イスラーム学校においても同調査を実施したことを追記しておく。

　調査方法は「現地配布─現地回収」という方法で実施した。質問紙はすべてそれぞれ日本語およびタイ語で作成した。各国とも、**表10-3**に示すように、特定の地域および教育段階に偏らないよう配慮した。調査対象者の選定にあたっては、原則として各教育段階とも最終学年を調査対象者とした(小6、中

表10-3 各国における地方-教育段階別調査対象者数

		初等教育段階	前期中等教育段階	後期中等教育段階	計
日本	関東	63	118	144	325
	中部	60	149	73	282
	近畿	90	105	98	293
	九州	89	103	0	192
	計	302	475	315	1,092
タイ	中央部	97	252	230	579
	北部	226	199	195	620
	東北部	202	183	92	477
	南部	163	324	306	793
	計	688	958	823	2,469

3、高3=中6)。これは、各教育段階の教育成果を測定する上で、最終学年を対象とすることが適切であると考えたためである。

(3) 調査項目

基本的属性(性別、年齢、学年など)のほか、ローカル-ナショナル-グローバル-ユニバーサルという4レベルにおける、知識・理解-能力・技能-価値・態度を測る項目を設定した。

2 日本とタイの比較分析に見る両国の特徴

本節では、日本とタイの児童生徒による回答結果を比較することにより、それぞれの市民性の現状と課題を分析する。なお、紙幅の都合上、すべての設問について詳細な分析を行うことができないので、いくつかの設問の分析は割愛する。

(1) 知識・理解面から見た市民性

Q1およびQ2では、歴史学習の場合(Q1)と伝統・文化の学習(Q2)の場合に、(1)自分が住む村や町、(2)自分の国、(3)世界、(4)村や町、国、世界の

すべて、のどのレベルの学習を重視しているのかを尋ねた。なお、選択肢には(5)として「わからない」も加えた。この設問の趣旨は、ローカル、ナショナル、グローバルのどのレベルの市民性を重視しているのか、あるいはいずれもバランスよく重視しているのかを探るためのものである。

2つの設問を通じた全体的な特徴は、タイの児童生徒は(4)すべてと回答するものが著しく多いことである。Ｑ１では56.2％、Ｑ２では43.1％である。両問ともに(4)と回答した者もタイ全体の34.5％に達している。これに対して、日本はＱ１では(2)国の歴史が34.8％、(3)世界の歴史が29.4％で多く、Ｑ２では同様に(2)国の伝統・文化が29.9％、(3)世界の伝統・文化が32.3％で多い。

これらのことから、タイの児童生徒は、歴史や伝統文化について、ローカルレベルからグローバルレベルまでバランスのとれた学習を重視している一方で、日本の児童生徒はナショナルまたはグローバルのいずれかを重視しているといえる。その背景には、タイの人間開発において重視されている、バ

Q1 あなたは，歴史について学習する場合，次のどの歴史を最も学習するべきだと思いますか。

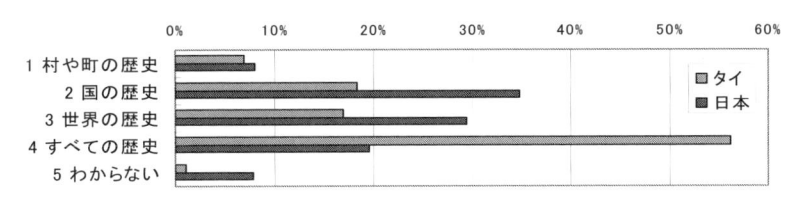

1 村や町の歴史
2 国の歴史
3 世界の歴史
4 すべての歴史
5 わからない

□タイ ■日本

Q2 あなたは，伝統・文化（昔から受けつがれているものや，生活のしかた・習慣など）の学習では，次のどれが最も大切だと思いますか。

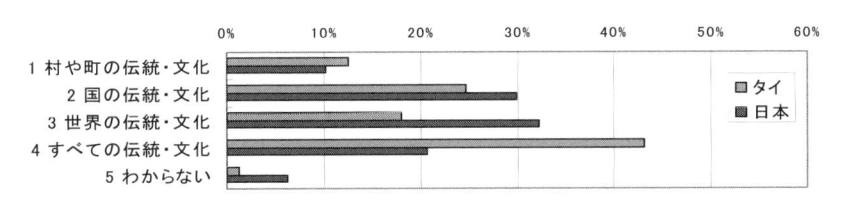

1 村や町の伝統・文化
2 国の伝統・文化
3 世界の伝統・文化
4 すべての伝統・文化
5 わからない

□タイ ■日本

ランス志向を反映したものであると考えられる。実際に、タイの高等学校社会科教科書を見ると、その構成はタイ政治、タイ経済、タイ史、国際政治、国際経済、国際協調などとなっており、1つの科目でローカルレベルからグローバルレベルの学習ができるよう構成されている。他方、日本の高等学校の地理歴史科で「日本史」「世界史」と科目で分断されている教育課程にその特徴が端的に示されている。教育政策では、国際化に対応するためには日本の歴史や伝統文化の学習が不可欠であるとしているが、今回の結果ではその課題認識が児童生徒に浸透していないことが示された。

本研究が考える市民性から見れば、タイの児童生徒のバランス重視は評価できるが、日本の児童生徒には課題が多い。まず、ローカルなレベルの学習を重視していないことが挙げられる。(1)と(4)を足して合わせても、Ｑ１では27.6％、Ｑ２では30.9％にしかならない。次に、(5)わからないと回答するものがＱ１ではタイの1.1％に対して日本は7.8％、Ｑ２ではタイの1.2％に対して日本は6.3％と、日本の児童生徒のなかに無関心層が存在していることがうかがえる点である。それらの課題も含めて、ローカル、ナショナル、グローバルのすべての学習をバランスよく重視するような市民性教育が望まれる。

Ｑ４では、「地方の知恵」を知っているかを尋ねた。この設問の趣旨は、タイの教育政策で強調されている「地方の知恵」についての学習成果を明らかにしようとすることである。回答結果を見ると、タイの児童生徒の方が日本の児童生徒よりも「地方の知恵」を知っているということが確認された。「(1)たくさん知っている」と「(2)知っている」を合計した数字で見ると、タイの

Ｑ４ あなたが住んでいる村や町には、昔から受けつがれている「知恵(すぐれた考え方や方法、工夫、さまざまな人生経験など)」があることを知っていますか。

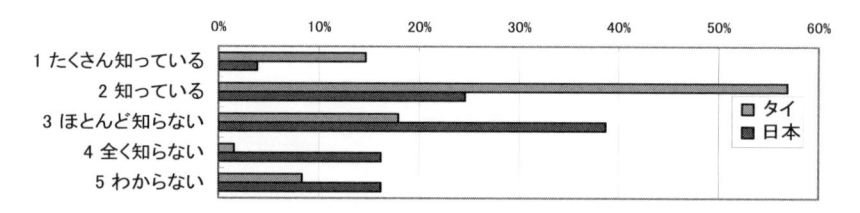

場合は71.6％、日本の場合は28.5％であった。こうした結果の背景には、タイの教育政策の成果がうかがえる。タイにおいては1990年代初頭より、急速な経済発展に対する反動として「地方の知恵」（プムパンヤー・トンティン）という思想が文教政策に積極的に導入されている。学校現場においても、村の伝統工芸を学習したり、村民を講師に招き現地で調達できる有機肥料の作り方を学習したりと、ローカルな伝統文化を活用した学習スタイルが確立している。日本では、文教施策においては「日本の伝統文化の学習」が強調されているにもかかわらず、学校現場においては、指導計画に盛り込まれておらず十分に行われていないのが実情である。学社連携の必要性が盛んに叫ばれるのは学校とコミュニティが乖離している現状を反映したものであると考えられる。

Q5では、地方の知恵を含む「昔から受け継がれている知恵」の学習と「最新の科学技術」の学習のどちらを重視しているかを尋ねた。この設問では、両国とも(2)の両方をバランスよく学習することが大切とする意見に集中した。（タイ：68.0％、日本：67.9％）この結果を、Q4と合わせて分析すれば、両国とも伝統的な知恵と最新の科学技術の両方をバランスよく学習するという考え方があるが、知恵の学習を重視しているタイと、重視していない日本との間に大きな差があるといえる。日本における伝統的な知恵の学習をどう具体化するかが課題として指摘できる。

Q7では、21世紀の市民性にとって重要な11の概念について、見たり聞

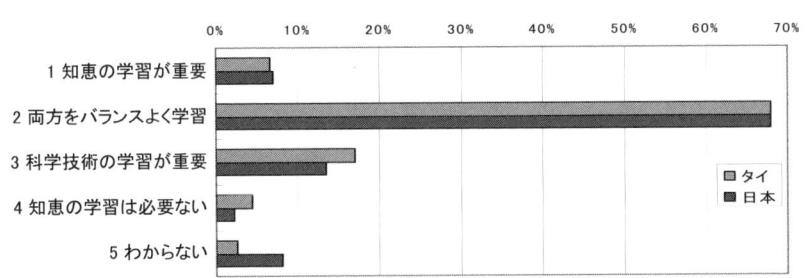

Q5 知恵と科学技術の学習について，あなたの考えはどれに最も近いですか。

Q7 あなたは，以下の言葉を見たり，聞いたりしたことがありますか。

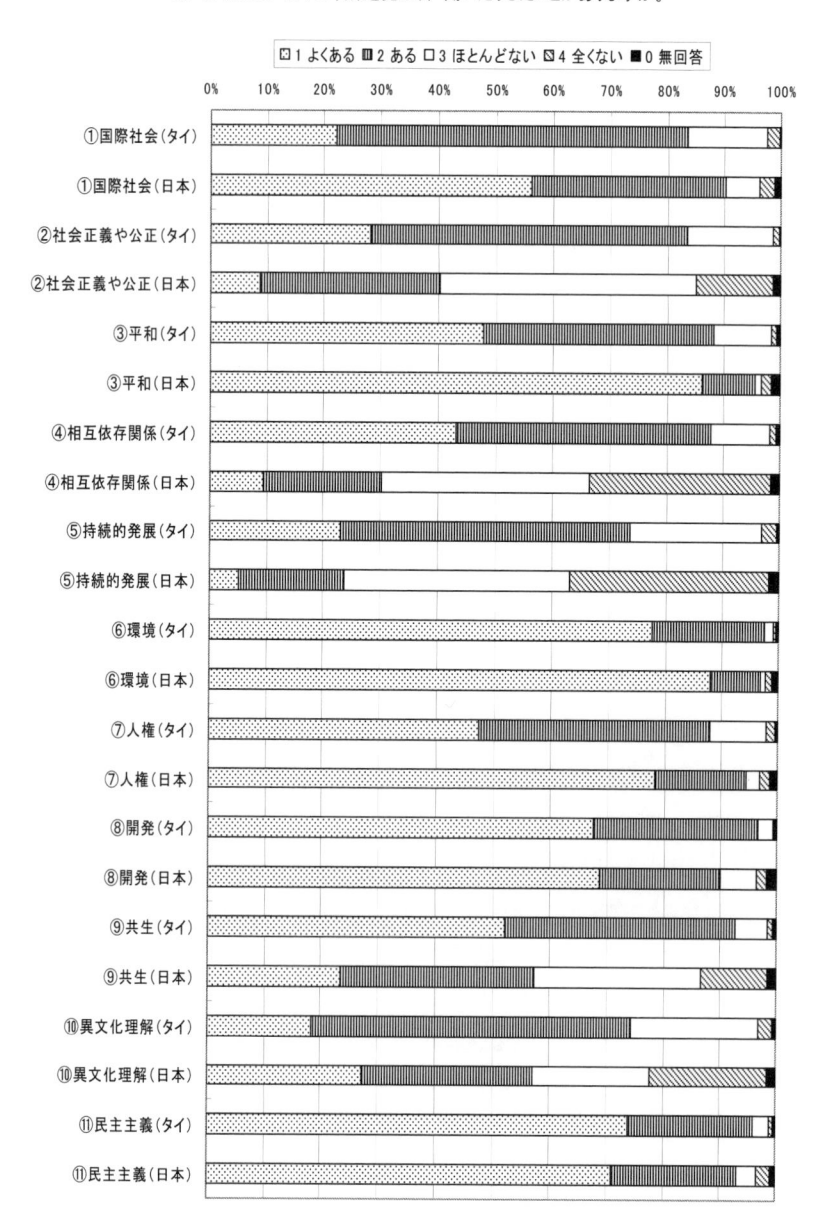

□1 よくある ▦2 ある □3 ほとんどない ▨4 全くない ■0 無回答

①国際社会（タイ）
①国際社会（日本）
②社会正義や公正（タイ）
②社会正義や公正（日本）
③平和（タイ）
③平和（日本）
④相互依存関係（タイ）
④相互依存関係（日本）
⑤持続的発展（タイ）
⑤持続的発展（日本）
⑥環境（タイ）
⑥環境（日本）
⑦人権（タイ）
⑦人権（日本）
⑧開発（タイ）
⑧開発（日本）
⑨共生（タイ）
⑨共生（日本）
⑩異文化理解（タイ）
⑩異文化理解（日本）
⑪民主主義（タイ）
⑪民主主義（日本）

いたりした経験があるかを尋ねた。日本とタイの結果を比較すると以下の通りである。まず、日本の方がタイを上回っている項目は「国際社会」(「(1)よくある」の回答では、日本が56.2％、タイが22.1％)、「平和」(同じく、日本が86.2％、タイが47.9％)、「人権」(同じく、日本が78.2％、タイが47.5％) であった。次に、タイが日本を上回っている項目は「社会正義や公正」(「(1)よくある」の回答では、日本が8.8％、タイが28.1％。「(2)ある」の回答では、日本が31.4％、タイが55.3％)、「相互依存関係」(「(1)よくある」の回答では、日本が9.4％、タイが43.3％。「(2)ある」の回答では、日本が20.7％、タイが44.5％)、「持続的発展」(「(1)よくある」の回答では、日本が5.2％、タイが23.0％。「(2)ある」の回答では、日本が18.4％、タイが50.5％)、「共生」(「(1)よくある」の回答では、日本が23.4％、タイが52.0％。「(2)ある」の回答では、日本が33.9％、タイが40.5％) であった。他の「環境」「開発」「異文化理解」「民主主義」については、両国に大きな差異は認められない。

　この結果から見ると、日本において「平和」と「人権」という言葉を見聞したという経験の多さが際立っている。戦後日本の教育が、「世界平和を希求し個人の価値を尊ぶ人間の育成」を教育目的の根幹に据えて、通文化的で普遍的な概念として平和教育・人権教育を積極的に実施してきた成果が表れているといえるだろう。タイにおいても、「(1)よくある」と「(2)ある」の回答を総合すれば、「平和」は88.0％、「人権」は87.8％であり、決して平和や人権が無視されているわけではない。たしかに、タイにおいては仏教的価値として他者に対する慈悲喜捨の観念をもち、つねによき友であれという考え方があって、「平和」という言葉（サンティパープ）を用いなくとも平和の意義を認識しているとも考えられる。「人権」（シッティ・マヌサヤチョン）についても、仏教における慈悲喜捨や人間の魂の永劫不滅性を敷衍すればその意義は認識されているとも考えられる。しかしながら、多元的なグローバル社会においては、人類普遍の価値として、異文化や異宗教の人々と「平和」や「人権」の価値を共有することも重要になると考えられる。その点、「社会正義や公正」はタイの児童生徒の方がよく見聞しており、平和で人権が尊重される社会の創造のために必要な価値を理解できる状態にあることは評価できる。

また、タイの児童生徒は、「相互依存関係」「持続的発展」「共生」のように、グローバリゼーションの負の側面を補う具体的で実践的な新たな人類の課題について、見聞する機会を多くもっている。西洋流の競争原理に基づく開発を否定し、中道思想に基づく「足るを知る経済」による社会開発や生活を啓蒙しようとするタイ政府政策の理解が十分に期待できる。「社会正義や公正」についても、1990年代以降の民主化の過程で、旧体制に対する独裁制批判を通じてタイ社会の課題として啓蒙された価値であり、その理解が十分に期待できる。日本の児童生徒の場合、「共生」については「(1)よくある」「(2)ある」を総合すれば過半数を超えているものの、「相互依存関係」「持続的発展」「社会正義や公正」については過半数にも達せず、タイとの落差が大きい。社会の変化への対応や国際社会の一員としての日本人の育成をめざす政策を掲げながら、実際にはグローバリゼーション時代の新たな人類の課題に十分に取り組んでいない状況にあると指摘できよう。

(2) 能力・技能面から見た市民性

Q9では、政治、環境、人権、平和などの社会問題について、手紙、インターネット、新聞への投書などの手段によって世の中に意見表明をした経験の程度を尋ねた。その結果、タイの児童生徒の方がより多く意見表明の経験があることが明らかとなった。「(1)よくある」と「(2)ときどきある」を総合して、複数回の経験を見ると、タイの場合は34.9％、日本の場合は11.7％であった。また、「(4)全くない」と回答したものの割合を見ると、タイの場合

Q9 あなたは、手紙、インターネット、新聞への投書などで、社会の問題（政治、環境、人権、平和）などについて、世の中に対して意見を言ったことがありますか。

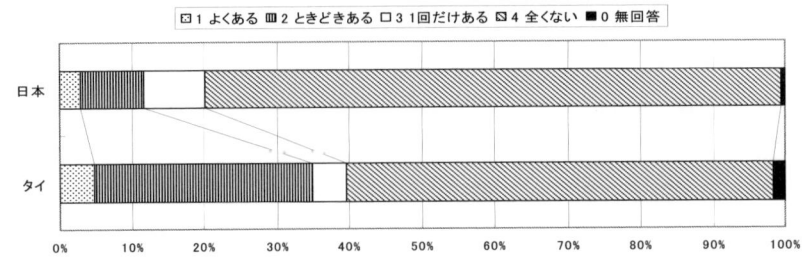

は58.7%、日本の場合は79.4%であった。このことから、両国ともより多くの児童生徒に対して意見表明の経験を提供し、地球的規模で考えなければならない課題に対して、自ら考え、意思決定し、表現する技能を高めていくための取り組みが必要であると考えられる。日本の場合は特にそのことが必要である。そのためには、マスメディアやインターネットの普及・発達が著しい日本の場合になぜこのような結果が表れたのかを解明しなければならないであろう。世の中の出来事に対し無関心な日本の風潮を反映しているとも考えられ、教育現場や子どもの問題というよりも、大人社会の問題と考えられる。

Q10では、グローバルな問題を理解し、考え、意見表明するために必要な外国語能力について、読み、書き、会話の3点から自己評価させた。全体的に見ると、タイの児童生徒の方が日本の児童生徒よりも自己評価が高い。外国語を読むことができるとしたものは、タイが83.7%に対し、日本が68.3%であった。外国語を書くことができるとしたものは、タイが85.4%に対し、日本が64.3%であった。外国語を話すことができるとしたものは、タイが75.1%に対し、日本が59.4%であった。このことから、両国とも会話能力よりも読み書き能力の方が高いという共通性が見てとれる。

この回答を分析するにあたっては、いくつか留意しなければならない点がある。一つは、「読むことができる」などの判断基準は明確にできないことである。この点については、あくまでも児童生徒の自己評価の結果であるこ

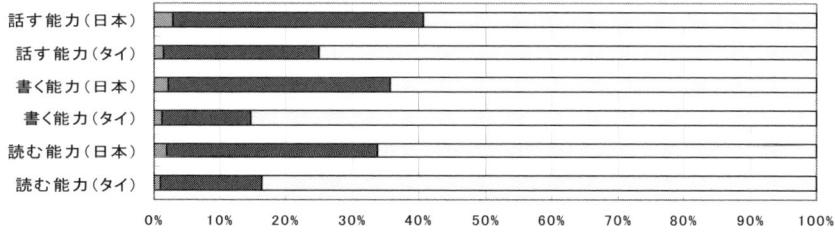

Q10 外国語の能力

■ 0 無回答　■ 1 できない　□ 2 できる

- 話す能力（日本）
- 話す能力（タイ）
- 書く能力（日本）
- 書く能力（タイ）
- 読む能力（日本）
- 読む能力（タイ）

とを踏まえて分析したい。また、今回の調査ではタイ南部のマレー系ムスリム児童生徒が多く回答しており、アラビア語およびマレー語を日常会話や学校での学習で用いている多言語的環境にあることも留意すべきである。読み、書き、話すことができる外国語は何かの回答を見ると、アラビア語およびマレー語のいずれもタイの児童生徒全体の2%から5%までの範囲であり、タイと日本の差のすべてを説明できないことがわかる。さらに、教育課程における外国語学習の学年に両国の違いがある。タイの場合、1990年改訂の旧カリキュラムでは初等教育第5学年から特別経験グループにおいて外国語の授業を行うこととなっているが、1996年より、初等学校の状況によって第1学年から開設できるようになった。また、2001年基礎教育カリキュラムにおいては、第1ステージ（初等教育第1学年から第3学年）から必修となっている。日本の学習指導要領においては前期中等教育段階から外国語の教科が開設されており、2002年施行の第6次改訂版で導入された「総合的な学習の時間」において、教科ではないものの初等教育から外国語学習が可能となった。このため、日本の初等教育段階の児童に限って見ると、外国語を読める児童は36.8%、外国語を書ける児童は32.5%、外国語を話せる児童は43.7%という結果になっている。タイの児童の場合は、順に、読み78.2%、書き82.7%、会話71.8%である。従って、今回の調査におけるタイと日本の間の差の多くは教育課程の違いによって説明できる。それでも、後期中等教育段階の生徒の結果で見ると、読みはタイが90.5%で日本が85.7%、書きはタイが88.6%で日本が84.4%、会話はタイが80.2%で日本が73.7%と、違いは小さいものの一貫してタイの生徒の自己評価が高いといえる。外国語学習を早期に開始することの是非を論じる根拠にはならないが、外国語の能力については、タイの児童生徒の方が高く自己評価しているものの割合が高いといえる。

　Q11では、外国語学習の意義を理解しているかどうかを尋ねた。この設問だけでは技能・能力を見ることはできないが、Q10との関連で考え方を見ようとするものである。回答結果を見ると、両国の児童生徒とも外国語学習が大切であるという認識はもっているといえる。ただし、その程度におい

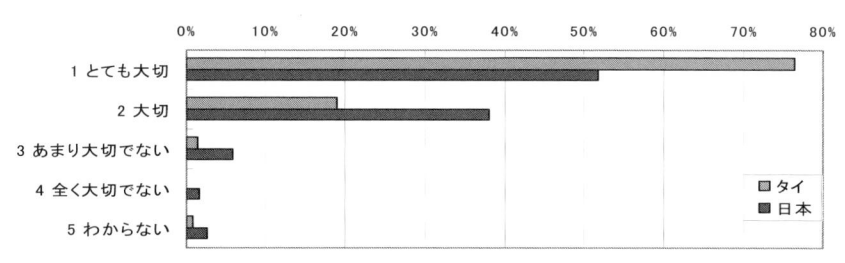

Q11 あなたは，世界の人とつき合うためには外国語の学習は大切であると思いますか。

1 とても大切
2 大切
3 あまり大切でない
4 全く大切でない
5 わからない

タイ
日本

てはタイの児童生徒の方が積極的である。「(1)とても大切である」と回答した児童生徒の割合を見ると、タイは76.5％であるのに対して日本は51.6％である。逆に「(3)あまり大切でない」と「(4)全く大切でない」を総合すると、タイは1.5％にとどまるのに対して、日本は7.3％と比較的多い。Q10の結果と総合すると、日本の児童生徒には外国語によるコミュニケーションに対する消極性が指摘できる。

Q12では、正しいことや間違いを率直に意見表明できる相手は誰かを、友人、親、学校の先生、大人や年上の人、宗教指導者（タイのみ）、政治家の6種類についてそれぞれ尋ねた。結果は、意見表明できるとした回答の集計結果で見ると、両国とも友人や親には7割から9割と多くの児童生徒が「いえる」とし、その他の4者に対しては概して2割〜4割のものだけが「いえる」としている。しかし、意見表明できないとした回答の集計結果で見ると両国間に大きな差が表れた。例えば、親に対して意見表明できない児童生徒は、タイでは20.5％、日本では7.6％であり、学校の先生に対してはタイでは50.5％、日本では25.6％であった。政治家に至っては、タイでは62.0％が「いえない」としたが、日本では29.7％にとどまった。この結果から、タイの児童生徒は、意見表明に消極的であるように見える。権威のあるものに対する従順さがよく表れているとも読み取れる。しかしながら、問題は日本の児童生徒の方にあると考えられる。それは、いずれの項目においても「わからない」と回答するものの率が非常に多いからである。タイの児童生徒は、20％を超える項目がない。それに対して、日本の児童生徒は、友人に対して22.3％、

Q12 あなたは，次のような人に対して，正しいことは正しい，間違いは間違いだと意見を述べることができますか。

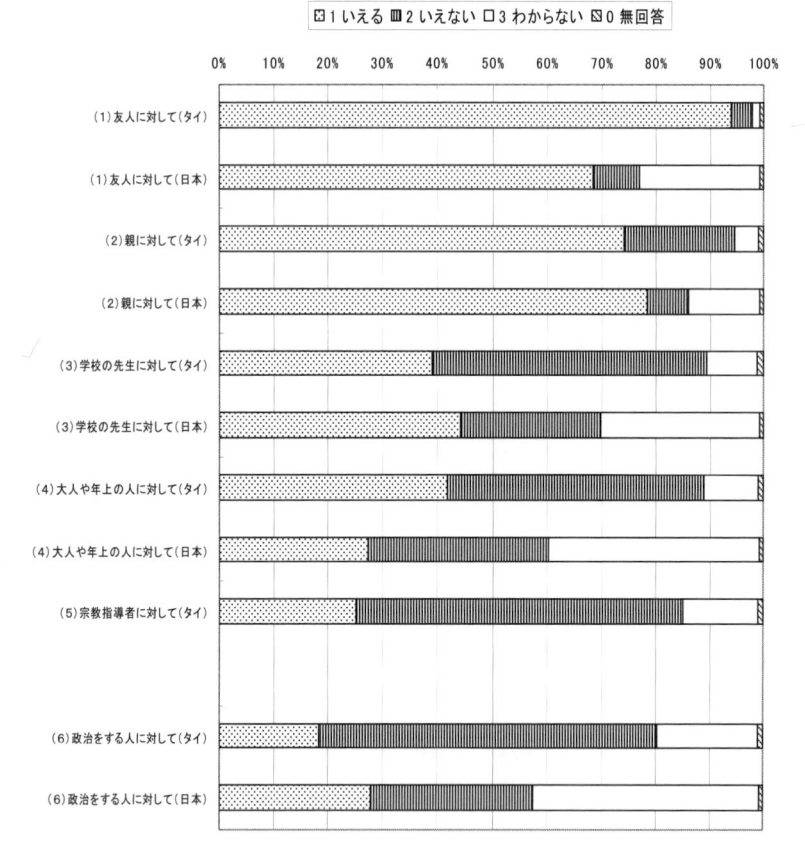

□1 いえる ▦2 いえない □3 わからない ◪0 無回答

(1)友人に対して（タイ）
(1)友人に対して（日本）
(2)親に対して（タイ）
(2)親に対して（日本）
(3)学校の先生に対して（タイ）
(3)学校の先生に対して（日本）
(4)大人や年上の人に対して（タイ）
(4)大人や年上の人に対して（日本）
(5)宗教指導者に対して（タイ）
(6)政治をする人に対して（タイ）
(6)政治をする人に対して（日本）

学校の先生に対して29.5％、大人や目上の人に対して38.7％、政治家に対して41.8％と4項目で20％を超えている。このことは、日本の児童生徒が具体的状況にならないと態度が決められないことを示しているのではないかと考えられる。Q9の結果と総合して考えると、日本の児童生徒は意見表明の機会も少なく、正しいことは正しい、間違いは間違いだと意見表明できるかどうか判断する力に欠ける者が多い。市民性に必要な能力にとっては重大な問題と考えられる。

Ｑ13では、市民性にとって重要な項目について実際に行動できるかどう

か、9項目について尋ねた。結果を見るとほとんどの項目でタイと日本の間で大きな差が表れた。特に、次の2項目では日本の児童生徒の過半数が「できる」と回答しなかった。第1に「(2)あなたは、村や町、国、世界のいろんな問題を、協力し合って解決したり、行動したりできると思うか」では、「十分できる」と「できると思う」を合計して見ると、日本では44.3％であるのに対して、タイは77.9％に達している。第2に「(3)あなたは、正しくないことや平等でないこと、差別に堂々と立ち向かっていけると思うか」では、同様にできると回答した合計で見ると、日本では44.5％であるのに対して、タイは79.9％に達している。これらのことから、日本の児童生徒の場合、問題解決能力と不正・不平等・差別とたたかう力を育成する必要性が指摘できる。また、タイの児童生徒の場合には、どの項目においても「十分できる」「できると思う」の回答が多い。特に、「(1)あなたは、お金がそこそこあり、ほどほどの暮らしができると思うか」については、できるとしたものが合計で95.7％に達している。「足るを知る経済」の原則に立った生活についてほとんどすべての者が実践できることが予想される。さらに指摘しなければならないのは、Q12と同様に、日本の児童生徒で「わからない」と回答するものがどの項目でも16％から32％の範囲になっており、タイが0.5％から5％の範囲であるのに対して著しく割合が高い。将来に向かって生き方、暮らし方に展望をもっていなかったり、判断する力が欠けていたりしていることが考えられる。

(3) 価値観・態度面から見た市民性

Q6では、生き方、暮らし方について、「お金」と「暮らしの豊かさ」を軸にどのような価値観を有しているのかを尋ねた。その結果、「お金がそこそこあり、ほどほどの暮らしができればそれでよい」の選択肢を回答した者が、日本では32.9％であるのに対して、タイでは58.0％と過半数を占めた。一方、「お金が十分あり、豊かに暮らす生き方」を選択した者が、日本では28.8％であるのに対し、タイでは17.1％となっている。「お金がなくても豊かな暮らしができる生き方」を選択した者についても、日本は31.9％である

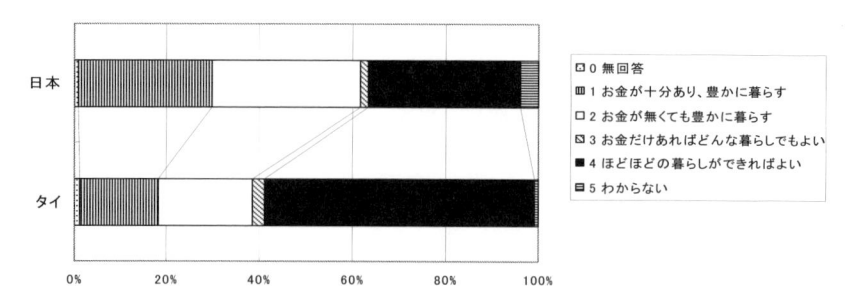

Q6 あなたは次のような生き方，暮らし方のうちどれが最も大切だと思いますか．

[グラフ：日本・タイの回答割合を示す帯グラフ]
凡例：
0 無回答
1 お金が十分あり，豊かに暮らす
2 お金が無くても豊かに暮らす
3 お金だけあればどんな暮らしでもよい
4 ほどほどの暮らしができればよい
5 わからない

のに対し、タイは20.4％であった。この2つの選択肢を総合して、経済的な貧富にかかわらず「豊かな暮らし」について見ると、日本は60.7％と多数を占めており、タイの37.5％よりも非常に高い割合を占めていることが明らかである。このように、経済的に豊かであるはずの日本の方が「豊かに暮らす」生き方を選び、先進国並みの豊かさを求めようとしてもおかしくはないタイの方が「ほどほどの暮らし」を選択するものが過半数を占めている。これは、タイにおいて仏教の中道思想が学習内容に盛り込まれているのに加え、1997年の経済危機以降、「足るを知る経済」の原則に立った、過度の利益追求を否定し、身の丈に合った生活を行うことが教育やマスコミ等を通して盛んに取り上げられており、こうした思想が浸透している結果と見ることができよう。日本では、豊かさを追求する傾向、あるいは豊かさを捨てられない傾向があると読み取れる。タイの政策が批判するグローバリゼーションの弊害である過度の消費欲求を適切に抑制できるかという視点で見ると、タイの児童生徒にはその理解が浸透しているが、日本の児童生徒については十分とはいえない。

Q14（日本語版ではQ14-1）では、信仰する宗教の教えを守り、実行しているかどうかを尋ねた。なお、日本における調査では、この項目への回答に協力できないとした学校、回答したくなければしなくてよいことを回答者に指示した学校があり、協力を得ることが難しかった。結果として日本全体の33.0％から回答が得られなかった。そうした限定の上で回答結果を分析すると、明らかにタイの児童生徒の方が、宗教に基づく実践を行っていること

Q14 あなたは，自分が信じる宗教（仏教，キリスト教，イスラームなど）の教えを守り，実行していますか（タイ宗教別）

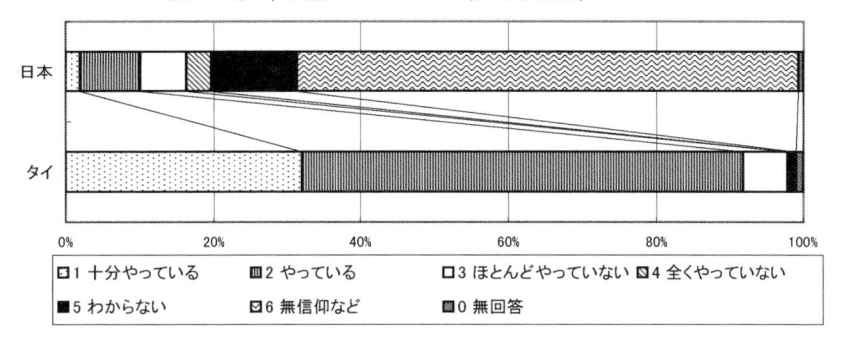

凡例: □1 十分やっている　■2 やっている　□3 ほとんどやっていない　■4 全くやっていない　■5 わからない　■6 無信仰など　■0 無回答

がわかる。「(1)十分にやっている」が32.0％、「(2)やっている」が59.7％である。日本の児童生徒の場合にはそもそも約7割が宗教を信仰しておらず、信仰している場合でも実践しているかどうかは「わからない」とする者が最も多い。タイの場合には学校教育においても宗教・道徳教育が積極的に導入され、生活においても、宗教施設での日常的な宗教実践が広く行われているという状況がある。日本の場合には、戦後日本の公教育が、世俗主義を徹底してきた影響が強いためであると考えられる。

　Q15では、タイ人／日本人としての道徳をまもり、タイ人／日本人として誇りをもってタイ人／日本人らしい生活をしているかを尋ねた。この設問についても、日本では質問すること自体に非常に抵抗が強かった。この設問だけ回答をさせなかった学校もあり、日本全体の17.5％が回答しなかった。

Q15 あなたは，日本人／タイ人としての道徳をまもり，日本人／タイ人として誇りをもって日本人／タイ人らしい生活をしていますか。

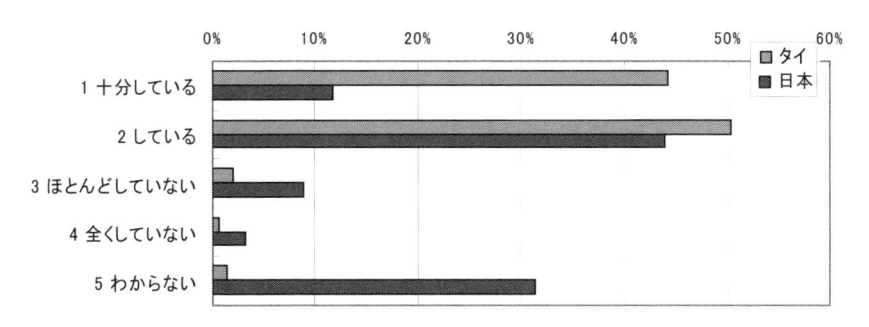

その条件の下に分析すると、タイの方がより積極的であることが示された。「(1)十分している」と「(2)している」を合わせた場合、日本が55.6%であるのに対し、タイは94.4%に達している。特徴的なのが、日本の場合、「わからない」が31.4%を占めている点である。この背景には、タイにおいては、道徳教育が積極的に実施されており、「タイ人らしさ」（クワーム・ペンタイ）という学習内容が各教科に盛り込まれていることが挙げられる。日本の場合には、近年、日本人としての誇りを強調する政策が提起されているものの、国旗・国歌（日の丸・君が代）問題に象徴的なように、国民全体の合意がない状態であるからではないだろうか。つまり、学校現場では、国を愛する心を強調されているにもかかわらず、それに対して違和感を覚えている児童生徒が、少なからず「わからない」を選択したのではないかと思われる。

(4) ローカル-ナショナル-グローバルの各レベルにおける日-タイ児童生徒の市民性

Q16はローカル-ナショナル-グローバルの各レベルにおいて、何を最も重視するのかを問うた設問である。その結果、日本とタイの間には、大きな差異が認められた。

第1に日本の児童生徒は、各レベルのいずれについても、「平和であること」をとりわけ重視している点である。各レベルについて見ると、とりわけ日本の児童生徒は「世界が平和であること」に重きを置いており、全21問のうち唯一、過半数の64.4%に達している。日本の児童生徒の平和志向は、その

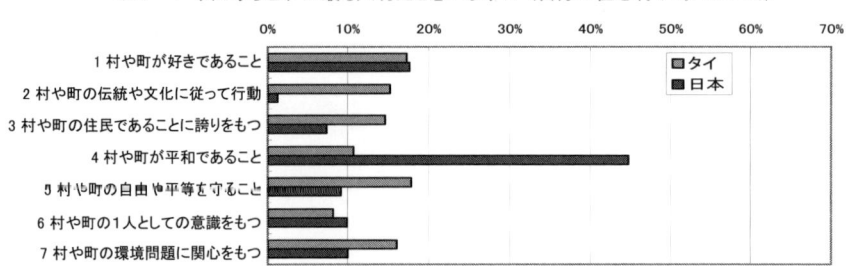

Q16-1 次のうちどれが最も大切だと思いますか（自分の住む村や町について）

1 村や町が好きであること
2 村や町の伝統や文化に従って行動
3 村や町の住民であることに誇りをもつ
4 村や町が平和であること
5 村や町の自由や平等を守ること
6 村や町の1人としての意識をもつ
7 村や町の環境問題に関心をもつ

（タイ／日本）

第10章　日本とタイにおける市民性に関する意識調査結果の比較分析　215

Q16－2　次のうちどれが最も大切だと思いますか（自分の国について）

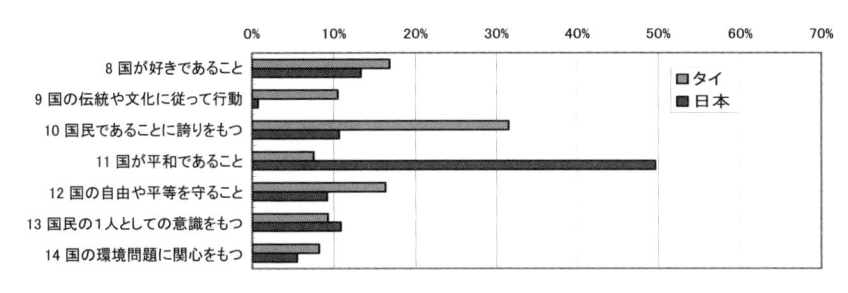

- 8 国が好きであること
- 9 国の伝統や文化に従って行動
- 10 国民であることに誇りをもつ
- 11 国が平和であること
- 12 国の自由や平等を守ること
- 13 国民の1人としての意識をもつ
- 14 国の環境問題に関心をもつ

凡例：タイ／日本

Q16－3　次のうちどれが最も大切だと思いますか（世界について）

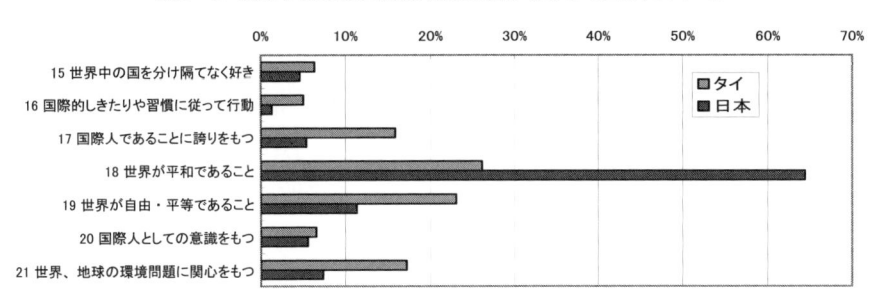

- 15 世界中の国を分け隔てなく好き
- 16 国際的しきたりや習慣に従って行動
- 17 国際人であることに誇りをもつ
- 18 世界が平和であること
- 19 世界が自由・平等であること
- 20 国際人としての意識をもつ
- 21 世界、地球の環境問題に関心をもつ

凡例：タイ／日本

　他の設問からも随所に読み取ることができるが、「平和な状態にあること」を強く望む一方で、「平和の構築に向けて行動すること」に対しては消極的な姿勢がうかがえる。

　一方、タイの児童生徒の回答の中で、日本の児童生徒よりも高い比率を示しているものとしては、差の大きいものから順に、ナショナルレベルの「国民であることに誇りをもつこと」（＋20.8％）、ローカルレベルの「村や町の伝統や文化に従って行動すること」（＋14.0％）、グローバルレベルの「世界が自由・平等であること」（＋11.7％）などがあげられる。

　また、3つのレベルを通して日本とタイの児童生徒の間に見られた差異は、タイの児童生徒の方が、各レベルのいずれについても、「一員としての誇りをもつこと」を重視している点にある。日本人としての意識涵養という問題は、しばしば教育改革や社会問題の俎上に載せられるが、ローカルな住民意

識やグローバルな国際人意識とのバランスについても今後検討していく必要があろう。

　加えて、「伝統や文化に従って行動すること」という項目について、ローカルとナショナルレベルでタイの児童生徒の方が明らかに重視している傾向が見られた。村や町、あるいは国の伝統や文化に従い、その一員として誇りをもって行動することは、市民性に求められる基本的な資質というべきものである。日本の児童生徒が知識・理解の側面で国の歴史、伝統、文化の学習を重視しているにもかかわらず、実際には伝統や文化に従い、一員として誇りをもった行動をする態度にまで結びついていない点に、日本の市民性教育の課題があると考えられる。

(5) ユニバーサルレベルにおける日－タイ児童生徒の市民性

　Q17は、ユニバーサルなレベルにおいて、どのような価値観が大切であると考えられているのかを問うた設問である。この問いの回答においても日本とタイの間に大きな差異が認められた。以下に、質問した20項目について日本とタイの回答を示している。

　日本の児童生徒の70％以上が大切であるとした回答は、順に「(3)自分の考えをしっかりもち、自分を信じること」(78.3％)、「(15)お互いの気持ちを大切にし、人と仲良く暮らすこと」(72.5％)、「(8)国と国とが協力し合うこと」(70.4％) である。逆に30％を下回ったのは、順に「(2)科学的な考えをもち、科学や新しい技術に乗り遅れないで、コンピューターやインターネットを使って生活すること」(25.2％)、「(11)公共や人類にとって役立つことをすること」(29.1％)、「(13)真理（真実、本当のこと）を求めること」(29.8％) であった。

　タイの児童生徒の場合は、上位には「(20)落ち着いて、冷静に判断でき、自分をコントロールできること」(72.8％)、「(10)わがままを言わず、がまんし、強い意志でやりたいことや目標をやり遂げること」(71.3％)、「(6)環境や資源を守り、開発に関心をもつこと」(70.4％) が並んだ。下位では「(13)真理（真実、本当のこと）を求めること」(31.4％)、「(4)世界の文化（生活のし方や行動のし方、習慣）の違いを理解し、大切にすること」(39.2％) の2項目が40％を下回った。

第10章　日本とタイにおける市民性に関する意識調査結果の比較分析　217

Q17　今の社会で生活していくには，どのようなことが必要だと思いますか
（複数回答）

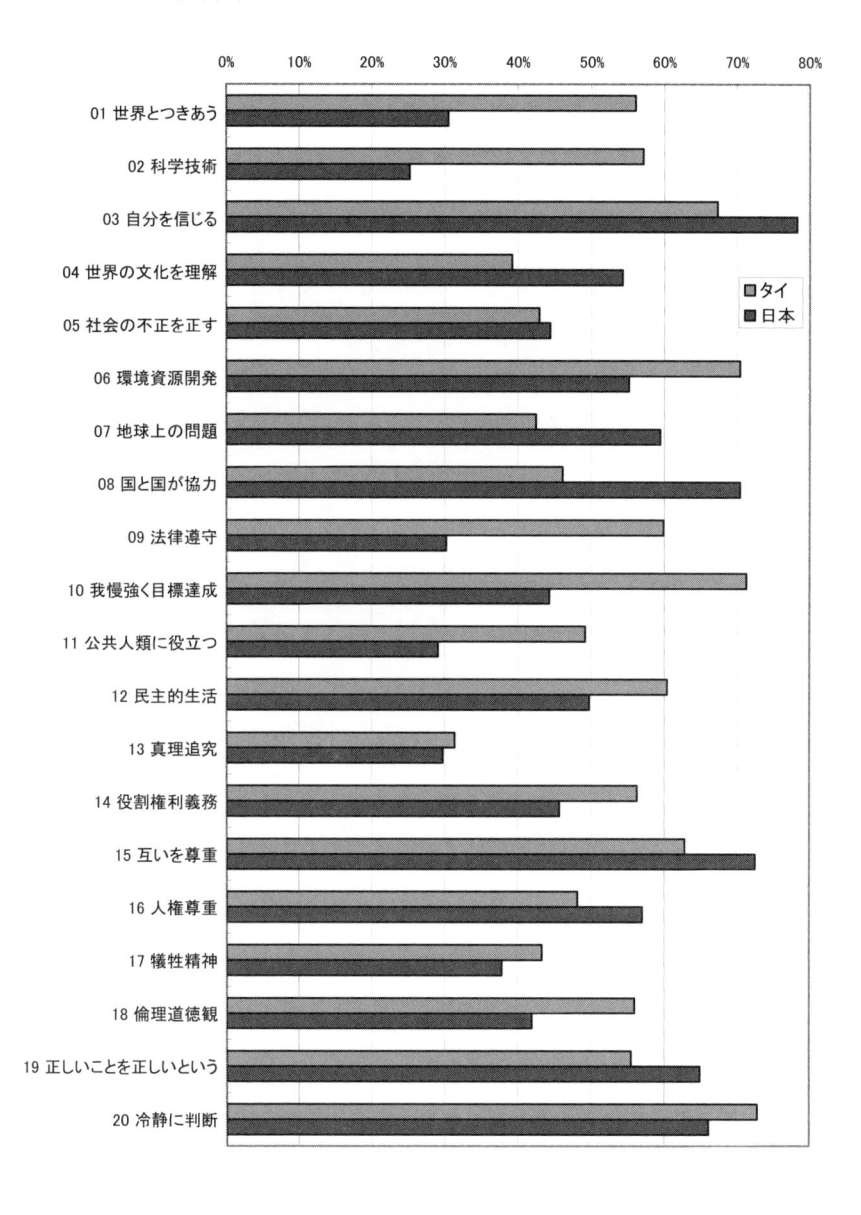

01 世界とつきあう
02 科学技術
03 自分を信じる
04 世界の文化を理解
05 社会の不正を正す
06 環境資源開発
07 地球上の問題
08 国と国が協力
09 法律遵守
10 我慢強く目標達成
11 公共人類に役立つ
12 民主的生活
13 真理追究
14 役割権利義務
15 互いを尊重
16 人権尊重
17 犠牲精神
18 倫理道徳観
19 正しいことを正しいという
20 冷静に判断

凡例：タイ／日本

次に日本とタイの間での差が大きい項目について見る。まず、日本の児童生徒の方がタイの児童生徒よりも多く回答したのは、「(8)国と国とが協力し合うこと」(差異が24.3%)、「(7)地球上にある問題を知ること」(同16.9%)、「(4)世界の文化(生活のし方や行動のし方、習慣)の違いを理解し、大切にすること」(同15.0%)などである。逆に、タイの児童生徒の方が日本の児童生徒よりも多く回答したのは、「(2)科学的な考えをもち、科学や新しい技術に乗り遅れないで、コンピューターやインターネットを使って生活すること」(同31.9%)、「(9)法律を大切にすること」(同29.7%)、「(10)わがままを言わず、がまんし、強い意志でやりたいことや目標をやり遂げること」(同27.0%)、「(1)世界の経済に乗り遅れず、世界とつき合うこと」(同25.6%)の順であった。差異が10%以上の項目で見ると、上記4項目を含めて9項目であった。また、有意な差をもってタイの児童生徒が上回っている項目数は11に達し、日本の児童生徒が上回っている7項目より多かった。

以上のことから、全体的に見て日本とタイの児童生徒の間に大きな差異があること、回答傾向ではタイの児童生徒の方がユニバーサルなレベルでの価値観が強く表れていることが指摘できる。日本の児童生徒の特徴は、国際協力の意義や地球上の問題のような抽象的な問題を重視していることである。タイの児童生徒の特徴は、科学的思考力・科学技術の習得や法律の遵守のような、より実践的な問題を重視していることである。

3 タイにおける仏教徒とムスリムの市民性の相違

質問紙調査の分析にあたっては、各国の属性による差異にも着目した。具体的には、日本については①学校段階別、②地域別(関東、中部、近畿、九州)といった属性間の差異に着目した。タイについては、①学校段階別、②地方別(中央部、北部、東北部、南部)、③都市-農村別、④宗教別(仏教徒、ムスリム)といった属性間の差異に着目した。

紙幅の都合上、各属性間の比較結果を詳細に示すことはできないが、結論的にいえばどの属性間の差異も、日本とタイの2国間比較ほど顕著な差異を

見いだすことはできなかった。ただし、市民性育成という観点から見れば、あまり差異が見られなかった事実こそ着目すべきであるといえよう。各国固有の社会的風土、文化、および市民性育成のための教育といったものが、学校段階や地域差のみならず、宗教の差をも超越して児童生徒の市民性に強い影響を与えていると見ることができるためである。ただし、仏教徒とムスリムの比較については、同様の傾向を示しながらも、部分的に興味深い差異が認められた。本節では、タイにおける仏教徒児童生徒とムスリム児童生徒の回答結果に着目し、とりわけ特徴的な回答を示した設問を比較検討することにより、タイにおける市民性の現状についてより分析を深めていくこととしたい。

(1) アイデンティティから見た仏教徒とムスリム

属性に関する設問F7においては、「あなたの民族」について尋ねた。選択肢は、(1)タイ、(2)中国系、(3)タイ・マレー、(4)その他とした。ただし、設問において用いた「民族」(チュア・チャート)という概念はあまり一般的でなく、「あなたは何人ですか?」とアイデンティティを問う設問として解釈されたことがうかがえる。ムスリム児童生徒のほとんどが、実際にはマレー系であることから、「(3)タイ・マレー」という回答で占められることが予想されていた。

しかしながら、実際には仏教徒児童生徒の場合、「(1)タイ」が96.7%、「(2)中国系」が1.8%であったのに対し、ムスリム児童生徒の場合も、「(1)タイ」が96.1%、「(3)タイ・マレー」が1.1%となった。ムスリム児童生徒においても、「タイ・マレー」ではなく「タイ人」としてのアイデンティティを強く

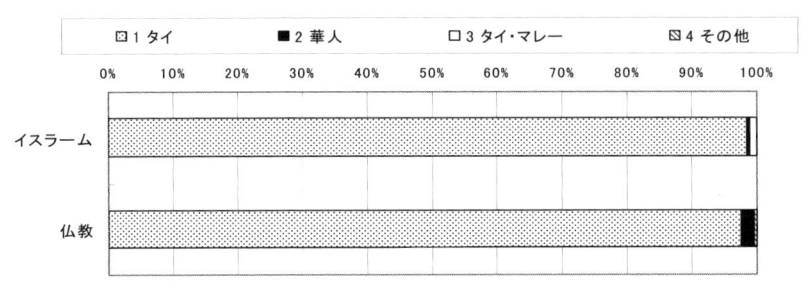

F7 自分のアイデンティティについて(タイ宗教別)

有するものが圧倒的多数を占めているということが指摘できる。タイの学校教育においては、国民統合のための教育として、朝礼時の国旗掲揚・国歌斉唱や「タイ人らしさ」についての学習内容など、教科の内外においてタイ人としてのアイデンティティを高めるための学習が行われてきた。ムスリム児童生徒もまた、こうした教育の対象であり、調査結果はこれを反映したものであると考えられる。

(2) 生き方暮らし方から見た仏教徒とムスリム

　生き方暮らし方について、「お金」と「暮らしの豊かさ」を軸にどのような理解をもっているのかを尋ねた。Q6を見てみたい。まず「お金がそこそこあり、ほどほどの暮らしができればそれでよい」の選択肢を回答したものは、仏教徒児童生徒59.1%、ムスリム児童生徒54.9%と両者とも過半数を超えている。一方で、「豊かな暮らし」を望む回答を比較すると、「お金が十分あり、豊かに暮らす生き方」を選択した児童生徒については、仏教徒が18.4%であるのに対し、ムスリムの場合は12.7%と低い。逆に、「お金がなくても豊かな暮らしができる生き方」で選択した児童生徒は、仏教徒が18.3%であるのに対し、ムスリムの場合は27.1%と高い傾向を示している。

　こうしたことから、タイの児童生徒は仏教徒とムスリムのいずれについても、身の丈に合ったほどほどの生活を志向するものが多いが、両者を比較した場合、ムスリム児童生徒の方が、精神的なものをはじめ、物質的な豊かさ以外に重きを置いているということが指摘できる。

Q6 あなたは次のような生き方．暮らし方のうちどれが最も大切だと思いますか（タイ宗教別）

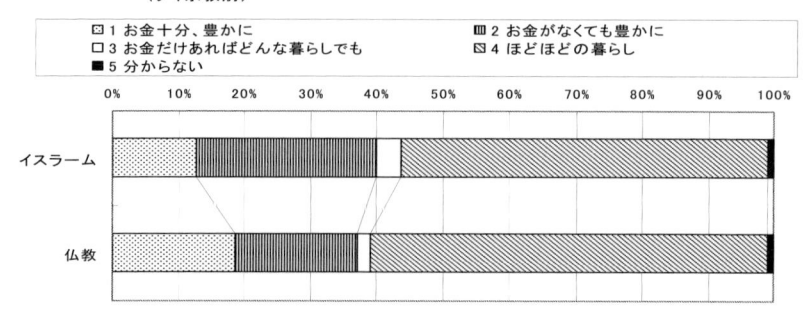

凡例：
- 1 お金十分、豊かに
- 2 お金がなくても豊かに
- 3 お金だけあればどんな暮らしでも
- 4 ほどほどの暮らし
- 5 分からない

Q14* あなたは，自分が信じる宗教（仏教，キリスト教，イスラームなど）の教えを守り，実行していますか（タイ宗教別）

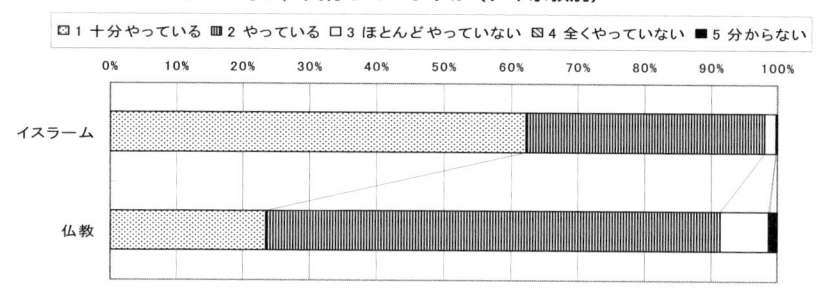

□1 十分やっている　■2 やっている　□3 ほとんどやっていない　☒4 全くやっていない　■5 分からない

（グラフ：イスラーム／仏教）

(3) 宗教実践から見た仏教徒とムスリム

すでに見てきたようにムスリム児童生徒は、物質的な充足よりも精神的な充足を重視していることがうかがえるが、とりわけ重要であるのが日々の宗教実践である。

Q14は、「自分が信じる宗教の教えを守り、実行しているか」という設問である。「十分やっている」と「やっている」を合計した数字を見ると、両者とも90％を超えており非常に高い比率を示している。ただしその内訳は異なっており、「十分やっている」という回答については、仏教徒児童生徒が23.2％にすぎないのに対し、ムスリム児童生徒の場合は61.5％と過半数に達している。

日々の宗教実践は、仏教徒にとってムスリムにとっても重要な活動であることに間違いはないが、ムスリム児童生徒の場合は、そのプライオリティが仏教徒児童生徒に比べて圧倒的に高く、宗教の教えを守っていくことが、精神的な充足につながっていると考えることができる。

(4) 国民としての意識から見た仏教徒とムスリム

仏教徒児童生徒であろうとムスリム児童生徒であろうと、タイ人としてのアイデンティティをもっていることに変わりない。しかしながら、タイ国民としての意識の内実をより詳細に検討すると、両者は明らかな差異を示していることに注目したい。

Q15は、「タイ人としての道徳をまもり、タイ人として誇りをもって生活

Q15 あなたは、タイ人としての道徳をまもり、タイ人として誇りをもってタイ人らしい生活をしていますか（タイ宗教別）

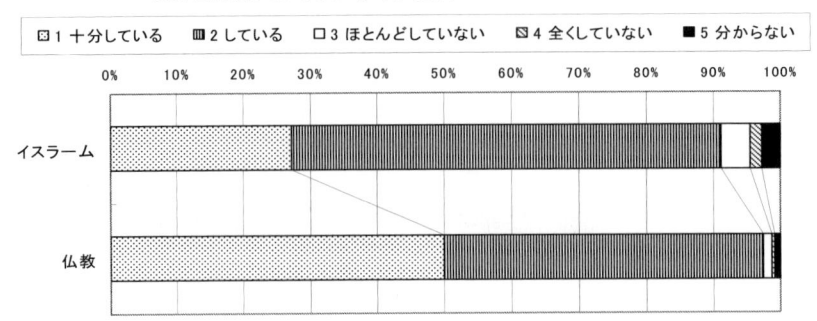

| 凡例: □1 十分している　Ⅲ2 している　□3 ほとんどしていない　■4 全くしていない　■5 分からない |

（イスラーム／仏教　棒グラフ）

をしているか」という設問である。これについても、「十分している」と「している」を合計した数字を見る限り、両者とも90％を超えており非常に高い比率を示している。しかしながら、その内訳については、「十分している」と回答したものは、仏教徒児童生徒が49.3％と半数近くを占めているのに対し、ムスリム児童生徒の場合は26.7％にとどまっている。

さらにQ16のナショナルレベルにおいて、何を最も重視するのかを問うた設問についても、仏教徒児童生徒とムスリム自動生徒との間に明らかな差異が認められた。

まず、仏教徒児童生徒の方が高い傾向を示したものについて見ると、「⑽タイ人であることに誇りをもつこと」（差異が14.0％）、「⑻国が好きであること」（同5.0％）があげられる。一方、ムスリム児童生徒が高い傾向を示したものとして「⑿タイの自由や平等を守ること」（差異が10.1％）、「⒁国の環境問題に関心をもつ」（同7.3％）があげられる。

こうした回答からあえてその差異を強調して指摘するとすれば、仏教徒児童生徒の場合、愛国心やタイ人としての誇りをなかば無自覚に重視し、自信をもってタイ人としての道徳や誇りをもった生活を営んでいるということができる。一方で、ムスリム児童生徒の場合、「国の自由や平等を守ること」や「環境問題に関心をもつ」といったように、国が抱える問題や課題を仏教徒よりも強く意識しつつ、タイ人としての生活を営んでいるということができよう。こうした差異については、ムスリム児童生徒が、さまざまな場面で宗教的マ

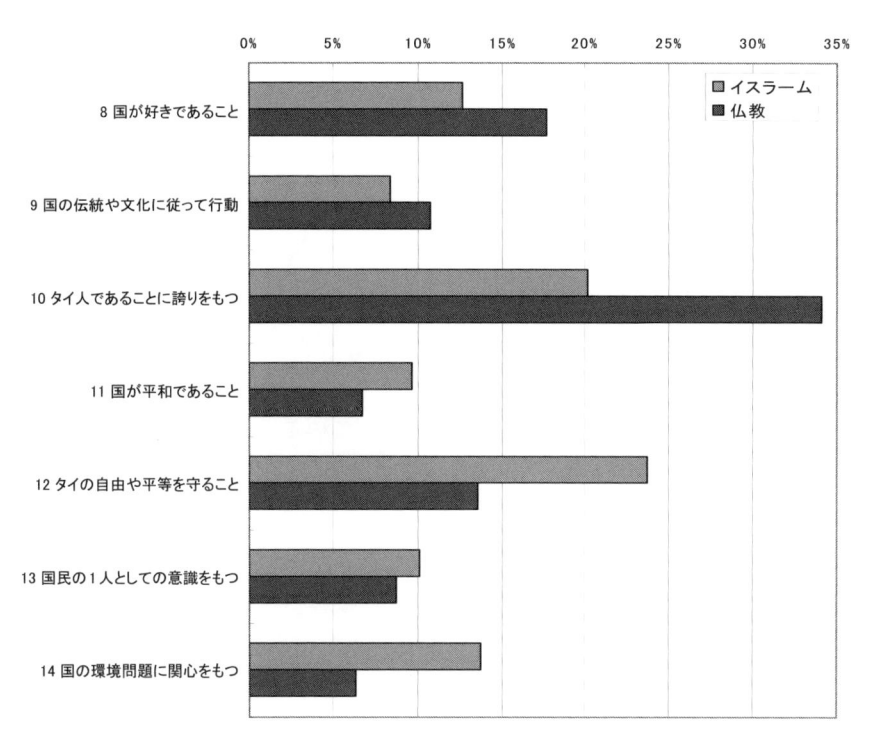

Q16 つぎのうちどれが最も大切だと思いますか－自分の国について
（タイ宗教別）

項目	イスラーム	仏教
8 国が好きであること		
9 国の伝統や文化に従って行動		
10 タイ人であることに誇りをもつ		
11 国が平和であること		
12 タイの自由や平等を守ること		
13 国民の1人としての意識をもつ		
14 国の環境問題に関心をもつ		

イノリティとしての処遇を受けてきたことが影響を与えていると考えられる。

4 本調査のまとめ

　最後に、本調査によって明らかになった諸点について簡潔にまとめておくこととしたい。
　第一に、「知識・理解」面で日本とタイを比較すると、「国際社会」「平和」「人権」などの極めて通文化的で普遍的な概念について、日本の児童生徒はタイの児童生徒よりも豊富な知識と理解があるが、逆に、「相互依存関係」「持続的発展」「社会正義や公正」などのグローバル化時代の社会開発や生活におい

てより具体的かつ実践的な概念については、タイの児童生徒の方が豊富な知識と理解がある。

　第二に、「能力・技能」面について見ると、日本の児童生徒はタイの児童生徒と比較して、社会問題に対する意見表明の経験が少なく、外国語によるコミュニケーションにも消極的な姿勢を示している。その要因として、ほとんどの設問で日本の児童生徒はタイの児童生徒よりも「わからない」と回答する割合が高いことが挙げられる。

　第三に、「価値観・態度」面について見ても、日本の児童生徒はタイの児童生徒と比較して、「問題を、協力しあって解決したり、行動したりできる」「不公正、不平等、差別に堂々と立ち向かっていける」と答える比率が低く、「わからない」という態度保留を示している。また、タイの児童生徒の場合、「タイ人としての道徳と誇りをもった生活をしている」との回答を示すものが95％に達しているのに対し、日本の児童生徒の場合は50％強にとどまっている点も大きな違いである。

　一方、ローカル-ナショナル-グローバル-ユニバーサルの四つのレベルについて、日本-タイ間を比較した場合も顕著な差異が認められる。ローカル-ナショナル-グローバルの三つのレベルともに、日本の児童生徒は、圧倒的に「平和であること」に重きを置いている。一方、タイの児童生徒の場合には、各レベルそれぞれの重要性をバランスよく認識している。とりわけ、村や町、国、国際社会の各レベルの一員として誇りをもつことを重視する態度が示されている。これと比較して日本の児童生徒は、知識・理解の側面では国の歴史、伝統、文化の学習を重視しながら、実際には、いずれのレベルでも伝統や文化に従い、その一員として誇りをもった行動をする態度の形成にまで至っていない点が、市民性の育成にとって大きな課題であると指摘することができる。

第4部
市民性教育に関する提言と学習単元モデル

第11章　タイから見た市民性教育(1)

チャンタナー・チャンバンチョング
（平田利文・訳）

1　背　景

　日本とタイの市民性教育について、2002年度から2004年度にかけて、平田（編者）をリーダーとした日本とタイの調査チームによる共同研究が行われた。この研究は、日本学術振興会の科学研究費補助金によって行われ、質的量的なアプローチが試みられた。その結果われわれは、近年、日本を含めた多くの国が、複雑な社会現象による諸問題の解決を試みていることがわかった。市民性教育の改革がその一つである。同時に「市民性」の範囲はローカル、ナショナル、グローバル社会の三つの次元を含むようになった。日本では、教育課程審議会が、規律、国際理解、ITを利用する能力、環境問題への自覚、社会問題を解決する奉仕精神、インターナショナルなコミュニケーション能力、学ぶ力などを身につけさせるべきであることを提案した。タイでは、1999年国家教育法が公布された。その前文には、教育は、すべてのタイ人が道徳や知性を身につけ、複雑なグローバル社会のなかで幸福になることを可能にする、と述べられている。

　調査チームは共同で調査計画を立て、量的質的な方法により調査研究を進めた。例えば、調査チームのメンバーは、互いのアイデアを提示し、調査のコンセプトを統一した。その両国の研究者が共同で質問項目を作成した。その後、質問紙調査が実施され、日本側のメンバーが、タイのバンコクとピサ

ヌロークを訪れた。その際、多くの学校の観察調査とインタビューも行われ、調査の整理が行われた。その後も、日本側のメンバーは、タイ側研究者を訪れ調査結果について議論を交わした。

2 ピサヌローク市と名古屋市での市民性の観察調査

調査チームのメンバーとして筆者は、すべての調査過程に関係した。特にピサヌローク市と名古屋市での調査には深く関与した。そこで、筆者がピサヌローク市と名古屋市で行った市民性教育に関する調査の一部について報告することにする。

3 ピサヌローク市での市民性教育

調査は、ピサヌローク市郊外の小学校2校と中学校2校で行われた。調査対象となった中学校2校は、グローバル化への対応のため、ITの知識と生徒の学習習慣の向上が試みられていた。一方、小学校は郊外にあるために視聴覚器具とコンピュータの設備が不十分であった。しかし、国や宗教、国王への忠誠などのタイのナショナリズムを強調する伝統的な教育活動は、すべての学校で依然として重視されていた。ピサヌローク市の学校では、英語のコミュニケーション能力は、ナショナル・カリキュラムにおいて強調されているものの、すべての生徒が身につけているとはいえない。それはITの活用能力においても同様である。

また、ピサヌローク市では生徒にインタビューを行った。彼らは基本的人権に対する意識が十分ではなく、教育を受ける権利についてもそうであった。しかしながら、彼らはよいタイ人になること、忠実な仏教徒であること、国王に献身的であることに誇りをもっている。彼らのほとんどはテレビを通じて世界の人々を知っている。しかし、彼らのほとんどは世界の人々と親しくなりたいと思っている。しかし彼らのほとんどが英語を上手く扱えない。また、ほとんどの小学校で教師やITの設備が不足しているので、児童は基本

的なパソコンを使うことができない。中学校の生徒も、学校のインターネットシステムが使えないので、インターネットを使った情報へアクセスすることができない。

4 名古屋市での市民性教育

　名古屋市中心部にある小学校1校と中学校2校を調査した。筆者は、それらの学校と名古屋市教育委員会は、ITに関する知識と英語能力の向上を通して、グローバル化に対応しようとしていると感じた。日本の学習指導要領では小学校での英語を必修としていないが、訪問した小学校では英語教育に取り組んでいた。また、コンピュータも入学時からとても効果的に教えられている。国際化のための英語能力の向上は、名古屋市教育委員会の支援のもとで行われている。名古屋市教育委員会は、英語のネイティブスピーカーを学校に派遣し、すべての小学校で、各学年で少なくとも1週間は英会話の授業を行うよう指導している。

　加えて、調査を実施した小学校は、児童のためにテレビ会議の時間を独自に提供している。テレビ会議は、例えばカリフォルニアの小学校と行われている。また、その小学校には国際資源センターがあり、そこにはタイを含むさまざまな国の本、ビデオ、歌、記念品が置かれている。また、貸し出しも行われ、市民性教育の教材のために使用することもできる。

　中学校では、生徒たちはまじめに進学の準備をしている。彼らはとても勤勉であるが、学校もカウンセリングなど環境の整備を図っている。

　名古屋市の学校では、前記のような市民性教育の機会が提供されているが、名古屋市自身も商業地の中心にインターナショナルセンターを設けている。そのセンターには、日本や日本と交流のある国々の本や視聴覚資料を備えた巨大な図書館がある。そのセンターでは日本や名古屋について学びたい人へ情報が提供されている。

5　市民性教育への提言

　筆者はタイで行われた市民性教育の質問紙調査に関心がある。その調査結果を元に提言を行いたい。データの分析報告は、第10章において行われている。ここでは筆者の視点から提言を試みたい。他の調査メンバーによる提言とは異なる視点からの分析になるかもしれない。その提言は以下の二つの部分からなる。

(1) タイの市民性教育への提言

　まずタイの学校では、インターナショナルなコミュニケーションとITへの対応をねらいとする市民性教育の実践が弱いことである。しかし、政府が1999年国家教育法に則って活動することで簡単に解決されると思われる。また、市民性教育がグローバル化に対応するためには、まず優先的に、'世界平和と調和するナショナリズム'と'人権の尊重'の二つの面が強化されるべきである。

1) 世界平和を志向するナショナリズムを強化すること

　地域性、国家性、世界性の意義について尋ねた場合に、タイの子どもたちはバランスがとれていることが今回の調査では明らかになった。しかしながら、調査結果を見る限り、タイの子どもたちは、日本の子どもたちほど世界平和を志向する傾向が強くないようである。

　ナショナリズムは国家の集団性を助長するのには都合がよい。しかし、タイの教育者たちは盲目的な国家主義、超国家主義へ向かうように子どもたちを強制しないように注意しなければならない。むしろ、ナショナリズムは世界平和に向かうものでなければならない。世界平和に向けたナショナリズムを育てるのに成功した日本の教育は、タイの教育者たちにとって、ナショナリズムや世界平和を教える際のヒントとなるはずである。

2) 人権尊重を強化すること

　調査結果によれば、タイの子どもたちは、「人権」という言葉を日本の子

どもたちほど理解していないことがわかった。これは重要な点である。なぜなら、人権を理解することや尊重することは、地域、国家、世界に調和をもたらすからである。

　タイは、多くの児童虐待、労働搾取、売春業等々、人権を軽視していることについて、しばしば非難されてきているので、教育者たちは、幼稚園レベルから高等教育までの人権教育や人権学習を強化すべきである。日本の人権に関連する教育や特別教育活動のモデルは、タイにおいても効果があるものとして研究され、適用されるべきである。

(2) 日本の市民性教育への提言

　日本の学校では、情報技術の知識や理解の提供が、非常にうまくいっているし、国際的なコミュニケーションの場面においても、適切に行われている。そして、質問紙調査によって日本の学校から収集されたデータを振り返ってみると、筆者は、日本の市民性教育を改善するのに有用な点を見出すことができる。それらは、地域における市民性や世界における市民性を強化すること、中庸と持続可能性という考え方を紹介すること、社会問題の理解と意見の表明を奨励すること、年長者と年少者のコミュニケーションの隔たりを狭めること、科学的な方法で宗教学習を奨励すること、平和教育の実績を維持することの6点である。これらについて、以下に詳細に述べることにする。

1) 地域における市民性や世界における市民性を強化すること

　調査結果によれば、日本の子どもたちは、タイの子どもたちよりも、ナショナリスティックであることが明らかになった。一方で、タイの子どもたちは、地域、国家、そして世界の重要性について質問した際には、これらのバランスがとれている。また、タイの子どもたちは、日本の子どもたちに比べて、地域の伝統の重要性を理解している。

　ナショナリズムは非常に重要なものではあるが、それがスーパーナショナリズムに向かった場合、危険である。それ故、日本の教育者たちは、地域や世界、国家の場合も同様に、それらに対する帰属意識に気をつけることができるように日本の子どもたちを教育するように試みるべきである。

2）中庸と持続可能性という考え方を紹介すること

　高度に進化した科学技術のもたらしたポスト産業世界において、ほとんどの人々が消費者保護運動（消費者主義）や実利主義に転換したのは明らかである。今回の調査結果は、日本の子どもたちは、金銭的かつ経済的に満たされた生活に、タイの子どもたちよりも高い価値を置いていることが明らかになった。

　その現象は、「侵略」である。言い換えれば、軍事力による侵略よりも悪質な経済的な侵略という形になるかもしれない。だから、日本の教育者たちは、「中庸と倹約」という考え方を日本の子どもたちに紹介すべきである。

　中庸とは、望むものがないということを意味しているのではない。それは、恩恵による幸福のような、本当の幸せに導くのである。中庸とは、他者を悩ますことなく、自分自身を幸福にする方法を知ることである。また、持続可能性とは、調和し、自然を守ることと同様に他者と相互依存して生活する能力である。

3）社会問題の理解と意見の表明を奨励すること

　今回の調査結果では、社会問題について論じる際に、意見を表明するタイの子どもたちの数は、日本の子どもたちの数の2倍になることが明らかになった。これは、日本の子どもたちは、世界のすべての人々が直面する社会問題を理解していないことを反映しているのかもしれない。あるいは、彼らは、問題が起こっていないふりをすることで自国は一応満足できる状態にあるから、彼らはそれらの問題を隠したいと思っているのかもしれない。

　無理解であることも問題を隠すこともその国の将来にとってよくない。一般的に、社会において問題があることを人々が理解している場合、それらの問題を解決する準備ができていることになる。隠された問題も、問題がないということを意味しない。問題を隠し続ける限り、それらは存在し続ける。最もよい方法は、日本の子どもたちに創造的な方法で社会問題について話し合うようにさせ、それらの問題を解決する方法を見つけるのを手助けすることである。

4）年長者と年少者のコミュニケーションの隔たりを狭めること

今回の調査結果では、日本の子どもたちは、タイの子どもたちよりも両親や先生以外の年長者に、間違った行いについて話したがらないことが明らかになった。このようなことの理由としては、恐らく、先輩後輩関係といわれる日本の伝統にあるだろう。筆者は、多くの事例を観察した際に、日本の年少者が年長者の前で自らの誤りが出ることを恐れるのをしばしば見ることがあった。

　現代社会は、先生、友達、両親の誰もがコンピュータに晒される時代へと変化しているので、子どもたちは、両親や先生よりもコンピュータランゲージを知っている年長者から、また、同世代の友達よりも人生を知っている年長者から、より多くのアドバイスを必要とするだろう。そのため、重苦しい先輩後輩関係のような伝統的な型は、年少者が年長者とともにより打ちとけて話し合うことを許すような「仲間よしみ」の関係へと移行すべきである。

5）科学的な方法で宗教学習をすすめること

　日本では科学や技術が非常に進歩しているので、子どもたちは、宗教は非日常的なものとたいてい考えている。しかしながら、人間が苦労して生き、その後に死ぬ限り、宗教は今もなお人生にとって大切なものである。中立的な立場や科学的な方法で宗教について教えることは、知ることのない未来への道を照らすのに役立つはずである。しかし、もし宗教が道理的でないままに信仰された場合には、信者は妄信的になり、危険なほどに他の宗教を非難するようになるだろう。だから、日本の教育者は、十分に平和な生活や世界平和に向けた宗教学習を進めるべきである。

6）平和教育の実績を維持すること

　日本の子どもたちは、ナショナリズムや、伝統的な方法の提案、日本人であることを誇りに思うこと、国内の自由や公平、国家への帰属意識、環境問題を解決することへの関心などと比較して、「平和な国家」という言葉に対して、最も関心を払っていることを多くの調査結果が明らかにしている。これは、日本の平和教育はよく成功していることを意味している。それゆえ、日本の教育者は、この状態を維持し、他の国に日本のやり方を勧めるようにすべきである。

第12章　タイから見た市民性教育(2)

スモンティップ・ブーンソムバッティ
（白井史朗・訳）

　本章は、第一に、質問紙調査の結果に基づきタイと日本の児童生徒の考え方の類似点と相違点を明らかにすること、第二に、市民性教育の枠組みを提案すること、そして第三に、市民性教育のモデルカリキュラムを示すこと、をねらいとしている。

1　タイと日本における児童生徒の考え方

(1) タイの児童生徒の考え方

　1) 質問紙調査の結果によると、タイの児童生徒は、以下の学習を望んでいる。
- ローカル、ナショナル、グローバルなレベルの歴史
- ローカル、ナショナル、グローバルな文化と伝統
- バランスのとれた知識と科学
- 言葉、文化、政治のシステム

　この回答を見ると、タイの旧カリキュラムと新カリキュラムの両方が重要な知識を児童生徒に与えていることがわかる。

　2) タイの児童生徒は以下のことについてはよく見たり聞いたりしている。
- 国際社会
- 環境
- 開発

・民主主義

彼らは同時に以下のことについても適度に聞いたりしている。

・社会正義

・平和

・相互依存の関係

・持続可能な開発

・人権

・共存

・相互理解

　以上のことから、タイの児童生徒の市民性教育についての知識と理解力が、行動的で責任感あるグローバル市民としての資質に十分到達しているとは言えないということがいえる。元国家教育委員会の事務局長のルン・ゲーオデーン（Dr. Rung Kaewdang）によると、タイの教育の中身は学習者の日常生活に関連しておらず、暗記学習を重視しすぎだと述べている。そのことは事実であり、新しいカリキュラムが提案される前まで、ほとんどの社会科の教師は教師中心の方法によって、社会内容すべてをひたすら教えていた。

　かつてのタイの社会科の授業は"市民性の伝達"という形をとっていた。そのような学習の目的は、社会科という科目で特定の概念を学ばせ信じこませることであった。基本的には、"真理と知識"は、教師や特定の選ばれた教科書によって獲得されていた。

　3）質問紙調査によると、60％の割合でタイの児童生徒は、手紙を書いたり、インターネットを使ったり、新聞にコメントを送ることで社会問題に対する自分たちの考えを述べたことが一度もないことがわかった。このことは、タイの児童生徒の多くは、社会問題にあまり注目せず、自分の意見を多くの人々の前で表現するのが苦手で、クラスで社会問題を学び話し合うチャンスがないことを示している。

　4）タイの児童生徒は正しかろうが間違っていようが、友だちには正直な意見を話すことができると回答している。これは、彼らの両親は子どもとの間にジェネレーション・ギャップをもっているからであるか、または子ども

と話したり、子どもを教えたりする時間がないからである。だから、教室でグループをつくったり、協同で作業をしたりすることは、よい方法であろう。さらに、教師と両親は子どもにより注意を払うべきである。

　5）タイでは、世界で平和に暮らし、異なる文化や異なる民族の集団と住むことができると考える者が、わずか50％しかいなかった。このことは、戦争、対立、テロ、災害などを伝えているメディアの影響かもしれない。教師は、グローバルな問題、グローバルなつながりや多様な観点、文化の多様性を教えるべきである。

　6）現在社会で生きるためには、タイの児童生徒は以下の項目が必要だと考えている。
　・自分自身の考えをもち、自分自身を信じる。
　・自然の資源を保存し、環境を守り、開発に関心をもつ。
　・我慢強く、自分勝手にせず、自分の到達点に達し自分がしたいことをするため意思を強くもつ。
　・落ち着いて判断し、自分の道を進み、自制心をもつ。
　このことは、仏教やイスラームの教え、先生や両親の教え、メディアからの情報に起因しているかもしれない。

(2) 日本の児童生徒の考え方

　1) 質問紙調査の結果によると、日本の児童生徒の考え方は、以下のことについて学ぶことを望んでいる。
　・国の歴史
　・世界の文化と伝統
　・バランスのとれた知識と科学
　・言葉・イデオロギー・政治システム
　この結果は、日本の児童生徒は日本の歴史や世界の文化と伝統を知りたがっていることを示している。タイの児童生徒は、これらの事柄についてローカル、ナショナル、グローバルなレベルで知りたがっているので、タイの児童生徒に比べると、日本の児童生徒はバランスを欠いているといえる。

2) 日本の児童生徒は以下のことについてよく見たり聞いたりしている。
　・平和
　・環境
　・開発
　・人権
　・民主主義
　・国際社会
　一方、彼らは以下のことについて全く見たり聞いたりしてこなかった。
　・共生
　・社会正義
　・国際関係
　・持続可能な開発
　・相互文化理解
　以上の結果から、タイと日本の児童生徒は共に、環境、開発、民主主義、国際社会について、とてもよく見たり聞いたりしていることがわかった。しかし、日本の児童生徒はタイの児童生徒より平和と人権についての考えを強くもっている。このことは、学校での日本の歴史教育が、日本の児童生徒に「平和」と「人権」の原因と結果について効果的に教育してきたからであろう。しかし、日本の市民性教育の内容として、共生、社会正義、国際関係、持続可能な開発、相互文化理解も含むべきである。
　3) 手紙を書いたり、インターネットを使ったり、新聞にコメントを投書することにより、社会問題に対する自分たちの考えを表現することがほとんどない児童生徒が、日本の場合約8割弱いることがわかった。
　4) 日本の児童生徒は、正しかろうが間違っていようが、両親に対し意見を正直に言うことができる。明らかにタイの児童生徒と違う点である。それは、日本の両親は、タイの両親よりよい子育ての文化をもっているからであろう。さらに、若い日本人は両親には素直で、両親を信頼しており、尊敬の念をもっている。
　5) 地域社会、国、世界の問題を他人と協力して解決することができると

考えているものは、日本では3割しかいなかったが、彼らは、誤った問題や不正に立ち向かうことができ、異なる文化もしくは異なる民族グループと生活することができると考えている。このことは、協同学習、社会調査、模擬実験、ロールプレイング、などを市民性教育の学習方法として導入すべきことを示している。

6) 日本の児童生徒は、現代社会で生活するのに重要なこととして以下のものを選んだ。
・自分の考えをもち、自分自身を信じる
・2国間の協力
・他人の気持ちを気使い、平和で幸せに暮らす

このことは、若い日本人が自分の考えや自信、国と国の間の相互依存関係をとても大切だと考え、他人の気持ちを尊重し、平和な心をもっているということを示している。

2　市民性教育の枠組み

グローバル化は、世界のどの国でも民主主義社会、グローバル経済、知識基盤社会や文化の多様性、国と国の相互依存関係などの方向へと向かわせている。グローバル化にさらされているどの国も、市民性教育において、積極的で責任あるグローバル市民性をもつ若い人々を教育すべきである。従って、タイと日本両方の市民性教育は、ローカル、ナショナル、及びグローバルなレベルにおいて社会で有効な役割を果たすため、児童生徒に知識・理解、能力・技能、価値観・態度を提供しなければならない。

タイと日本の市民性教育が含むべきもの
  1) タイと日本の両国が含めるべき知識・理解
   ・グローバル化と相互依存関係
   ・民主主義
   ・文化の多様性

- 持続可能な開発
- 環境
- 平和と争い
- 人権
- 社会正義と公正
- 法律
- 世界問題

特にタイでは、知識・理解として次のものを強調すべきである。
- タイらしさ
- 地方の知恵
- 家族関係
- 文化間の違い
- 平和
- 人権
- 足るを知る経済

また、日本では、知識・理解として次のものを強調すべきである。
- 民主主義
- 持続可能な開発
- 文化間の違い
- 役割、権利、義務
- 社会正義
- 世界問題

2) 市民性教育の技能・能力としては次のものを開発すべきである。
- 批判的思考
- 政治参加
- 協力と対立の解決
- 消費者よりも生産者になる能力

- コミュニケーション能力
- 正しいことがいえる能力
- 有効な議論をする能力
- 間違った社会の問題に対処する能力
- グローバルな問題や世界の問題を考察する能力

3) 市民性教育の価値観・態度としては次のようなものを開発すべきである。

- 自己概念
- 自己開発
- 地方の知恵に関する意識
- 文化の多様性に関する考え方と尊敬
- 環境への関心
- 公共の利益への関心
- 社会正義へのかかわり
- 持続可能な開発へのかかわり

3　市民性教育のためのモデルカリキュラム

1) 市民性教育のモデルカリキュラムはJ・コーガンが提唱した通り、"グローバルな志向のカリキュラム"にすべきである。なぜなら市民性教育の目標は、与えられた社会政治的範囲の文脈内で、よい決定をする能力として定義される"積極的で責任あるグローバル市民"を準備することであるからである。本質的に、その方法は、民主主義的な意思決定のプロセスや価値、協力の促進、共同作業、学んだものをローカル、ナショナル、グローバルなレベルへ適用することを促す児童生徒中心のやり方である。

2) 学校での市民性教育のカリキュラムが含むべきもの
　　①以下のものについての教育実践
　　　・民主主義
　　　・平和

・人権
　　・多文化理解
　　・環境問題
　　・持続可能な開発
　　・グローバルな問題
　②市民としての義務、責任、権利
　③個人や社会についての価値観
　もし、教師がこれらの要素や問題を社会科に導入すれば、市民性教育は発展し、カリキュラムの目標を達成するだろう。
　3）社会科教師のための市民性教育の方法と近道は、協同学習と地域社会を巻き込む事業を促進する児童生徒中心の活動をすることにある。
　ロティエール（J. Rottier）とオーガン（B. Ogan）の著書 *Cooperative Learning in Middle-Level school*（1991）は、協同学習の優れた点について触れているが、この協同学習に関する調査は広範囲にわたっている。中等教育段階の生徒にとって次の点において重要な意味をもっている。
　・協同学習は、高い成績を達成する傾向にある。これは特に、平均の生徒と理解の遅い生徒に当てはまる。協同学習は成績のよい生徒に使われると時に批判されることがあるが、同時に、これらの生徒にはよい成績を取り続ける方法であることがわかっている。
　・協同学習は、合理的な戦略の使用をより促進する。生徒が他人との相互作用を必要とする時、彼らは問題解決能力を促進する。
　・協同学習は、生徒間の積極的な関係を促進する。これは、男女の生徒の広い集まりの相互作用を始めるとして、特に中級レベルの生徒が男女間でより広い範囲で交流するのに有益である。
　・協同学習は、問題に対してより積極的な態度を促進する。多くの中級レベルの生徒は、問題に一人で直面するとき欲求不満をもつが、他人と話し合うことで欲求不満を減らし、よりよい関係を築くことができる。
　・協同学習は、より高い自己尊重を促進する。他人との積極的な関係を築くことや高い確率で成功することは、中級レベルの生徒の自尊心を助け

る。

　協同学習は、中級レベルの教師にティームティーチングと学際的な活動を創造する機会を与える。それは、到達目標、内容、知識、性質、価値、行動、技能を明らかにするための枠組みを提供してくれる。

　協同学習は、民主主義社会における多くの原理原則を具体的にしてくれる。中級レベルの生徒が個々の権利と市民としての責任や義務との関係を理解するので、共同で行う活動は、未来の市民としての役割について気づかせる。

　また、バンクス(J.A. Banks)とクレッグ(A.A. Clegg)によって開発された、次のようなガイドラインが有益である。

1. 地域社会が、生徒に政治意識を育てる機会を提供すべきである。
2. 地域社会が関与する前提条件は問題について注意深く学習することである。
3. 教師、行政官、両親、コミュニティリーダーが、プロジェクトを導入する前に相互協力することが必要である。
4. 中等学校の環境や教育計画が、当該プロジェクトに適合したものでなければならない。
5. 生徒は、自分たちの行動の結果が、どうなるかを認識していなければならない。
6. 地域社会の関与は、意味あるもので、個人や地域社会の関心と結びついたものでなければならない。

さらに、別の方法として以下のような方法が考えられよう。

・グループディスカッション
・ロールプレイ
・シミュレーション
・地域学習
・学際的な学習
・事例学習
・ゲーム
・筋書き

・野外実習
・調査
・問題解決
・筋（storyline）
・組み立て

　これらの方法は、社会科の中で、児童生徒に歴史的・政治的・文化的意味をもつ多様な考えがあることを経験させてくれる。これらの方法によって、児童生徒は世界の知識、実際の生活技術を手に入れ、グローバルな観点から問題や出来事の見方を経験することができ、結果的に、信頼できるグローバルな市民性を獲得するであろう。

第13章　タイから見た市民性教育(3)

サムリー・トーンティウ
（長光孝正・訳）

本章では、以下の六つの観点から、タイにおける市民性教育の将来的な方向性について考察する。

(1)質問紙調査結果
　これは、適切な知識・理解、能力・技能、価値観・態度について、タイの児童生徒を対象に調査したものである。
(2)文化的多様性ならびに真理探究の必要性に関する児童生徒の無関心さについて
(3)社会問題に関して意見を表明する際、児童生徒が一般に用いる方法
(4)文化的多様性の取扱い、ならびに形式的知識と現実のギャップを穴埋めることに関する教師の準備不足
(5)タイと日本の市民性教育に関する比較研究がもたらしたもの
(6)本レポートを終えるに当たり、これまで示されてきたタイと日本の市民性教育についての提言

1　質問紙調査結果

　まず、市民性の特色に関する情報を示す。これは、タイの児童生徒2,469名をその調査対象としている。彼らに対する質問紙調査は、2003年に実施された。より明確に述べれば、調査チームが事前に予測した「よき市民であることを示す3つの関連要素」を構成する資質、すなわち適切な知識・理解、

能力・技能、価値観・態度を、児童生徒が一定の水準まで有しているということが、統計的分析結果から明らかとなった。以下、各要素について検討する。

(1) 適切な知識と理解

タイの児童生徒の大多数は、歴史を学ぶことの必要性を唱えている。それは、ローカルレベルから町・国、そして世界レベルに至るまでの歴史である。彼らはまた文化や伝統を理解する必要性についても関心を表明している。それは、あらゆる段階、つまり村落レベルから世界レベルに至るまでの伝統や文化である。問4に対する回答は、なぜそうした必要性が唱えられているのか、についての理由を説明しているようである。大多数の児童生徒は、ローカルな知識については、既に習得済みであるとの考えを示している。従って、他地域、特に他国の人々が有する知識を学ぶことがより必要である。先進科学や技術に関する知識が、ローカルな知識とのバランスをよりよく保つ為に必要とされている。要するにタイの児童生徒は、自国文化と世界の文化を同時に学ぶことの必要性を主張している。

(2) 適切な能力と技能

非常に多くのタイの児童生徒が適切な能力を有していた。それは問13に提示されたもので、例えば以下の点に関してである。

・将来における生活水準改良に関する能力
・世界において平和に生きるための能力
・情報社会に適応するための能力
・他者に頼ることなしに自己決定できる技能
・あらゆる段階での問題解決における協力的技能

大多数の児童生徒が、少しのお金で節度ある生活を営む方法を知っているということには注意が必要である。さらに、現在タイにおいて、よき市民として不可欠なものとして児童生徒があげたのが、異なる民族集団とともに異なる文化の中で生きていけるということであった。最後の二つの質問は、問14と14-1についての結果に関連して最も端的に説明しうる。すなわち、調査対象となったほとんどすべてのタイの児童生徒は仏教徒であり、毎日宗教的実践を行っている。

(3) 適切な価値観と態度

　多くの児童生徒が、21世紀における「よき市民として必要なもの」という言葉を、「頻繁に見聞きしている、もしくは最近見聞きした」と回答している。問7に示された11の用語すべてに関して、およそ8割のタイの児童生徒が、'環境'という言葉を頻繁に耳にしたと指摘している。このような概念は、環境保護を強調する市民性教育の授業においてではなく、あらゆる問題の基準として強調されてきたわけある。たとえば、科学や技術・社会科学の基準として、さらには職業的基準としてである。教室で提供される問題に加えて、新聞やラジオといった非公式の教育チャンネルを通じて、児童生徒は環境問題にさらされてもいる。

2　文化的多様性ならびに真理探究の必要性に関する児童生徒の無関心さについて

　文化的多様性、とくにイスラーム文化と仏教文化間の多様性に対する児童生徒の無関心、すなわちその知識や態度の無関心さについての議論である。この問題に関しては、タイの児童生徒のスコアは非常に低かった。

　こうした現象については、少なくとも二点説明を加えることが可能である。

　一点目は、正規並びに非正規のカリキュラム実践――それは、今日の議論をより深く理解するため、社会活動に従事する機会をタイの児童生徒に供与するものだが――に関して、充分検討されていないということである。こうした問題についての議論は、タイの市民性教育の一部として注意深く取り扱われねばならないし、標準的な講義方法によるよりも、相互学習活動の範疇において、より実践されねばならない。付け加えるならば、大多数の仏教徒の児童生徒は、たとえ宗教や文化が異なろうとも、通常互いに対等なものとして行動する。要するに、彼らの考えでは、タイではこうした文化的相違のようなものは存在しない。従って、本質問を重要なものとして取り扱うことはできないのだが、この問題に関する児童生徒の無関心さを示すものとして誤った解釈が加えられうるわけである。

　二点目は、厳格な社会活動を実践しようとする思いが、しばしば主要学問

分野、すなわち、数学や科学・言語学の分野において高いスコアを達成するうえでの圧力となりうるということである。教師も児童生徒も、こうした教科に"より"注意を払いがちである。従って、文化的相違についての諸問題に関して、洗練された授業を準備することは教師にとって容易なことではない。そして、それはちょうど"人権"や"真実の探求"といった他の社会的諸論争についても同様である。加えて、児童生徒にとって、こうした文化的相違に関する刺激的議論を、専門家による適切な指導なしに自己の社会的経験によって理解することは適切とはいえない。というのは、これらの問題はあまりに複雑で、政治的な知識背景を必要とするからである。もちろん、西洋植民地勢力やシャム人の王たちといった外的権威から解放されようとする「イスラーム教徒の長期にわたる闘争の歴史」についての知識が必要なのは言うまでもない。それ故に、タイの児童生徒がこの特別な問題に関して、低スコアであるのは驚くべきことではない。

3 社会問題に関して意見を表明する際、児童生徒が一般に用いる方法

タイの児童生徒が自己の意見を伝えるために用いる表現法に関しては、一般に友人同士で気軽にお喋りをすることが、仲間同士で社会問題について自分の気持ちを伝える唯一の方法であるように思われる。調査結果ならびに、彼ら若者とともに働いているわれわれの経験に基づいて考えるなら、社会問題に関してタイの児童生徒は、決して自己の気持ちを正直には表さない。しかしながら、実は、彼らは意見を共有することについては積極的である。それは、まず友人間での共有であり、次いで両親、さらに50％以下ではあるが教師、20％以下が政治家との意見共有である。前述したように、社会的諸論争に関して自己の意見を十分批判的に表明し考慮するために、児童生徒は論争項目やその起源を理解する必要があるし、賛成側の立場だけでなく、反対側の立場についても理解する必要がある。児童生徒は実質的な経験を伴う知識背景を十分には有していないが故に、友人以外とは自己の関心を共有しようとする気持ちになれない。

4 「文化的多様性の取扱い」ならびに「形式的知識と現実のギャップを穴埋めすること」に関する教師の準備不足

　正規の教育制度のもとでの教師による学科知識が非正規の制度よりも権威づけられていない場合、社会活動に児童生徒自身が直接携わるような経験的学習を通して、市民性教育は実践される。'グローバル・シチズンシップ（地球的市民性）'の特色に関する重要性や特有の働きについて適切な回答を行った大多数の児童生徒は、教師がその問題とはほとんど関係をもたなかったことを指摘している。このような状況は、市民国家・社会に特有のことである。それは、ちょうど「自己持続可能な経済」や「よき道徳観」、「信頼できる政治」や「文化的多様性のもつ寛容さ」についての認識や意識が、新聞やラジオの論評、さらには王室によって駆り立てられるのと同様である。「学校の教師が、必要とされる市民性の資質を教授したかどうか」に関する回答では、ほぼ児童生徒の半数が問17中に記されたほとんどの項目に否定的であった。教師と児童生徒の間には、コミュニケーションならびに信頼感が不足しており、それが全体として、児童生徒と社会の間に存在する大きな溝の原因となっている。こうした状況に対応して、最も重要な社会的論争について、児童生徒の大多数が消極的な姿勢を示す。彼らが問題に直面し敢えて意見を述べる際は、普通、身近な友人たちから答えを引き出す。

　しかしながら、その友人たちというのは十分バランスのとれた経験を有してはおらず、お互いを適切な方向に導くことなどできないような人たちである。

5　タイと日本の市民性教育に関する比較研究がもたらしたもの

　3年間にわたり、タイと日本の調査メンバーは2国間の市民性教育に関する比較調査研究を行ってきた。この共同調査により、両国の市民性に関するカリキュラム内容および教室での実践の比較を通して、知識と経験の共有が可能となった。われわれの経験は、日本の実践についての理解を大いに高め、同領域でわれわれ自身が抱える現代の問題についての視野を広げさせてくれた。こうした知見は、市民性教育——それは、「現カリキュラムをいっそう

発展させること」「よりよい教師の提供」「教室での相互学習の促進」「特定科目における世界市民の価値についての地球的・国際的展望」を包含するものだが——のよりよい改善について、われわれの関心を喚起する。

6　タイと日本の市民性教育に対する提言

1) 現在の市民性教育プログラムにおいて提供されている内容が、再構築されねばならないというのは明白なことである。そうすることで、児童生徒が望み必要とした知識・理解、能力・技能、価値観・態度といったものが彼らに提供されることとなる。すなわち、授業において取り扱われねばならないのは、「人権や世界的問題、環境保護、世界的国際的文化や法律上の諸権利に関する知識・理解」、さらには「社会参加や奉仕、文化的相違に対する関心といった事柄についての価値観や態度」「国際協力に関する能力や技能」「真実の探求において自己の意見等を他者に示すための能力」といった事柄である。しかしながら、サムタワニット（Samuthawanich）とワシー（Pravej Wasee）によって指摘されたように、すでに与えられてしまった知識・理解、能力・技能、価値観・態度は、市民性教育に関する基礎的普遍的概念背景を考慮しつつも、即座に社会的懸念事項に対応しなければならない。市民性教育は、学生自身やその日常生活に関係した事柄に基づいて立案されねばならない。これは、最も重要な問題として自己認識したことを思案したり解決する際、通常、人はその関心に応じて行動するという仮定に基づく考え方である。

一つ言及しなければならないのは、「文化的相違や人権といった重要な問題ごとは、授業で強調されない」ということである。それは、特にタイ南部の人々に典型的である。問題は、真実を導くために十分に分析されるとともに、受諾可能な具体的ゴールに向かって方向づけられねばならない。こうした問題に関する知識・理解、能力・技能、価値観・態度は、児童生徒が責任ある市民としての役割をより理解できるように方向付けられねばならないし、タイ人の中に存在する対立を宥和できるように方向付けられるべきである。

2) 市民性教育の成功にとって重要なのは、その内容がよりよく立案され

ていることに加えて、教授（教育）の質に他ならない。この点に関して他国でしばしば指摘されるのは、児童生徒に協働を求める協同学習活動が、「リーダーシップや問題解決、意思表明、寛容、礼儀正しさ、信頼性」といった能力を高めることになる。さらに、さまざまな行動学習法は、市民性教育に必要とされる立案能力や理解力の実践に効果的である。また事例学習分析や相互集団討論、プロセスを重んじる技能、社会参加、奉仕学習、ポートフォリオ法、経験学習技術などが、学生に応じた到達水準向上に有効であることも立証されている。こうした各技法は、講義や資料提示といった受動的教授法に対して、知的行動学習と見なされている。

　3）市民性教育はいっそう盛んに取り扱われねばならないが、現状はタイで見受けられるように、国のカリキュラムにおける社会科や宗教文化の学習の一例にすぎず、他科目に比してその地位が非常に低い。市民性教育は、学習の中核となるべきである。特殊な教科の一部、もしくは日本のような独自教科、あるいは西洋諸国の多くでなされたような他の科目内容に組み込まれたものであってはならない。カリキュラムの全8領域において与えられた知識や技能が、市民性教育特有のテーマに関連しており、それを通して選択された諸問題についての理解が深められねばならない。児童生徒に良質な市民としての役割についてより明白に理解させながら、十分な知識や技能を提供しなければならない。

　4）十分な時間と資金供給が行われなければならない。そうすることで、先に言及した慣例にとらわれない学習法、とくに奉仕学習や社会参加学習が効果的に実行されうる。奉仕学習法や社会参加学習法、そしてロールプレイ法が市民性理解に関する実践並びに知識を提供する上で"非常に効果的な道具"であるということが経験上多数指摘されているが、教師にはこうした方法を実践するのに十分な時間も予算もない。指摘された良質の教授法並びに諸方法を実行するために、もっと多くの時間と資金が十分に与えられなければならない。そうすることで、よりよい結果が導き出されうる。

　5）市民性の資質について焦点となるのは、行動訓練の形式もしくは知識の方向付けに関して、より一貫性があり、かつ持続的でなければならない。

通常、そうした資質は2、3時間の授業で教えられるが、児童生徒の長期にわたる行動や態度に心から衝撃を与えるほどのものではない。最も悪いのは、それがしばしば一度限りのイベントとして児童生徒に提供されることである。それは、著名な政治家や地元政治家が、これこれしかじかの資質や態度は強調されるべきであると主張するときに、いつも見受けられる。具体的に言うならば、たとえば人権に関する態度は、ビルマ人避難民への虐待のような重大事件が発生した際に注目される。しかしながら2、3日もすれば事件が忘れられ、こうした態度について強調されていたことも忘れられてしまう。このことからわかるのは、もし、実践に効果があり、それが児童生徒に衝撃を与えるものならば、教師や良識ある市民は、その持続的強調を図らねばならない。一週間にわずか2、3時間、単なる一単元として市民性教育に取り組むことは、この分野の成熟した発展にとって明らかに不十分なものである。

　6）教師は、市民性教育への理解を深めるために必要な知識を身につけなければならない。それは例えば、政治的知識、すなわちタイと日本における政治制度の特徴・民主的制度の構造・人権といったことについてであり、社会・環境問題に関連する国家的・宗教的・世界史的事件についての知識である。また講義形式を変更するために、教育・学習技術が再立案されるべきである。さらに家族・宗教制度・報道・地域社会といった多くの制度が、公式カリキュラム——それは児童の日常生活に関わる諸問題を包含するものであるが——に関連する学習プロセスに含まれる必要もある。そして集団討論の技法には、児童生徒間の賛否討論を反映するような機会を用意することが求められる。この方法によってのみ、児童生徒は健全な意思決定をするためのバックグラウンドをもちうる。

第14章　日本人研究者による日本・タイの市民性教育への提言

平田　利文

　本章では、研究分担者（日本チーム）の報告で明らかとなった点に基づき、日本とタイ両国に対し、今後検討すべき点や改善すべき点等についてまとめることとする。その際、理論分析、政策分析、カリキュラム分析、教員養成の分析、質問紙調査の結果分析、といった観点から提言を行いたい。

1　理論分析からの提言

　本書では、理論研究として、アメリカ、イギリス、オーストラリアにおける市民性教育研究の分析、グローバル化と市民性教育についての分析を行った。それらの考察からは、日本、タイを問わず、一般論として、いくつかの総括的かつ包括的な提言が導き出された。

　第一は市民性概念についてである。シティズンシップは西洋において使用されてきた概念であり、現在においても複雑な議論がある。また、市民性をめぐる教育の動向も、広範囲にわたっている。市民性をめぐる議論は、①政治思想または政治的ビジョン、②教育的ビジョン、③教育内容および社会像、④教育制度および教育的条件、⑤子どもの認識、など多くのレベルに及んでいる。従って、市民性の概念は、最初から固定的・強固なものとしておくのではなく、ゆるやかに定義しておき、調査・研究をすすめる中で新しい側面を見出し、意味を考察し、全体像を見渡した上で再度、日本的市民性、タイ的市民性、あるいは西洋的市民性、グローバル市民性の特徴を考察すること

が必要であろう。

　第二には、市民性教育に関与する者は、広い視野で検討することが重要である。市民性教育とは、様々なレベルにおいて行う教育であるから、教師は全体的視野に立つことが求められる。教師は、自分自身がよしとする市民像だけでなく、全く別の市民像について、また市民性の依拠する理論的背景について、さらには取り扱う教科やその取り扱い方など市民性教育の制度的側面について広く見渡す必要がある。教育政策の担当者は、自国の教育制度だけでなく諸外国の教育制度、子どもの態度や教師の教育観なども視野に入れて吟味することが重要であろう。また大人たちは、子どもたちに対して無意識的に与えている価値観や考え方を自覚することも重要である。

　次にグローバル化と市民性教育との関連からは、現在のグローバル化現象は、結合性、多次元性、単一性、流動性、再帰性、脱テリトリー化、不均等性という7つの特質をもつことが指摘された。このようにいろいろな要素をもつグローバル化は、確実に速度を速めている。現在我々はこのような状況に置かれていることを強く自覚し、今どのような流れの中にいるかを常に確認しなければならない。

　また、市民性の概念については、特に、多民族化・多文化化が進行するグローバル社会においては、これまで普遍的とされてきた市民性すら既に、諸現象を正確に説明できないような状況となっている。差異化された市民性、多文化主義的な市民性、フレキシブルな市民性などといった、新たな市民性の概念が検討されている。つまり、どのような状況をも説明でき、バランスがとれた市民性の概念が模索されているといえる。

　第1章では、市民性の資質として、敢えて特定のものに絞り込んで提案することはしなかった。市民性というものを緩やかにとらえた。作成した資質表は、どの部分が重視されているのか、あるいはどの部分が重視されていないのか、どの方向を進んでいるのか、または進もうとしているのかをチェックできるという利点をもっている。バランスのとれた市民性教育を組み立てることができよう。従って、本研究の提案する市民性は、ルースリーな構造をもつ市民性 (Loosely Structured Citizenship) と言えるかもしれない。

2 政策分析からの提言

　60年代以降から現代までの教育政策の分析から、タイでは、グローバル化対応の施策を進める一方で、タイ的価値観に基づく政策も同時並行的に行われていることが明らかにされた。すなわち、グローバル・シティズンシップを志向する市民性教育と、国家主義的な教育を志向する国民教育が同時に行われている。コーガンらの研究でも、精神性の部分を市民性の資質として認めるかどうかについて議論がわかれ、結局、これらの要素は排除された。しかし、今回の我々の研究では、タイの共同研究者の分析でも、タイ人らしさやタイ人としての誇りなど、国家的色彩をもつ要素が市民性の資質と考えられている。日本でも、グローバル化を意識しつつも、日本人の育成という国家主義的色彩の濃い国民教育が意識されている。要するに、グローバル化対応の教育と伝統的な国民教育を分けて捉えるか、あるいは一つのものとして市民性教育と捉えるかについては議論が分かれるところであるが、いずれにしても二つの要素が存在しているのがアジア諸国の特色であることが明らかとなった。

　ところで、市民性教育には三つのタイプが考えられるであろう。第一のタイプは、純粋な意味での欧米型の市民性教育、第二のタイプは、国民教育的な要素が融合・昇華した市民性教育、そして第三のタイプは、欧米型の市民性教育と国民教育が混在・併存した教育である。

　日本の場合は、「21世紀日本の構想」報告書や中央教育審議会答申などを分析する限り、第三のタイプにあたると考えられる。「新自由主義と新保守主義の連携」という分析を市民性教育の文脈に置き換えると、「グローバリゼーションに対応した新自由主義的な競争社会における能動的で自律的な市民性の教育」と「その結果生じる社会の不安定要素を補償する新保守主義的な国民性の教育」ということができる。この二つは、タイのように融合されているとは言えず、混在していると言わざるを得ない。また、日本は「国際社会に生きる日本人の育成」を明確に掲げて異文化理解・地球的な共生のた

めの資質能力の育成を図るという。ただし、それは「日本の歴史や文化・伝統に対する誇りや愛情」があくまでも前提である。つまり、グローバル社会の大競争時代を勝ち抜くための「先駆的人材」「日本を切り拓く人材」になれる人間には市民性の教育と国民性の教育を、そうでない普通の人間には国民性の教育だけを求めているように見える。ところが、タイの場合は、グローバル市民性のタイ的文脈への翻訳が試みられるとともに、愛国心そのものも「新愛国心（チャートニヨム・マイ）」へと変容しているという。

　このようにアジア的な市民性教育のあり方を考えるとき、第二のタイプの「融合」が望ましいのか、第三のタイプの「混在」が望ましいのか、その答えは国民的合意に求めなければならない。タイの場合は、政策策定過程の情報公開と民主的手続き化は1997年憲法以来急速に進展している。極端な方向に進まないように、「中道社会」の理念によって常にチェックされている。日本の場合は、基本的には政財界の意向に基づいて教育政策が構想され、それを中央教育審議会等で過激な表現を丸めながら修正し、奉仕活動の義務化などの極端な政策でも正統化されていく。第10章でみた児童生徒の意識の上でみると、タイの場合は教育政策に掲げられたことが児童生徒の意識に反映されているのに対し、日本の場合は必ずしも行き渡ってはいない。つまり、日本の場合は多くの児童生徒が上から降りてくる政策的な意図の前に立ち止まっている。またはその意図がみえていない。

　タイの場合には、たしかに児童生徒が政策的意図を真に理解しているかどうかは留保されなければならないであろう。課題としては、今後、タイの児童生徒の市民性が高まり、市民社会がより成熟したときにも現在と同様に政策的意図に沿った意見表明がなされるかどうかということがあげられる。しかしながら、現時点においてはタイの児童生徒が自己の意見表明をためらっていないことは評価されるべきであり、その結果も尊重されるべきである。

　他方、日本の場合には、国民的合意が得られていない状況があるため、政策立案過程をより実質的に民主的なものとすべきであり、市民性教育をどうすべきかに関する国民的議論を啓蒙すべきであると考えられる。ただし、政策的意図が正確に広範に伝わっていないだけで、伝わったとすれば国民的合

意を得られる可能性はわずかでも残されている。したがって、教育政策の意図をどのようにして普及させるかということが課題として指摘できる。その上で、国民的合意が得られないことが確認されたならば、タイに学んで第二のタイプの市民性を日本的な文脈の中で模索していく必要がある。少なくとも、『心のノート』で涵養しようとしているような個人の内面における心理主義的な愛国心を一旦放棄して、新たにローカル・グローバルなレベルにおける他者との関係性の中で市民性育成を構想しなければならない。それとの関係で、ナショナルな国民教育自体も再構築すべきである。われわれが第1章で提起したように、ローカル、ナショナル、グローバルなレベルで物事を考え、意思決定し、行動できることを目標とすることを改めて提言したい。

3 カリキュラム分析からの提言

　我が国の学習指導要領の分析からは、グローバル（普遍的）なシティズンシップの育成とナショナルなシティズンシップの育成という二つの対抗軸があり、そのことが我が国のカリキュラムの特徴となっていることがわかった。しかもそのナショナルなものの中身は「日本人」である。1987年の臨時教育審議会（臨教審）の最終答申は、戦後教育の総決算と称して、国際化に対応する教育をスローガンに掲げ、以後、今日に至るまで、種々の教育改革が臨教審路線のもとに行われてきた。その核心部分が「日本人の育成」であることは明白である。臨教審の最終答申を受け、教育課程審議会（教課審）は、指導要領改訂の改善点として「国際理解を深め、我が国の文化と伝統を尊重する態度の育成を重視すること」を掲げ、国際化が進む中にあっては、次世代に生きる日本人を育成することが必要であることを強調している。そのためには、諸外国の人々の生活や文化を理解し尊重するとともに、我が国の文化と伝統を大切にする態度を育成することが重要であるとしている。つまり、最終目的が日本人の育成であり、そのための手段が諸外国の生活や文化の理解、我が国の文化や伝統を理解することとなっている。こうした考え方は、国際化するためには日本人を育成さえすればよいというあまりにも単純すぎる発

想であり、論理的整合性がないとしか言いようがない。国家が意識されすぎ、世界市民・地球市民を育成しようとする意識はないと言ってもよい。

　臨教審答申から20年が過ぎようとしている。国際化という用語は、グローバル化に取って代わられんばかりの勢いである。繰り返し述べてきたように今の世界情勢をみるとき、日本人育成を一義的な目的とすることは、もはや時代の趨勢からすれば大いに疑問が残る。今こそ歴史や文化を正しく理解することを、手段ではなく目的とすべきであろう。異文化理解、多文化理解の点からも、国内外の歴史や文化の理解は重要である。その目的を達成しさえすれば、あえて日本人を主張しなくても、立派な市民、立派な国際人、立派な地球人、立派な人間が育成されるのである。

　今回、日本の調査でも、日本人、宗教、道徳に関する質問項目については、強い拒否反応を示す学校が多数あった。少なくとも大分県の調査校すべてにおいて、これらの調査はできなかった。従って、日本では、この点についての国民的合意ができているとはとうてい思えない。他方、タイにおいては、仏教が国教に近い存在として、国民の精神的基盤として、国民的合意を得ている。両国の決定的違いは、こうした国民的合意があるかないかということである。コーガンらの調査では、アジアと欧米との対比が行われ、アジア諸国は同列の扱いを受けたが、同じアジア諸国といっても、多種多様なのである。

　さて、具体的なカリキュラム上の提言としては、日本の場合、市民性教育を社会科か総合的な学習の時間で行うことを提案したい。特に総合的な学習の時間は、唯一、教師や各学校が創意工夫をこらし、自らもつ教育的信念に基づき創造的に実践でき、教師の能力を発揮する時間である。人間性、社会性、対人関係能力などを育成するのに有効な時間として、今後も積極的に活用されるべきである。この時間の使い方によっては、学校現場が大きく変革する可能性を秘めている。ところが、折しも、2005年2月、中山成彬文科相は、この時間の削減計画方針を打ち出した。学校現場の混乱は容易に察せられるが、総合的な学習の時間はこれまで通り確保しておき（時間数の変動はあるにしても）、この時間か社会科の時間を活用して、市民性教育を実践するこ

とを提案したい。

　他方、タイの場合、基礎教育カリキュラムの原理は、「タイ人らしさ（クワームペン・タイ）」と同時に「国際性（クワームペン・サーコン）」を確保することによって国家統一を図るという筆頭原理に端的に示されているように、グローバリゼーションを生き抜くタイ人の育成を強く意識したものとなっている。具体的には、グローバリゼーションへの積極的対応として外国語コミュニケーション教育の早期導入やIT教育の振興を掲げている一方、極端な物質主義や消費文化の横行、社会道徳の荒廃といったグローバリゼーションのもたらす負の側面に対して強い危機意識を抱き、こうした弊害からの脱却をめざし「足るを知る経済」原則や「中道」主義を求めていることがタイ的な特徴といえるであろう。

　基礎教育カリキュラムにおいて、市民性の育成に関する内容は主として「社会科・宗教・文化」学習内容グループに盛り込まれている。例えば、同学習内容グループを構成する五つの内容のうちの一つが「市民の義務・文化・社会生活」であり、そこではタイの法律・伝統・文化に根ざした生活やタイの統治制度を保持した上で、地球社会における平和的共生を図ることが目標とされている。ここからは、タイの市民性教育が、あくまでもナショナルなシティズンシップを前提としている点や、「平和的共生」に向けた具体的な学習方法の希薄さがみてとれる。

　また、学年段階が上がるにつれ、自己－コミュニティ－ローカル－ナショナル－グローバルへと、段階的に学習水準が上がっていく構造も特徴的であるが、こうした構造ゆえに、義務教育9年間以降からようやく地球規模の普遍的シティズンシップに関する学習機会が増えることになっている。

　「教育機関カリキュラム」については、本来各学校が基礎教育カリキュラムを基準として自主的に学校別のカリキュラムを編成することとなっていたが、実際には、移行期間の短さや、予算不足、および教師の理解不足といった状況の中で大きな困難や混乱に直面することとなった。こうした問題状況に対して、2003年1月の告示により「教育機関カリキュラム」編成に当たっては中央カリキュラムとして定められた内容を70％、学校が自主的に編成

するカリキュラムを30％とする方針が打ち出されたが、負担軽減と引き替えに地方分権の後退を余儀なくされたといえる。

さらに、2005年1月の告示によって、基礎教育カリキュラム実施の効率化を名目に、具体的な教授学習法や各学習内容グループにおいて特に強調すべき目標などが細かく規定されるなど、事実上のカリキュラム改訂ともいえる措置がとられるに至っている。この告示では、市民性に関する学習についても、タイの歴史、タイ人らしさ、および国家のシンボル等、ナショナルなシティズンシップに関わる項目ばかりが強調すべき目標として示された。

タイのカリキュラム分析からの市民性育成に関する提言としては、①地球規模の普遍的なシティズンシップに関する学習内容を初等教育段階より積極的に導入していく必要性があること、②新たに教育目標として重視されるようになった「平和的共生」に関し、実践的かつ具体的な学習方法論を開発していくこと、③「教育機関カリキュラム」本来の理念に立ち返り、学校による自主的なカリキュラム編成を促すような各種支援策を講じていくこと、を指摘することができよう。

4 教員養成の分析からの提言

現在、我が国の学校現場では、不登校、学級崩壊、いじめ、LD、ADHDさらには教員の不祥事などの教育課題が深刻となり、教師の指導力不足が問題となっている。教員養成学部では、目下、教師の実践的指導力を高める努力が行われている。本研究でも、実践的指導力を教科の指導力や教科の専門的能力から成るものと広義にとらえた場合、その対極として、教師としての人間的な成熟性や教師としての市民性があり、その軽視や看過が問題であることを指摘している。自己教育力や生きる力をもたない未熟な子どもが、成熟した大人とならないまま教員養成教育を受けたとしても、真の実践的指導力の育成は保障されない。教科の指導力の育成、教科の専門能力の育成はもちろんのことであるが、あと一つ、教師としての資質、人間性を高める人間教育が求められているといえる。成熟した大人の教師となるための常識や教

養などは、広く市民性としてとらえられよう。これまでの我が国の教員養成改革には欠如していた側面である。人間的成熟を求める大学教育の創造が我が国教員養成教育の課題といえよう。

他方、タイの場合、2004年から教育学部の教員養成課程は従来の4年制から5年制へと移行した。免許制度の導入により教員養成の質的向上をめざそうとしている。最後の1年間をインターンシップに当てることにより、指導力や専門性を高めることが期待されている。ところが、実践的指導力の重視の一方で、教養教育の減少にみられるように、人間性の教育という点では、成熟した大人としての教師をどのように教育しようとしているのか、タイも日本と同様の課題を抱えているといえる。両国ともに、教師としての市民性、人間としての成熟性を育成しようとする視点を教員養成改革の中にどう位置づければよいのか、検討すべき課題である。

5　質問紙調査の結果分析からの提言

本研究においては、市民性の資質に関する分析枠組みとして、横軸に知識・理解、能力・技能、価値観・態度の三つの要素を、縦軸にローカル、ナショナル、グローバル（ユニバーサル）の三つのレベルを配置するマトリクスを措定した（第1章の〈表〉市民性の資質、参照）。質問紙調査もこのマトリクスに準拠した分析が行えるような問いを設定した。

日本とタイの回答傾向全体からみて、国内の諸変数（男女差、地域差、学校段階差、宗教差など）よりも、日本-タイ間の差異が顕著に現れた。調査前に大きな差異があると予想したタイの仏教徒とムスリムとの差異は日本-タイ間の差異より小さかった。このことは、市民性育成に関わる国家の教育文化政策やその実践が、時に宗教の違いを超えて影響を及ぼすことを示唆している。以下では、前述のマトリクスに準じて日本-タイ間の差異の特徴を示し、若干の課題と提言を述べたい。

第一に、「知識・理解」面で日本とタイを比較すると、「国際社会」「平和」「人権」などの極めて通文化的で普遍的な概念について、日本の児童生徒はタイ

の児童生徒よりも豊富な知識と理解がある。その逆に、「相互依存関係」「持続的発展」「社会正義や公正」などのグローバル化時代の社会開発や生活におけるより具体的かつ実践的な概念については、タイの児童生徒の方が豊富な知識と理解がある。

　第二に、「能力・技能」面についてみると、日本の児童生徒はタイの児童生徒と比較して、社会問題に対する意見表明の経験が少なく、外国語によるコミュニケーションにも消極的な姿勢を示している。その要因として、ほとんどの設問で日本の児童生徒はタイの児童生徒よりも「わからない」と回答する割合が高いことが挙げられる。

　第三に、「価値観・態度」面についてみても、日本の児童生徒はタイの児童生徒と比較して、「問題を、協力しあって解決したり、行動したりできる」「不公正、不平等、差別に堂々と立ち向かっていける」と答える比率が低く、「わからない」という態度保留を示している。また、タイの児童生徒の場合、「タイ人としての道徳と誇りをもった生活をしている」との回答を示す者が95％に達しているのに対し、日本人の場合は50％強にとどまっている点も大きな違いである。

　一方、ローカル-ナショナル-グローバル（ユニバーサル）の三つのレベルについて、日本-タイ間を俯瞰した場合にも顕著な差異が認められる。ローカル-ナショナル-グローバルの三つのレベルともに、日本の児童生徒は、圧倒的に「平和であること」に重きを置いている。一方、タイの児童生徒の場合には、ローカル、ナショナル、グローバルレベルそれぞれの重要性をバランスよく認識している。なかでも各レベルの一員としての誇りをもつことを重視する態度が顕著であった。それに対し日本の児童生徒は、国の歴史や伝統・文化に関する知識・理解を重視しながら、実際には、伝統・文化に従い、その一員として誇りをもって行動をする態度の形成にまで至っていない点が、市民性の育成にとって大きな課題であるといえる。

　なお、ユニバーサルなレベルにおける両国の差異は、日本の児童生徒が「国と国とが協力しあうこと」や「地球上にある問題を知ること」といった抽象的な問題を重視していたのに対し、タイの児童生徒の場合、「科学的思考

力を持ち、科学技術に乗り遅れないこと」や「法律を大切にすること」といったより実践的な問題を重視していた点に特徴が見られる。

　以上の分析から市民性育成の問題点をあげるとすれば、日本については、①漠然とした普遍的認識ばかりが強調され、具体的な状況認識や他者認識の視点が希薄であること、②教育内容の普遍性が児童生徒に身近で緊要な問題としての認識や判断に結びつかず、したがって具体的な実践につながっていないこと、を指摘することができよう。

　他方、タイについては、①「地方の伝統」「タイ人としての道徳と誇り」といったローカルおよびナショナルなレベルの資質が強調される一方で、「人権」「平和」および「地球的規模の問題」に関する意識が希薄であること、②タイにおいて、「人権」や「平和」は特定の教育内容として扱われずともタイの文化・伝統や各教科に根付いているとの意見もあるが、グローバル化時代において地球的規模の問題や多様な文化的背景を持つ集団間（民族、宗教など）の平和的共生の問題を包摂した「人権」や「平和」の教育のあり方を模索する必要があること、を指摘することができよう。

　以上、日本とタイ両国に対し、今後、留意すべき点や改善すべき点について提言という形で述べてきた。最後になるが、本研究で焦点を当てた「市民性」については、我が国で確固たる市民権を得るためには、なおいっそうの理論研究や実践研究の蓄積が必要である。学校現場での有効性の検証も必要である。今後の検討課題としたい。

第15章　市民性教育の学習単元モデル

平田利文　永田忠道　白井史朗　長光孝正

1　四つの学習単元モデル

　本章では、これまでの市民性の概念、市民性としての資質、質問紙調査の結果分析、提言などを踏まえ、市民性教育の学習単元モデルを提案する。単元は、特に現在グローバルな問題となっている人権、平和、環境、開発の4領域である。本章では、「人権学習」の例を紹介するが、全4領域の単元モデルは、巻末資料に掲載しているので参照していただきたい。各単元は、総合的な学習の時間で行うことを想定しているので、1単元は17〜18時間構成となっている。4単元で約70時間となる。

【人権の学習単元モデル】
　人権学習モデルでは、「人権について理解し、地域、国家、国際的なレベルで人権に関わる問題について認識し、多様な人々と平和的に共存するために、主体的に社会に関わっていく技能と態度を育成する」という目標を設定した。そのため、すべての教育段階において、法で保障されている人権を取り上げた。グローバルなレベルでは世界人権宣言、子どもの権利条約などを、ナショナルなレベルでは憲法で保障されている人権を、ローカルなレベルでは地方自治における政治参加を、それぞれ学習するようにした。マイノリティの問題もグローバル、ナショナル、ローカルすべてのレベルで取り扱い、そ

れぞれのレベルに対応した問題を扱うことにした。それに関連して、差別と人権に関わる学習として、同和問題、外国人労働者の権利なども内容とした。また、福祉、ノーマライゼーションやエイズ、クローンなど生命倫理に関する問題も内容として組織した。これらは特にローカルなレベルで学習するようにした。加えて、中学校、高等学校では、ジェンダーについても取り上げた。

【平和の学習単元モデル】

　平和の学習単元モデルでは、「戦争や紛争を引き起こすメカニズム、平和を構築するための先人の努力と平和を維持するシステムを学ぶと同時に、個人が平和の課題にどのようにかかわるかを考えることができる」という目標を設定した。そのため、すべての教育段階において国際協力、平和憲法、異文化理解を内容とした。国際協力は、グローバルなレベルが中心となり、国連の働き、さらに安全保障理事会の働き、PKO、PKF、医療活動などを取り上げた。ここでは、国際貢献のあり方を広い視点から考えられるように多くの例を学習することとなっている。平和憲法はナショナルなレベルで中心に取り扱う。その中で、日本国憲法の基本となる基本的人権の尊重、基本的人権の尊重、平和主義を内容とした。特に、小・中学校では核兵器と非核三原則について、高等学校では憲法9条について、それぞれ重点的に学習する。ローカルなレベルでは異文化理解として、外国人との交流を行う。また、平和を考えるため、戦時中の様子を戦争体験者へ聞き取りに行くなどの調査活動を設定した。高等学校では、テロを生み出す背景やエスノセントリズムなど構造的な問題を取り上げた。さらに、沖縄の基地の問題なども学習する。

【環境の学習単元モデル】

　「環境」の全体目標は「開発の諸問題を地域・国・国際レベルのそれぞれで理解し、開発と環境のバランスを気にかけ平和的に生活するために協力しながら政治参加を行うとともに問題解決を図るための技能を育成する」ことで

ある。そのため、すべての教育段階において、地球環境問題、日本の環境問題、地域の環境問題を取り上げた。地球環境問題はグローバルなレベルで、日本の環境問題はナショナルなレベルで、地域の環境問題はローカルなレベルでそれぞれ学習する。具体的な内容としては、地球環境問題は、地球温暖化や酸性雨などの問題とその解決に努力する取り組みを扱う。日本の環境問題は、日本の公害の学習と今日の環境問題への取り組みを扱う。地域の環境問題は、身近な地域の川の水質の悪化やゴミの処理について学習する。

【開発の学習単元モデル】

「開発」の全体目標は「開発の諸問題を地域・国・国際レベルのそれぞれで理解し、共存共栄の精神のもとで行動しうる技能を培い、問題解決しようとする態度を養う」ことである。そのため、すべての教育段階において、地球規模の開発問題、日本の開発問題、地域の開発問題を取り上げた。地球規模の開発問題はグローバルなレベルで、日本の開発の問題はナショナルなレベルで、地域の開発の問題はローカルなレベルでそれぞれ学習する。具体的な内容としては、地球規模の開発問題は、南北問題や海外協力を扱う。日本の開発問題は、エネルギー問題やマイノリティの問題を取り扱う。地域の開発問題は、身近な開発と人々の暮らしや水の使い方を学習する。

2 人権学習単元モデル

それでは次に、小学校、中学校、高等学校における人権学習の単元モデルを見よう。

【小学校の人権学習単元モデル】(巻末資料参照)

小学校では、まず「生命の創造」を学習する。この授業の目標は「人の受精から出生までの経過を知り、生命誕生の神秘に触れ、生命の尊さに気づかせる」であり、人権の基本である生命の尊さを学ぶ。

次に、「世界の子どものくらし」を学習する。この授業では戦争や飢餓の

ために教育や医療を受けられない子どもたちのくらしを調べ、児童に人権についての問題意識をもたせる。そして、「子どもの権利条約」で具体的に子どもが生きていくために必要な権利を確認する。ここでは、子どもの権利条約の第40条をカードにして、4つに分類(生きる権利・育つ権利・守られる権利・参加する権利)する活動を行う。

そして、「『国民の基本的人権』を使って考えよう」で、日本で保障されている基本的人権について学習する。ここでも基本的人権のカードを作り、それを分類選択する活動を行う。

さらに、基本的人権についての理解を深めた後で、具体的な差別についての授業を行う。「渋染め一揆を闘った人々」「明治・大正を生きた人々」「韓国併合と柳宗悦」「エイズって何だろう」を順に扱う。「渋染め一揆を闘った人々」では過去に行われていた差別、その差別を撤回させた人々の活動について学習する。「明治・大正を生きた人々」では女性の権利拡大についての努力や部落差別について学習する。「韓国併合と柳宗悦」では、韓国併合とそれに対する韓国での独立運動を学習する。「エイズって何だろう」では、現在の日本にある差別について学習する。この授業ではエイズの正しい理解と差別や偏見をもつことなく相手の人格を尊重する態度を育てることを目標としている。

最後に、地域での人権について考える「点字を読み取ろう」「高齢化と地域の福祉」の授業を行う。「点字を読み取ろう」では地域にある展示や点字ブロックを探すことで、地域住民として福祉に対しての問題意識をもたせる。また、「高齢化と地域の福祉」では、高齢者へのインタビューなどの活動を行う。そうした活動から高齢者の生活を知り、高齢者福祉の現状について考える。

【中学校の人権学習単元モデル】(巻末資料参照)

中学校ではまず「人権の歴史と日本国憲法」の授業を行う。この授業で人権思想の発達の歴史を学び、日本国憲法について学ぶ。特に日本国憲法の三原則を理解し、憲法と自分たちの生活との関係について考える。

次に、「基本的人権と個人の尊重」の授業では、基本的人権の内容につい

て学習する。自由権、社会権の中身についても具体的な事例を通して学習する。

さらに、具体的に人権の保障について学習していく。そこで、まず日本国内の人権の保障について学び、続いて国際社会の人権について学習する。「人権の保障」の授業では、参政権、請願権、民主主義、日本の選挙制度について理解する。また、選挙の課題について討論する。「裁判所の働き」では法、司法権の独立、裁判所の働き、裁判の種類、裁判を受ける権利などを理解する。ここでは、裁判のロールプレイや裁判の問題点についての討論などを行う。住民参加の授業で、地域における政治参加について学習する。直接請求権、情報公開制度などの住民参加の方法や地域でのボランティア活動、NPOの活動についても学習する。

そして、国際社会の人権について学習する。「国際社会の人権」では世界人権宣言、国際人権規約などの国際的な人権の保障の重要性を理解し、アメリカなどでの先住民への差別や飢餓や難民の救済の取り組みなど具体的な問題を取り扱う。

その学習を踏まえて、差別について学習する。「差別を乗り越える」では、部落差別について学習する。江戸時代の身分制度、渋染め一揆、全国水平社の設立など歴史的な背景を学習する。また、就職、結婚などの際に現在にも残っている差別も学習する。「ともに生きる」では障害のある人たちに対する差別について学習する。本や新聞などの資料にとどまらず、地域のバリアフリーのマップの作成、高齢者福祉施設の訪問なども行う。加えて優先席の賛否についての討論も行う。

また、「男女平等を目指す」では、家族の多様化、文化的・社会的な性差による役割について学習する。日本の家族の形態の変化の変遷、女性の権利を高める運動などの背景を学習し、男女共同参画社会基本法の意義について考える。「共生社会」では日本のマイノリティーについて学習する。外国人労働者の権利について、医療、保険、教育、住宅、参政権などの具体的な問題を取り扱う。また、アイヌ、在日韓国・朝鮮人への差別意識の背景、同和対策審議会の答申についても学習する。

【高等学校の人権学習単元モデル】(巻末資料参照)

　高等学校では、まず「世界人権宣言・人権規約の思想」の授業を行う。ここでは世界人権宣言などから、人権思想の歴史、関係機関とその活動、現在でも見られる人権侵害を学習する。続いて、「子ども権利条約」の授業を行う。ここでは具体的に子どもの権利条約の内容を検討し、人権についての理解を深める。また、子どもの権利のあり方についても検討する。そして、自由権、平等権、社会権といった日本国憲法で認められている基本的人権を学習する。「自由権――表現の自由とプライバシー」では、表現の自由とプライバシーとの関係や検閲・規制などから自由権を検討する。「平等権――在日外国人の参政権問題」では、在日外国人の権利を外国での例と比較したりしながら平等権を検討する。「社会権――リストラと労働者の生活」では、労働者の権利を中心に扱う。リストラの妥当性や派遣労働者、パートタイム労働者、フリーターの労働条件などから社会権を検討する。最後に「公共の福祉と個人の権利」を学習する。ここではダムや空港建設などに関わる裁判、原子力発電所やアメリカ軍基地への反対運動などの具体的な事例を通して、個人の権利の制限や公共の福祉について学習する。

　次に、地方分権や政治参加について学習する。まず「人権と地方への権限委譲」の授業を行う。ここでは、地方自治の思想や制度について理解し、県や市町村の具体的な事例を通して、地方自治の現状と問題点について検討する。続いて「市民の権利――政治参加」の授業を行う。ここでは条例制定・開発の請求、監査請求、解職請求などの直接請求権について理解し、地域の政治に対して問題意識と責任感をもって参加していく姿勢を養う。最後に「青少年保護条例」の授業を行う。ここでは、青少年保護条例の内容と意義を知り、具体的に青少年保護条例を検討する。

　そして、マイノリティについて学習する。まず「世界のマイノリティ問題」の授業を行う。世界のマイノリティの文化やアイデンティティ、マイノリティによる運動やそれを行う社会的意義について学習する。続いて「アムネスティ・インターナショナル」の授業を行う。ここではアムネスティ・インター

ナショナルの活動を学習し、死刑制度や日本の難民政策などの問題について検討する。そして、「異文化理解」の授業を行う。ここでは、世界の紛争地域、多民族・多文化社会の階級秩序、民族自決権について学習し、多様な社会や文化的価値観を知り、それらを尊重する態度を育てる。続いて国内の問題を扱う。「国内のマイノリティ問題」の授業では、日本国内でのマイノリティ問題について学習し、自分の身近な問題という認識を育てる。「いじめ、身近な差別問題」の授業では、差別やいじめの問題の構造を学習する。

さらに、ジェンダー、ノーマライゼーション、福祉、生命倫理など現代社会の問題について学習する。「ジェンダーフリー」の授業では、ジェンダーとセクシュアリティ、生物学的決定論と社会的決定論について理解し、社会的な問題として主体的に働きかけていく態度を養う。「ノーマライゼーション」の授業では、ノーマライゼーションという考え方やその歴史について学習し、地域社会におけるノーマライゼーションについて調べ、問題点や解決方法について検討する。「高齢化と地域の老人問題」の授業では、地域レベルでの高齢化政策について学習する。また、高齢者と接することで得た理解をもとに、今後の高齢化社会について検討する。「生命倫理：クローン技術の許容範囲」の授業では、クローン技術やそれを応用した医療技術について知り、クローン技術や生命倫理に関する問題について検討する。

3　学習過程モデルと授業案

本研究では、市民性教育を「異文化を理解・尊重し、共生できるための知識、能力、価値観・態度をもち、人権、平和、環境、開発などの地球的規模で考えなければならない課題に対して、グローバルな視点から考え続け、ローカル、ナショナル、グローバルなレベルで意思決定でき、行動できる人間を育成する教育」であると定義した。

すなわちこのような教育は、まず異文化理解、多文化理解ができること、つまり文化の相互理解ができることが目標となる。どのような文化であれ、文化の多様性・固有性、及び文化の普遍性が理解できることが必要である。

また、一つの社会集団の中で仲良く共生できる、社会集団同士が共生できることである。そして、ローカル、ナショナル、グローバルなレベルで諸課題を把握分析し、意思決定し、行動できることが最終目標となる。

このような教育の最も重要であり、継続的、意識的に行うべき過程は、意思決定して、行動する部分であろう。いわゆる「価値判断能力」「意思決定能力」「行動力」とされる能力である。このような能力を小学校段階、いや幼児段階から計画的に身につけさせたい。社会科などの教科では、知識・理解の習得があまりにも重視されすぎ、こうした能力育成はあまりにも軽視されてきたからである。これからの時代を見据えたとき、これらの能力は生きていく上での基礎的な能力となるであろうし、またそうでなければならない。

次に、内容についていえば、第一は、異文化理解、多文化理解に関するものである。たとえば、衣食住に関する内容などがわかりやすい。第二は、人権の問題である。差別の問題は身近な問題である。グローバルな視点から人種差別、人権差別の問題に発展できる。特にアジアや東南アジアなどの開発途上国に対する偏見差別の問題は、我が国では長年の課題である。第三は、平和の問題に関する内容である。平和と戦争の問題から、紛争等の問題をグローバルに考えさせることができよう。第四は、環境に関する内容である。身近なものではゴミ問題から、グローバルな問題に迫ることができよう。第五は、開発の問題である。これは、広義には平和、人権、環境問題も含むが、狭義の南北問題も可能である。

これらの内容を授業で扱う場合の視点としては、「論争問題」を組み込むことが必要である。討論できる内容であることが条件となろう。それも二者択一的な問題が望ましい。こうした観点から、上記の内容が単独あるいは複合的に各学校段階の発達段階に応じて配列され、一貫したカリキュラムが構成されなければならない。

では、その学習過程はどうなるであろうか。大きな流れは、問題の把握→問題の分析→意思決定→行動、という過程をたどる[1]。図式化すれば次のようになる。

【学習過程モデル】

Ⅰ問題把握：児童生徒が興味関心がもてる問題、児童生徒に身近な問題を取り上げ、価値を含む社会論争問題を把握する。何が問題になっているかを把握する。

↓

Ⅱ問題の分析：原因を分析する。なぜその問題は起こっているのか、論争を引き起こしているかを客観的、科学的データに基づき究明する。

↓

Ⅲ意思決定：論争場面を設定して討論する（討論活動など）。根拠、理由を明確にして仮説的な意思決定を行う。

↓

Ⅳ解決案の提案：根拠、理由付けされた意思決定の後、解決案を提案する。どのような具体的解決案が考えられるか、理由、予測も含めて検討する。

↓

Ⅴ意思決定能力の形成：最終的にどの解決案が望ましいか、整理し、各人が最終決定案を考える。

↓

Ⅵ行動：実際にやってみる。実際にやれない場合は、意見を表明する。

　この学習過程の特徴は、意思決定の場が2度設定され、意思決定をより強固、確実なものとしている点である。意思決定する授業では、通常1回しか設定されない場合が多いが、ここではⅢとⅤの段階で2回設定している。また、児童生徒が自分の中に取り入れたものを、自分自身の中で再構成した情報を外に出す活動、たとえば、発表、報告学習、劇化学習、討議・討論学習、ディベート学習などを中心に据える。このような授業形態では、児童生徒が興味関心をもち、楽しみながら授業に参加できる。自分なりの意見、考え方を表明することは、それなりの理由、根拠が示される必要がある。自分なりの根拠、理由をいえるということは、その時点で既にその子なりの価値観が形成されたことを示している。こうした学習は、道徳での徳目注入主義、あるいは価値の注入という危険を回避できる。そして重要な点は、授業の終わりが、先生が「はい、わかりましたね。いろいろ意見がありますね、このよ

うな問題を起こさないように気をつけなければなりませんね」というように、ただ社会を認識するだけに終わらないよう、意思決定を行い、実際に行動してみる、意見を表明してみるという過程を組み入れる必要がある。

しかし、このような学習で最も留意すべき点は、意思決定するとき、価値の注入、態度主義に陥らないことである。科学的で、客観的・合理的な事実認識のもとで行われなければならない。自分なりの意見、考え方を表明するときは、それなりの理由、根拠をもとに行われなければならない。それはⅡの問題分析で行われる。つまり原因分析の中でそのテーマに関係ある基本的な事項の理解が、科学的、客観的、合理的に行われる。そこでの教師は、ミニマムエッセンシャルを含む授業の場を設定する必要がある。さらにⅢの段階において、つまり討論などを行うに際して、児童生徒は、より客観的、合理的、科学的なデータの収集に努めなければならない。こうした過程を経て、データに関する事実認識を正しく得ることができる。またこうして得られた事実認識は、ただ調べたり、活動したりして得られた認識よりも、より強固なものである。従って、決して事実認識を軽視したものではなく、むしろ通常の授業より事実認識が深いものになると考えられる。

さらに、この学習過程は、行動力、実行力までを視野に入れている点である。特に討論のテーマによっては、行動できない、実行できないものがある。一人ではどうにもならない場合どうするかである。たとえば「米を輸入すべきか」「原発を建設すべきか」といったテーマのものは、意見表明の形をとることになる。歴史学習の場合は、「どうすべきか」という判断は、「どうすべきであったか」ということで討論は可能である。

最後に、本章で説明した人権の学習単元モデルの具体的な授業案を提案する。

○小学校「人権」の学習単元
【単元名】世界の子どものくらし――パキスタンの子どもたちと人権――
【資質】共存共栄、問題解決、グローバルな社会で平和に生きる、グローバルな社会を認識し、解決する

【目標】戦争や飢餓のために教育や医療を受けられない子どもたちのくらしを、サッカーボールを製造している子どもたちの生活を通して理解するとともに、国際社会の一員として、自分の生きる社会について問題意識をもって見つめていこうとする力を養う。

学習過程	学習内容と主な発問
Ⅰ 問題把握	サッカーボールとパキスタンの子どもの生活を通して、パキスタンの児童労働の問題を把握させる。人権の観点から、児童労働に対する問題意識をもたせる。 ○サッカーをするのに必要な道具は何か。 ○サッカーボールは、誰がつくっているのだろうか。 ○パキスタンの子どもたちは、いつ、どこで、どのようにつくっているか。
Ⅱ 問題の分析	児童労働は禁止になっているにもかかわらず、なぜ児童労働が行われているのか分析させる。また、それら要因の関連性を捉え、パキスタンでは児童労働の賃金に頼らざるを得ない社会・経済状況があることを理解させる。 ○児童労働は禁止されているのに、なぜ子どもたちは働くのか。 ・子どもの要因は何か──自分たちは働くものだと思っている。 ・国際社会の要因は何か──紛争、地域間格差、多国籍企業の利潤追求 ・国の要因は何か──軍事優先で教育にお金をかけない。経済の停滞。 ・工場経営者の要因は何か──子どもを使えば、賃金を抑えられる。管理しやすい。 ・家庭の要因は何か──子どもを労働力として育てる。 ・それぞれの要因はどのように関連しているか 　── 児童労働の賃金に頼らざるを得ない社会・経済状況を生み出している。
Ⅲ 意思決定	児童労働の是非を考えさせる。根拠、理由を明確にして意思決定させる。 ○児童労働を認めるか、認めないか。 　(例)・認める：児童労働は認める。家計の重要な収入源で、禁止すれば新しい問題が生じるから。 　　　・認めない：児童労働は問題である。虐待、衛生、教育の問題等で人権問題になるから。
Ⅳ 解決策の提案	例えば、児童労働を認めた場合、人権的な問題は解消されないが、家計の収入は維持される。児童労働を認めない場合、人権問題は解消されるが、家計の経済状態は悪化する。この状況を考えさせる。論点を整理して、児童労働を禁止しながら、家計の経済状況を保障することに着目させる。解決策を理由・予測を含めて具体的に提案させる。また、家庭への対処に限らず、その他の要因にそれぞれどのように対処するか考えさせる。 ○どのような解決策が必要か。それぞれの要因にどう対処するか。 ○解決策を適用した場合、新たに生じる問題は何か。 ○新たに生じる問題を解決するにはどうしたらよいか。
Ⅴ 意思決定能力の形成	最終的にどのような解決策が望ましいか整理し、最終決定案を考えさせる。児童労働を禁止するとともに、経済的な援助を同時に行う案に着目させる。 ○児童労働を認めるか、認めないか。 ○解決策にはどのようなものがあるか。望ましい解決策はどれか。
Ⅵ 行動	意見を表明する。世界には、約2億5千万人の子どもが、パキスタンの事例のように働いていることに着目させる。そして、他の国についての状況等を調べ、発表させる。 ○その他の国ではどうだろうか。 ○調べて発表しよう。

注

1 平田利文「21世紀に生きる地球市民を育成する教育——価値観形成をめざす社会科教育——」野村新・二見剛史（編著）『新しい知の世紀を生きる教育』一莖書房、2001年、pp.224-248。

おわりに

　市民性教育に関して広範囲にわたる考察を行ってきた。最後に、本研究を総括し、締めくくりとしたい。
　まず、第1部では、市民性教育に関する概念や政策が明らかにされた。グローバル化という社会の変化の中で、市民性教育というのは広範な視点からのアプローチが必要であることがわかったが、市民性の概念そのものについても、現在、模索が続けられている状況が浮かび上がった。そのような状況において、市民性および市民性教育についての提案を試みた。政策的な側面からの考察では、市民性の中身については、日本とタイの間では国民的合意があるか否かが議論の焦点であった。また、国民教育的な要素を市民性に入れるか入れないかについて、アジア諸国と欧米とでは大きく見解が異なっていた。さらに国民教育が、市民性として融合していると見るか、あるいは市民性と混在していると見るかについても、意見が分かれるところであった。これらの点については、今後、さらに考察を深めていかなければならない。
　第2部では、カリキュラムを中心に日本とタイを比較検討した。特に日本の場合、政策と連動して、市民性と考えられる資質に国民的合意が得られていない「日本人」の問題が位置づけられていた。タイでも、「タイ人」が位置づけられているが、文化・社会的、政治的背景から、日本とタイの事情は全く異なるものであった。また、市民性教育を担当する教員の養成についても、両国ともに大人としての成熟性をもつ教師教育の視点が欠如していることが指摘された。
　第3部では、質問紙調査から、日本とタイの児童生徒の市民性について分析した。日本・タイの比較研究では、両国の間には、知識・理解、能力・技能、価値観・態度の点において、顕著な差異が見られ、ローカル、ナショナ

ル、グローバル（ユニバーサル）の各レベルでも顕著な差異があった。特に日本の場合は、学習されても実践（行動）にまで結びついていないことが明らかとなった。一方、タイでは、特に人権教育や平和教育のあり方が模索されなければならないことが明らかとなった。

　最後の第4部では、日本人から見た日本・タイの市民性教育への提言、タイ人から見たタイ・日本の市民性教育への提言を行った。両者とも、各自の観点から提言を行ったが、自国を見ているだけでは見えなかった点が指摘されたのではないだろうか。いずれも、一朝一夕にいくものではないが、弛まない努力を必要とする。

　本研究の要点をまとめるとすれば、まず、第一に、21世紀を生き抜く教育として市民性教育を構築することを目的として研究を進めた結果、その教育枠組みを提示することができたことである。また、市民性の具体的な資質を整理することもできた。この資質の一覧表はまだ完成したわけではなく、発展途上にある。さらに精緻化が必要である。第二の成果は、市民性教育の学習単元モデルを考案したことである。全部で人権、平和、環境、開発の四つの学習単元モデルを作成した。17～18時間分の単元を組み立てたが、これも机上の案である。この学習単元モデルをもとに、実験授業を行いその有効性を検証し、さらにモデルの精度を高める必要がある。また同時に、市民性教育に関するカリキュラム開発も本格的に行われなければならない。目標、内容、学習過程モデル、評価方法などについて、体系的なカリキュラムを構築しなければならない。

　本研究は、日本のタイ教育研究者とタイの教育研究者による共同研究であった。研究会や打合せなどで、両国の研究者が熱い議論を交わし、真剣に考えたことは、国際交流の面でも、研究の発展の面でも、大変意義深いことであった。研究成果を政府や国民に示し、少しでも教育がよくならないか、21世紀という時代を強く生き抜く教育ができないものかと、熱い思いで取り組んだと自負している。

　最終年度は国立大学の法人化への移行に伴い、メンバーはその対応に追われ慌ただしい中での作業となったが、無事、調査を終了できたことについて、

共同研究者はもちろん、児童生徒、調査に協力していただいた方々、すべての関係者に対し、この場をお借りして感謝する次第である。

　なお、本書は、日本学術振興会科学研究費補助金による「日本・タイ両国における『市民性』の育成に関する実証的比較研究」(2002年度から2004年度までの3年計画)の研究成果をまとめたものであり、研究成果公開促進費の出版助成を受けた。また、出版に当たっては、東信堂の下田勝司氏から温かい励ましと多大なご理解・ご協力をいただいた。この場をお借りして感謝する次第である。

編　者
平田　利文

執筆者紹介

平田利文（大分大学教育福祉科学部、教授）

永田忠道（大分大学教育福祉科学部、助教授）

堀内　孜（京都教育大学教育学部、教授）

野津隆志（兵庫県立大学経済学部、教授）

渋谷　恵（常葉学園大学教育学部、助教授）

森下　稔（東京海洋大学海洋工学部、助教授）

鈴木康郎（筑波大学大学院人間総合科学研究科、助手）

川野哲也（東筑紫短期大学保育学科、講師）

白井史朗（大阪市立香簑小学校教諭）

長光孝正（北九州市立中井小学校常勤講師）

カンピラパーブ・スネート（名古屋大学大学院国際開発研究科、講師）

チャンタナー・チャンバンチョング（ナレスエン大学教育学部、準教授）

スモンティップ・ブーンソムバッティ（スコタイタマティラートオープン大学教育学部、準教授）

サムリー・トーンティウ（チュラロンコン大学教育学部、準教授）

〈巻末資料〉

小、中、高等学校における市民性教育の学習単元モデル

［各学習単元モデル内の小単元名（トピック）は、単に列挙しただけであり、学習の順番を示すものではない。］

市民性教育学習単元モデルリスト

①小学校「人権」学習単元モデル …………………………………281
②小学校「平和」学習単元モデル …………………………………282
③小学校「環境」学習単元モデル …………………………………283
④小学校「開発」学習単元モデル …………………………………284
⑤中学校「人権」学習単元モデル …………………………………285
⑥中学校「平和」学習単元モデル …………………………………287
⑦中学校「環境」学習単元モデル …………………………………288
⑧中学校「開発」学習単元モデル …………………………………289
⑨高等学校「人権」学習単元モデル ………………………………290
⑩高等学校「平和」学習単元モデル ………………………………292
⑪高等学校「環境」学習単元モデル ………………………………293
⑫高等学校「開発」学習単元モデル ………………………………295

① 小学校「人権」学習単元モデル

全体目標：人権について理解し、地域、国家、国際的なレベルで人権に関わる問題について認識し、多様な人々と平和的に共存するために、主体的に社会にかかわっていく技能と態度を育成する。

	Global	National	Local
全18時間	○子どもの権利条約（2時間）	○エイズって何だろう（2時間）	○生命の創造（1時間）
	(資質)社会正義と公正、不当、不正への挑戦、社会的不正と公正に対する態度	(資質)社会問題、問題解決、国レベルの相互協力、人権を尊重する	(資質)地域のライフスタイル、お互いに協力し合う、命の尊重
	目標：子どもの権利条約について知り、よりよい社会、くらしを求めて主体的に社会に関わっていこうとする態度を養う。	目標：エイズを正しく理解させると共に、差別や偏見をもつことなく相手の人格を尊重する態度を育てる。	目標：人の受精から出生までの経過を知り、生命誕生の神秘に触れ、生命の尊さに気づかせる。
	内容：子どもの権利条約の第40条をカードにして、グループで話し合いながら、大きく四つ（生きる権利・育つ権利・守られる権利・参加する権利）に仲間分けをする。	内容：免疫とエイズ、エイズと闘った少年の記録	内容：命のつながりや命の誕生ビデオ、精子・卵子の図、受精
	○世界の子どものくらし（2時間）	○「国民の基本的人権」を使って考えよう（2時間）	○点字を読み取ろう（2時間）
	(資質)共存共栄、問題解決、グローバルな社会で平和に生きる、グローバルな問題を認識し、解決する	(資質)法律、意思決定、民主主義	(資質)地域の実情、問題解決、お互いに協力し合う、ボランティアへの関心
	目標：戦争や飢餓のために教育や医療を受けられない子どもたちのくらしを知るとともに、国際社会の一員として、自分の生きる社会について問題意識をもって見つめていこうとする力を養う。	目標：国民の基本的人権カードを分類・選択する活動を通して、基本的人権の行使について、その人の立場や社会的状況をふまえることの大切さを考える。	目標：まちにある点字や点字ブロックをさがすことによって、地域住民として、福祉に対しての問題意識をもつことができる。
	内容：5歳までに命を失う確立の高い国調べ、学校に行けず労働をしている子どもたちのようす、自分たちができること	内容：基本的人権カードづくり、カードをグループ毎に分類、討論	内容：点字、点字ブロックさがし、点字の学習
		○韓国併合と柳宗悦（2時間）	○高齢化と地域の福祉（2時間）
		(資質)国の歴史、伝統、文化、平和な生活、民主主義	(資質)地域の実情、地域のライフスタイル、地域レベルでの政治参加、問題解決、地域住民としての誇りをもつ、命の尊重
		目標：明治新政府が、富国強兵策に基づき、韓国併合を通して大陸へ進出する方向に進んでいったことを理解するとともに、その後の朝鮮の人々の苦しみについて考えることができる。	目標：身近な地域の高齢者の生活について関心をもち、今後高齢化社会を豊かに生きていくためにはどうすればよいか主体的に考えることができる。
		内容：韓国併合について、独立運動、柳宗悦の考え	内容：高齢者の生活を知る、高齢者に話を聞く、高齢者福祉の現状について考える
		○明治・大正を生きた人々（1時間）	○渋染め一揆を闘った人々（2時間）
		(資質)国の歴史、伝統、文化、法律、問題解決、民主主義、人権を尊重する	(資質)地域史、伝統、文化、問題解決、地域における民主主義
		目標：明治・大正の人々がどのような願いをもち、どんなことに努めていたのかなどについて関心をもつことができる。	目標：差別の強化に対して差別されていた人々は、力をあわせて立ち上がり、差別的政策を撤回させたことに気づく
		内容：平塚らいてうの訴え、山田孝野次郎の訴え	内容：渋染め一揆を闘った人々の願い、岡山藩の差別法令の内容

② 小学校「平和」学習単元モデル

全体目標：戦争や紛争を引き起こすメカニズム、平和を構築するための先人の努力と平和を維持するシステムを学ぶと同時に、個人が平和の課題にどのようにかかわるかを考えることができる。

	Global	National	Local
全17時間	○60億人のうちのひとり（2時間） （資質）異文化理解 目標：外国の人々と共に生きていくためには、異なる文化や習慣を理解し合うことが大切であることに気づく。 内容：外国の人々のくらしや文化を知る、遊び、あいさつの仕方	○戦争がうばったもの（2時間） （資質）国の歴史、伝統、文化、平和な生活 目標：戦争の非人間性や残虐性に気づき、平和の大切さと生命の尊厳について理解することができる。 内容：日本軍の兵隊、沖縄戦、強制連行	○地域に住む外国の方と交流しよう（2時間） （資質）地域の知恵、地域の伝統、文化、地域レベルの政治参加、地域住民としての誇りをもつ、地域の伝統文化のなかで振舞う 目標：日本に住む外国の方を招いて交流体験をするなかで、他の国の文化や習慣をより深く理解するとともに、友好関係を築くことができる。 内容：料理づくり、民族衣装を着る、茶話会、子どもの遊び
	○国をこえた協力（2時間） （資質）環境、共存共栄、国際レベルでの政治参加、国際的な協力 目標：日本の国際協力について調べ、その意義や活動の姿をとらえるとともに、国際社会の平和と発展のために、今後果たさねばならない責任や義務について考える。 内容：青年海外協力隊、国際緊急援助隊、AMDA（アジア医師連絡協議会）、緑の地球ネットワーク	○核兵器のおそろしさ（1時間） （資質）国の歴史、伝統、文化、民主主義、平和な生活 目標：核兵器のおそろしさや破壊力、被害の大きさを知り、被爆国の国民として平和の大切さと生命の尊厳について理解することができる。 内容：原爆のおそろしさ、非核三原則	○「平和の誓い」を読んで（1時間） （資質）問題解決、地域社会で平和に暮らす 目標：一人の市民として、今後国際平和にどのようにかかわれるかを「平和の誓い」を読んで、考えることができる。 内容：2002年8・6平和式典での「平和の誓い」、自分にできること
	○世界の平和を保つ国際連合（2時間） （資質）平和と開発、平和的開発、国際的な協力、国際社会を愛する 目標：国際連合の働きについて調べ、日本もその重要な一員として国際平和の実現に努力していることをとらえる。 内容：安全保障理事会、対人地雷全面禁止条約、難民問題	○日本国憲法の3つの柱（2時間） （資質）国の歴史、伝統、文化、法、国レベルの政治参加、民主主義、国を愛する 目標：日本国憲法の基本となる3つの考え方（基本的人権の尊重・国民主権・平和主義）を理解し、この憲法が現在の日本の民主主義の柱になっていることを理解する。 内容：国民主権、基本的人権の尊重、平和主義	○戦争をしていたころの日本（2時間） （資質）地域史、地域レベルの政治参加、地域社会で平和に暮らす 目標：戦争をしていたころの日本では、学校教育が天皇中心の考え方を教え、戦争を支えていたことを、当時の人の話や教科書を通して考える。 内容：戦争体験者への聞き取り、戦時中の教科書、戦時中の学校の様子
		○平和な国際社会の実現（1時間） （資質）文化、相互協力、自国の伝統と文化の中で振舞う 目標：日本のスポーツや文化を通しての国際交流の様子をしらべ、その意義を理解することができる。 内容：パラリンピック、日本文化の海外公演、アニメーション	

③ 小学校「環境」学習単元モデル

全体目標：環境の諸問題を地域・国・国際的レベルのそれぞれで理解し、開発と環境のバランスを気にかけ平和的に生活するために協力しながら政治参加を行うとともに問題解決を図るための技能を育成する。

	Global	National	Local
全17時間	○**地球環境の変化について考えよう(2時間)** (資質) 環境、共存共栄、問題解決、自然環境の管理、環境と持続的開発と資源の管理への関心 目標:地球環境の変化(酸性雨、砂漠化、熱帯林の減少、地球の温暖化、オゾンの破壊)について知り、自然環境と持続的な開発にむけた資源管理を行うための問題解決能力や批判的思考力を育てる。 内容:地球環境問題の現状調べ、地球温暖化の原因と影響、地球温暖化を防ぐためのエコプラン、日本人による海外の植林活動	○**公害から国民の健康と生活環境を守る(2時間)** (資質) 法律、政治参加、問題解決、環境と開発を気にかける 目標：過去の公害や現在の環境問題について調べ、どのように問題解決をはかり、どのような対策がとられるようになったかを知ることによって、国民の健康や生活環境を守る大切さをとらえる。 内容：日本の公害調べ、環境にやさしい工場、身近な開発と人々のくらし	○**まちの中の自然をさがそう(2時間)** (資質) 開発への関心 目標：身近な地域の自然観察を通して、自然とふれあうことによって、地域の自然や生き物について興味・関心をもち、環境を守るために自分にできることを考える。 内容：生き物調べ、地域の自然マップづくり
	○**地球環境を守る組織や取り組み(2時間)** (資質)国際社会、国際レベルでの政治参加、グローバルな問題を認識し、解決する、地球市民としてのアイデンティティ 目標：地球環境を守る国際的な運動について知り、その意義や活動の姿をとらえるとともに、国際社会の一員として今後果たさなければならない責任や義務について考える。 内容：国際連合の取り組み、ナショナルトラスト運動、ラムサール条約、海外で緑化運動をすすめるNGO	○**森林のはたす役割を考えよう(2時間)** (資質) 中庸と倹約、問題解決、環境と開発を気にかける 目標：森林の働きについて観察したり、資料で調べたりすることで、森林保護・育成の必要性を感じ、森林保護のために自分たちにもできることを考える。 内容：樹木に五感でふれる、1本の樹木調べ、森林の役割について話し合う	○**ごみをへらそう、ごみをいかそう(2時間)** (資質) 地域の伝統、文化、中庸と倹約、お互いに協力し合う 目標：ごみ分別やリサイクルが地域の中で具体的にどのように行われているかを知ることによって、お互いに協力し合い資源を大切にしようとする技能・態度を育てる。 内容：学校・地域でのリサイクル活動、フリーマーケット、廃棄物問題を解決する3R(減量、再使用、リサイクル)
		○**環境にやさしい農業(2時間)** (資質)国の歴史、伝統、文化、中庸と倹約、環境と開発を気にかける 目標：農薬使用を減らしたり完全になくしたりして自然に近い状態で栽培する農業の方法を調べたり、江戸時代の地域社会のリサイクルの仕組みを調べたりすることで、食料生産における環境保全のあり方を考えることができる。 内容：有機農法、アイガモ農法、江戸時代のリサイクル	○**地域の川を調べよう(2時間)** (資質)地域の文化、問題解決、意思決定、中庸、倹約を確信する、開発への関心 目標：地域の川に関心をもち、川の問題解決のために調査活動などを行うことで対策を考え、自分たちでできることを実行する。 内容：人々と川とのつながりを調べる、川のよごれの原因調査、川を汚さないために自分たちができる工夫
		○**自然エネルギーの開発 (1時間)** (資質) 政治参加、中庸と倹約、環境と開発を気にかける 目標：環境にやさしい発電方法には、どのようなものがあるか調べるとともに、これからの時代に求められる発電方法について話し合い、エネルギー問題を自分の問題として受け止めることができる。 内容：電気の使用料調べ、いろいろな発電方法の長所・短所調べ	

④ 小学校「開発」学習単元モデル

全体目標：開発の諸問題を地域・国・国際レベルのそれぞれで理解し、共存共栄の精神のもとで行動しうる技能を培い、問題解決しようとする態度を養う。

	Global	National	Local
全18時間	○**熱帯林に住む人々（2時間）** (資質)持続的開発、環境、グローバルに批判的に思考する力、社会と文化の多様性を尊重する、資源の管理 目標：日本がその半分を輸入している熱帯林を生み出している熱帯雨林の現状とそこに住む人々の様子や願いを知ることができる。 内容：日熱帯林を輸入している現状、森林伐採による現地の人々の生活への影響	○**アイヌ文様は願いをこめて（1時間）** (資質)国の歴史、伝統、文化、問題解決、環境と開発を気にかける 目標：文化は大きな意味の体系であり、歴史的背景や暮らしの知恵、愛情がこめられていることをアイヌ文様を通して理解することができる。 内容：アイヌ文様の切り紙、アイヌ文様の使途	○**「いのち」の歴史探検（2時間）** (資質)地域のライフスタイル、意思決定 目標：自分の「いのち」の始まりを探検していくことによって、それぞれの身体をかけがえのないものと肯定的に認めることができる。 内容：生まれて12年間の「自分史年表」作成、「いのち」のつながり、人類の誕生「サルからヒトへ」
	○**世界買い物ゲーム（貿易ゲーム）（2時間）** (資質)共存共栄、グローバリゼーション、グローバル経済 目標：世界の国々がさまざまな品物を作っていることを知ると共に、貿易の品物や方法にかたよりがあることを理解できる。 内容：貿易ゲームの小学生版「世界買い物ゲーム」体験、ゲームの感想	○**ちがいのちがい（2時間）** (資質)法律、問題解決、意思決定、民主主義 目標：精神の自由・経済活動の自由等を保障しつつ、よりよい社会をつくっていく市民としての責任を考えようとする。 内容：あってもいい違いとあってはならない違いの分類、意見が一致しないカードの再検討	○**洗面器一杯の水から（1時間）** (資質)地域の実情、中庸と倹約、問題解決 目標：日頃何気なく使っている水の用途や量について考え、自らの水の使い方を点検するきっかけをつくる。 内容：一日3リットルしか与えられない水の用途、一人一日30リットルの使い道（グループ討議）
	○**海外協力活動に携わっている人々（2時間）** (資質)社会正義と公正、外交儀礼通りに行動する、グローバルレベルでの政治参加、グローバルに批判的に思考する力、国際的な協力 目標：海外協力活動に携わっている人々の活動を具体的に知ると同時に、なぜ活動しているのか、日本の援助のあり方、市民の協力のあり方について考えることができる。 内容：民間協力団体（NGO）へのインタビュー、内容発表	○**日本人の海外移民（2時間）** (資質)国の歴史、伝統、文化、問題解決、国のアイデンティティ 目標：なぜ日本人の海外移民が行われたのか、当時の社会状況を理解でき、移民した人たちの苦労に気づく。 内容：海外移民の戦中・戦後の生活の様子	○**身近な開発と人々のくらし（2時間）** (資質)地域の実情、地域レベルでの政治参加、お互いに協力し合う、中庸、倹約を確信する、開発への関心 目標：地域の自然と開発との関係について関心をもち、自然保護の大切さと開発の功罪をとらえる。 内容：地域で行われている開発調査、住民へのインタビュー、討論会
		○**エネルギーの依存状況（2時間）** (資質)中庸と倹約、問題解決、環境と開発を気にかける 目標：わが国の資源エネルギーの依存状況を知り、環境と開発に関心をもちながら、相互協力のもと平和的な生活をしようとする態度を育てる。 内容：日本の資源輸入先と輸入依存度の調査、化石燃料に変わる新エネルギー開発（太陽光・風力・潮力・地熱・原子力等）	

⑤ 中学校「人権」学習単元モデル

全体目標：人権について理解し、地域、国家、国際的なレベルで人権に関わる問題について認識し、多様な人々と平和的に共存するために、主体的に社会に関わっていく技能と態度を育成する

	Global	National	Local
全17時間	○**国際社会の人権**（2時間）	○**人権の歴史と日本国憲法**（2時間）	○**住民参加**（2時間）
	(資質) 社会正義と公正、生活の質の向上、社会的不正と公正に対する態度、グローバルな問題を認識し、解決する	(資質) 国の歴史、伝統、文化、法律、国レベルでの政治参加、民主主義	(資質) 地域の実情、地域レベルの政治参加、地域における民主主義
	目標：国際的な人権の保障の重要性を、具体的な事例を通して理解し、飢餓や難民をなくすためにどうすればよいかを考えることができる。	目標：人権思想を具体的な人権宣言を用いて理解する。日本国憲法の三原則を理解し、自分たちの生活との関係について考える。	目標：直接請求権、情報公開制度など住民参加の方法を理解し、地方自治について関心をもつ。身近な地域の活動について調べ、地域づくりの活動に関心をもつ。
	内容：世界人権宣言、国際人権規約、先住民への差別、飢餓や難民の救済への取り組み	内容：人権思想の発達の歴史、日本国憲法の国民主権・基本的人権の尊重・平和主義の3つの基本原理	内容：地方分権、住民の直接請求権、ボランティア活動、NPOの活動
	○**地球市民**（2時間）	○**基本的人権と個人の尊重**（2時間）	○**ともに生きる**（2時間）
	(資質) 平和、開発、グローバリゼーション、協力、不当・不正への挑戦、国際的な協力	(資質) 法律、問題解決、平和な生活	(資質) 共存共栄、お互いに協力し合う、命の尊重
	目標：地域主義の働きを具体的な結びつきを通して理解する。地球規模の課題の様子を、統計資料を用いて理解するとともに、関心をもたせる。	目標：基本的人権の内容とその意義を考える。自由権・社会権の内容とその意義を具体的な事例を通して考える。	目標：障害のある人たちに対する差別について知り、その解決のために何が行われているのかを考える。障害者や高齢者の立場になって考え、基本的な介助の仕方を知る。
	内容：EU、ASEANなど、資源、エネルギー問題、人口増加など地球規模の課題	内容：基本的人権、自由権（身体、精神、経済活動の自由）、社会権（生存権、教育を受ける権利、勤労の権利、労働基本権）	内容：乙武洋匡『五体不満足』、優先席の賛否について討論、周辺のバリアフリーのマップ作成、高齢者福祉施設の訪問
		○**人権の保障**（1時間）	○**差別を乗り越える**（1時間）
		(資質) 法律、国レベルでの政治参加、民主主義	(資質) 地域の歴史、地域の実情、地域レベルでの政治参加、問題解決、地域における民主主義
		目標：基本的人権を守るための努力を具体的な事例を通して理解する。政治に参加する意味を考え、その方法としての選挙制度を理解する。	目標：部落への差別意識は、民衆支配のために国家政策として意図的に作り出されたものであることを理解するとともに、今日の社会でも、差別が残っていることに気づく。
		内容：参政権、請願権、民主主義、日本の選挙制度、選挙の課題	内容：江戸時代の身分制度、渋染め一揆、全国水平社の設立、就職、結婚差別
		○**裁判所の働き**（2時間）	
		(資質) 法律、政治行政の仕組み、国レベルでの政治参加、民主主義	
		目標：法の役割と裁判所の働きについて理解する。具体的な事例をもとに裁判の種類と制度を理解する。	
		内容：法、裁判所の働き、司法権の独立、裁判の種類、裁判を受ける権利	

	○男女平等を目指す （1時間）	
	(資質) 文化の多様性、国レベルでの相互協力、新しいことに挑戦しようとする	
	目標：社会構造やライフスタイルの変化に伴う家族の多様化やその問題点について考える。文化的・社会的な性差による役割分担を通して、男女共同参画社会基本法とその意義を理解する。	
	内容：日本の家族の形態の変化、女性の権利を高める運動、男女共同参画社会基本法	
	○共生社会 （1時間）	
	(資質) 政治行政の仕組み、共存共栄、問題解決、民主主義	
	目標：日本で暮らす外国人の医療、保険、教育、住宅、参政権などの問題を考えることを通して、共生社会の実現に向けて関心を持つ。民族への差別意識は、民族支配のために国家政策として意図的に作り出されたものであることを理解する。差別をなくすための対策について理解し、自分たちにできることを考える。	
	内容：外国人労働者の権利、アイヌの文化、皇民化政策、在日韓国・朝鮮人の権利、同和対策審議会答申	

⑥ 中学校「平和」学習単元モデル

全体目標：戦争や紛争を引き起こすメカニズム、平和を構築するための先人の努力と平和を維持するシステムを学ぶと同時に、個人が平和の課題にどのようにかかわるかを考えることができる。

	Global	National	Local
全17時間	○オリンピックから世界を知る（2時間）	○平和憲法の意味（2時間）	○国際交流をしよう～異文化交流会を開こう～（5時間）
	(資質)共存共栄、異文化理解、異文化と共生、異文化理解	(資質)法律、平和な生活、民主主義	(資質)地域史、地域の知恵、地域の伝統、文化、地域レベルでの政治参加、お互いに協力し合う、地域住民としての誇りをもつ、地域のアイデンティティ、地域の伝統文化のなかで振舞う、地域の共同体に誇りをもつ
	目標：オリンピックに参加している国や地域に着目し、オリンピックの精神が国や民族や宗教を越えたものであることを確認することで平和の祭典とよばれる所以を理解する。	目標：日本国憲法の基本となる三つの考え方から民主主義について理解し、この憲法がめざしている社会が実現されているのかを考察する。	目標：地域に住み、地域のなかで生活している外国人との文化交流を通して、お互いの国や地域に対する理解を深め、交流とはどういうものであるかを理解する。
	内容：アテネオリンピックの参加国 オリンピック憲章、台湾、朝鮮民主主義人民共和国	内容：国民主権、基本的人権の尊重、平和主義、国民主権と民主主義、平和主義と国際協調	内容：地域の歴史、郷土料理、伝統芸能、地域の観光地、地域のスポーツ、地域の生活習慣等の紹介、相手の国の文化面についての調査、相手に聞いてみたい質問
	○グローバルな世界をめざして（2時間）	○世界平和のために被爆国としてできること（2時間）	
	(資質)国際社会、問題解決、生活の質の向上、国際的な協力	(資質)国の歴史、伝統、文化、問題解決、平和な生活	
	目標：日本に求められている国際協力のあり方をODA白書やNGOの活動についての読み物から考え、地球上の人類が平和に暮らすために国際貢献はどうあるべきかを捉えることができる。	目標：唯一の被爆国として何ができるのか、なにを求められているのかを考え、今後、自分が平和のためにできることを探そうとする。	
	内容：PKO、PKF、ODA、NGO、武田清子「わたしたちと世界」、西江雅之「旅人からの便り」、貫戸朋子「マドゥーの地で」南北問題	内容：平和宣言都市、原爆ドーム、日米安全保障条約、核拡散防止条約、沖縄と基地 朗読劇「この子たちの夏」	
	○国際連合の役割（2時間）	○未来を共につくるには（2時間）	
	(資質)平和、開発、国際社会、国際レベルでの政治参加、グローバルな社会で平和に生きる、グローバルな問題を認識し、解決する	(資質)国の歴史、伝統、文化、共存共栄、相互協力、意思決定、国際社会の民主主義	
	目標：国際連合の目的である世界平和の維持を理解し、国際連合の活動から地球上の全人類の幸福のために今後の国際連合のあり方を考える。	目標：第一次世界大戦から第二次世界大戦中における日本の行動から、戦争の原因を追究し、世界平和のために日本が進む道を考えることができる。	
	内容：安全保障理事会、UNHCR、WHO、ユネスコ、南北問題	内容：五・四運動、三・一独立運動、学徒動員、日本軍による犠牲者の記念碑、日韓基本条約、日中平和友好条約	

⑦ 中学校「環境」学習単元モデル

全体目標：環境の諸問題を地域・国・国際的レベルのそれぞれで理解し、環境と開発のバランスを気にかけ平和的に解決するために協力しながら政治参加を行うとともに問題解決を図るための能力を育成する。

	Global	National	Local
全18時間	○地球環境問題を考える（2時間）	○日本の資源と地球温暖化（2時間）	○身近な地域の環境問題を調べる（2時間）
	(資質) 環境、問題解決、自然環境の保全、グローバルな問題を認識し、解決する	(資質) 共存共栄、持続的開発、中庸と倹約、問題解決、環境と開発を気にかける	(資質)地域の実情、地域レベルでの政治参加、中庸と倹約、問題解決、開発への関心
	目標：酸性雨、地球温暖化、ダイオキシン問題、異常気象、環境ISOや「環境を守る仕事」等について調査・発表し、これらの地球環境問題の現状や原因・解決策、環境を守るための運動や職業について関心をもつことができる。	目標：日本はエネルギー資源のほとんどを海外に依存し、大量に消費している現状を他国との比較によって捉える。またエネルギー生産・消費の過程での二酸化炭素排出が地球温暖化に関係していることを理解することができる。	目標：身近な地域における環境問題を取り上げ、調査・発表し、その問題に対しての問題意識を持ち、具体的な解決策を提案することができる。
	内容：酸性雨、地球温暖化、ダイオキシン問題、環境ISO、「環境を守る仕事」	内容：日本の資源輸入、日本の電力構成、二酸化炭素排出量	内容：身近な地域の環境問題、ごみの分別収集、産業廃棄物の処理場
	○資源、エネルギー問題の現状（2時間）	○公害防止と環境保全（2時間）	○省エネルギー対策（2時間）
	(資質) 国際社会、効果的な主張をする、グローバル経済、グローバルな問題を認識し、解決する	(資質) 政治行政の仕組み、持続的開発、中庸と倹約、問題解決、環境と開発を気にかける	(資質) ライフスタイル、持続的開発、問題解決、開発への関心
	目標：地球環境問題を世界の資源・エネルギー消費との関係で捉え、現在の世界のエネルギー需給の様子、世界の二酸化炭素排出量の現状等を理解することができる。また、21世紀のエネルギー利用について環境問題の視点から考えることができる。	目標：四大公害、公害の原因・防止策、公害防止に努める住民運動、環境権や環境基本法等の法的な環境保全の取り組みについて理解し、今後環境を守るためにはどうしたらよいか考えることができる。	目標：エネルギー消費を少なくする「省エネルギー対策」を環境問題の視点から捉え、自分の身近な問題として考え、実践する。また、学校や地域の省エネルギー対策について理解することができる。
	内容：世界のエネルギー事情、21世紀のエネルギー問題	内容：四大公害、四大公害裁判、環境権、環境基本法	内容：身近な「省エネルギー対策」、学校の太陽光発電
	○地球温暖化の防止（2時間）	○地球にやさしいもの作り（1時間）	
	(資質) 持続的開発、共存共栄、協力と対立、批判的思考力、国際的な協力、地球市民としてのアイデンティティ	(資質) 中庸と倹約、共存共栄	
	目標：地球温暖化の原因とされる炭酸ガスの排出を減らす国際的な条約や取り決めがなされ、各国で地球温暖化の防止策が始まったことを理解することができる。また、先進国と発展途上国の間の二酸化炭素排出量をめぐる問題をはじめ、地球温暖化防止に伴う葛藤にも着目し、今後の地球温暖化防止をどうしたらよいかグローバルなレベルで考えることができる。	目標：大量生産・大量消費の生活は、産業廃棄物やダイオキシン問題等の公害を招いたことを理解する。また、それを背景に消費者と企業の意識の変化をとらえることができる。	
	内容：地球温暖化、地球温暖化防止会議、異常気象	内容：環境にやさしい製品、リサイクル、再生紙の利用	
	○アジアの森林と日本（2時間）	○環境を守る先端技術（1時間）	
	(資質)社会正義と公正、グローバリゼーション、批判的思考力、異文化との共存共栄、社会的不正と公正への義憤	(資質) 持続的開発、問題解決、意思決定、環境と開発を気にかける	
	目標：私達の生活が他国との関わりなしには成り立たないこと、「東南アジアでのえび養殖」や「マレーシアの森林伐採」が国際的な環境破壊の原因になっていることを理解できる。そして、今日では森林再生のために様々な努力が行われ、国際的に注目されていることを理解できる。	目標：環境問題への取り組みとして、化石燃料を使用しない発電(風力発電、地熱発電等)やCO₂・Nox を出さない自動車(燃料電池の自動車、ソーラーカー)等の先端技術が開発・実用されていることを理解する。また、21世紀のエネルギーをどうしたらよいか、これら先端技術を例に考えることができる。	
	内容：東南アジアのえび養殖、マレーシアの森林伐採、熱帯雨林再生の取り組み	内容：風力・地熱・波力・太陽光発電、スーパーごみ発電、燃料電池を搭載した自動車、ソーラーカー	

⑧ 中学校「開発」学習単元モデル

全体目標：開発の諸問題を地域・国・国際レベルのそれぞれで理解し、共存共栄の精神のもとで行動しうる技能を培い、問題解決しようとする態度を養う。

	Global	National	Local
全17時間	○青年海外協力隊 (2時間) (資質) 平和、開発、環境、問題解決、国際レベルでの政治参加、国際的な協力 目標：日本の青年たちが世界のどこで、どんな活動をしているかを知り、市民の協力のあり方について考える。 内容：エチオピアの井戸プロジェクト、ニジェールの砂漠緑地化計画、隊員の願いや思い	○外国人と語り合おう (2時間) (資質) 文化の多様性、共存共栄、国レベルでの相互協力 目標：多様な他者とのかかわりのなかで、自他の違いを認め、時や場に応じた適切な方法で良好な人間関係を結ぶことができる。 内容：外国人留学生との意見交換や聞き取り調査	○10年後の私へのメッセージ (2時間) (資質) 地域のライフスタイル、意思決定 目標：同年齢の多様な見方にふれながら、自分の現在のあり方、生き方をふり返る。 内容：10年後の私へ、意見交換
	○地球ビンゴをしよう (2時間) (資質) 文化の多様性、異文化理解、国内外の異文化理解、社会と文化の多様性を尊重する 目標：「地球ビンゴ」の学習を通して、「わたしたちのクラスの中の世界」を体験する。 内容：地球ビンゴ、日本との結びつき（教室の中のいろいろなものと世界とのかかわり・日常使っている言葉の語源）	○ミンダナオ島のバナナと砂糖 (2時間) (資質) 共存共栄、持続的開発、問題解決、環境と開発を気にかける 目標：ミンダナオ島での人々の生活を知り、輸出品における価格設定の不公平さを知る。 内容：一般のスーパーとグリーンコープのバナナの価格比較、グリーンコープの意見広告、ミンダナオ島の生産者の様子	○新聞に書かれた世界 (2時間) (資質) 地域の実情、地域レベルでの政治参加、問題解決、地域における民主主義、地域の共同体に誇りをもつ 目標：地方新聞を利用することで、地域と世界のつながりを発見することができる。 内容：地方版に記載された外国の記事の収集と分類、記事の特徴調べ
	○貿易ゲーム (2時間) (資質) 相互依存、共存共栄、グローバルな問題を認識し、解決する 目標：発展途上国の人々と私たちのつながりに関心をもち、経済格差を少しでも是正する方法を考える。 内容：貿易ゲーム		○地域の技術を守る (2時間) (資質) 地域の伝統、文化、地域レベルでの政治参加、地域の伝統文化のなかで振舞う、地域の共同体に誇りをもつ 目標：自己形成している文化や価値観を尊重し、それを守ろうとする。 内容：宮大工の技術、地域の農業やこて絵を守る取り組み
	○世界は一つ (1時間) (資質) 相互依存、グローバル経済 目標：多国籍企業の各国での様子や販売網を調べ、経済のグローバル化を実感する。 内容：海外での自動車、家電、衣料工業、百貨店の様子		

⑨ 高等学校「人権」学習単元モデル

全体目標：人権について理解し、地域、国家、国際的なレベルで人権に関わる問題について認識し、多様な人々と平和的に共存するために、主体的に社会にかかわっていく技能と態度を育成する。

	Global	National	Local
全18時間	○世界人権宣言・人権規約の思想（1時間）	○自由権―表現の自由とプライバシー（1時間）	○人権と地方への権限委譲（1時間）
	（資質）社会正義と公正、共存共栄、異文化理解、国際社会、グローバリゼーション、外交儀礼通りに行動する、平和的解決、グローバルに批判的に思考する力、国際的な協力、国際社会の民主主義	（資質）法律、中庸と倹約、政治行政の仕組み、問題解決、平和な生活、民主主義	（資質）地域史、地域レベルでの政治参加、共同体を愛する、地域住民としての誇りをもつ、地域のアイデンティティ、地域の共同体に誇りをもつ
	目標：世界人権宣言・人権規約の思想について知り、現在の社会について、問題点を考える。そして、どうすればよりよい社会を築くことができるか考える。	目標：表現の自由とプライバシー権について、その必要性を知る。事例などから二者の兼ね合いについて考え、平和的に問題を解決する力を育成する。	目標：地方自治の思想と制度について知る。地方自治の現状と問題点について理解し、地方の自立のためにはどうすればよいかを考え、より良い生活を求めて積極的に政治に参加していこうとする態度と技能を養う。
	内容：世界人権宣言、人権規約の歴史的背景、関係機関、活動、人権思想の普遍性、世界各地の人権侵害	内容：個人のプライバシーと表現の自由にあたる裁判事例、検閲・規制の基準の検討	内容：地方分権の現状、県レベル、市町村レベルでの地方自治、地域づくり
	○子どもの権利条約（1時間）	○平等権―在日外国人の参政権問題（1時間）	○市民の権利―政治参加（1時間）
	（資質）社会正義と公正、国際社会、国際レベルでの政治参加、不当、不正への挑戦、社会的不正と公正に対する態度、グローバルな問題点を認識し、解決する、国際社会の民主主義	（資質）国の歴史、伝統、文化、法律、政治行政の仕組み、国レベルでの政治参加、問題解決、民主主義	（資質）地域史、地域レベルでの政治参加、問題解決、地域における民主主義
	目標：子どもの権利条約について知り、よりよい社会、くらしを求めて主体的に社会に関わっていこうとする態度を養う。	目標：国内外の外国人の権利、外国人の参政権問題の動向を知る。民主的な政治とは何かを考え、それを実現していこうとする姿勢を養う。	目標：直接請求権について知る。地域住民として地域に関心をもち、地域の政治に対して問題意識と責任感をもって積極的に参加していく姿勢を養う。
	内容：子どもの権利条約の内容	内容：様々な在日外国人、在日外国人の権利、「国籍」	内容：条例制定・改廃の請求、監査請求、解職請求
	○アムネスティ・インターナショナル（1時間）	○社会権―リストラと労働者の生活（1時間）	○いじめ、身近な差別問題（1時間）
	（資質）社会正義と公正、文化の多様性、異文化理解、国際レベルでの政治参加、不当、不正への挑戦、グローバルな問題を認識し、解決する、国際的協力、国際社会の民主主義、地球市民としてのアイデンティティ	（資質）法律、中庸と倹約、政治行政の仕組み、国レベルでの政治参加、問題解決、民主主義	（資質）地域の文化、問題解決、お互いに協力し合う、地域社会で平和に暮らす、地域における民主主義
	目標：アムネスティ・インターナショナルについて知る。国際社会の一員として、自分の生きる社会について問題意識をもって見つめていく力を養う。	目標：労働者の権利について、その歴史と必要性を知る。現在の労働状況の問題点を知り、どうすれば労働者にとってよりよい環境をつくることができるかを考える。	目標：差別やいじめの問題について、それらが生まれてくる構造を理解する。自分の生活の中にある身近な差別やいじめについて、自分の位置づけも含みながら考える。身近な差別やいじめを無くすためにはどうすればよいかを考え、実行していく力を養う。
	内容：アムネスティ・インターナショナルとは、諸活動、北朝鮮難民への支援の例、日本の難民政策、死刑について	内容：派遣労働者の人権、パートタイム、アルバイト、フリーターと人権	内容：いじめや差別（部落差別・障害者差別）はどのように起こるのか、どういうしくみになっているか、どうして起こるのか

○異文化理解（1時間）	○ジェンダーフリー（1時間）	○ノーマライゼイション（1時間）
（資質）文化の多様性、異文化理解、グローバリゼーション、平和的解決、グローバル経済、アイデンティティ、地球市民としてのアイデンティティ	（資質）国の歴史、伝統、文化、文化の多様性、法律、政治行政の仕組み、国レベルでの政治参加、中庸と倹約、問題解決	（資質）地域の伝統、文化、地域レベルでの政治参加、問題解決、共同体を愛する、地域住民としての誇りをもつ、地域社会で平和に暮らす、民主主義、地域のアイデンティティ
目標：多様な社会や文化、価値観を知り、文化や価値観の違いを尊重し、共存しようとする態度を育てる。	目標：ジェンダーについて知る。ジェンダーという意味づけについて考える。身近な生活の中からジェンダーの構造について考える。自分の生活の中で、また社会的な問題へ、解決的にはたらきかけていく態度を養う。	目標：ノーマライゼイションという考え方、歴史について知る。現在の社会の問題点について知る。地域社会におけるノーマライゼイションについて調べ、考える。問題点、解決方法などを考え、それを実行していく技能、態度を育成する。
内容：世界の紛争地域（異文化同士の接触）、多民族・多文化国家の階級秩序（抑圧と安定）、民族自決運動	内容：ジェンダーとは何か、ジェンダーとセクシュアリティ、生物学的決定論と社会的決定論、ジェンダーを規定する「文脈」は何か	内容：精神病患者の地域生活、障害者、高齢者等の生活、地域改善実践（当事者に話を聞く、自分たちが必要だと思うことを議論、チェックリストを作る、地域のノーマライゼイション度調査、改善のための方法を考える）
○世界のマイノリティ問題（1時間）	○公共の福祉と個人の権利	○高齢化と地域の老人問題
（資質）文化の多様性、世界の歴史、異文化理解、協力、アイデンティティ	（資質）国の歴史、伝統、文化、文化の多様性、中庸と倹約、国レベルでの政治参加、民主主義	（資質）地域史、地域の伝統、文化、地域レベルでの政治参加、問題解決、お互いに協力し合う、地域社会で平和に暮らす
目標：世界のマイノリティについて知り、異文化の共存、多元的な社会の実現について考える。	目標：公共の福祉と個人の権利について、その必要性を知る。個人の権利に制限するものは何かを考える。平和な生活を送るための課題解決の技術を身につける。	目標：高齢化とそれにかかわる問題について知る。地域レベルでの高齢化政策について知る。身近な地域の高齢者の生活について知る。高齢者もそうでない人々も高齢化社会を豊かに生きていくためにはどうすればよいか、必要なことは何かを考え、主体的に活動していく態度と力を養う。
内容：マイノリティのアイデンティティ、文化、人権、マイノリティによる運動、歴史、位置づけ、それを行う社会的文脈	内容：ダム、空港建設等にかかわる裁判事例、原子力発電所、基地等への反対運動、個人の権利を制限するもの、公共の福祉とは何か	内容：高齢者、介護者、家族、生徒自身のそれぞれの置かれている立場を考える、高齢者に話を聞く
○生命倫理：クローン技術の許容範囲（1時間）	○国内のマイノリティ問題（1時間）	○青少年保護条例（1時間）
（資質）文化の多様性、平和的解決、グローバルに批判的に思考する力、科学技術	（資質）国の歴史、伝統、文化、文化の多様性、法律、政治行政の仕組み、国レベルでの政治参加、問題解決、民主主義	（資質）地域レベルでの政治参加、共同体を愛する、地域社会で平和に暮らす、地域における民主主義
目標：クローン技術、医療技術について知る。各国のクローン技術等に対する姿勢について知る。クローン技術、生命倫理に関する諸問題について考える。	目標：国内のマイノリティについて知る。多様な価値観や文化を知る。マイノリティを位置づける社会的文脈への視点を養う。自分の身近な問題について考え、多様な人々との共存の実現のために、生活の場や社会へとはたらきかけていく態度と力を養う。	目標：青少年保護条例について、その内容と意義を知る。青少年保護条例の趣旨を読み取り対象化する能力を身に付ける。
内容：クローン技術、再生医療とクローン技術、各国のクローン技術の許容範囲（イギリス、アメリカ、日本、その他）	内容：国内におけるマイノリティ、マイノリティの文化、マイノリティの人権	内容：青少年保護条例の内容の検討、「あるべき青少年像」はどのようなものか、問題点

⑩ 高等学校「平和」学習単元モデル

全体目標：戦争や紛争を引き起こすメカニズム、平和を構築するための先人の努力と平和を維持するシステムを学ぶと同時に、個人が平和の課題にどのようにかかわるかを考えることができる。

	Global	National	Local
全17時間	○テロの生まれる背景（1時間）	○国民国家とナショナリズム（1時間）	○基地のある町の抱える問題（1時間）
	（資質）平和と開発、不当、不正への挑戦、グローバリゼーション、社会と文化の多様性を尊重する	（資質）国の歴史、伝統、文化、意思決定、平和な生活、民主主義	（資質）地域の実情、地域レベルでの政治参加、問題解決、共同体を愛する、地域共同体に平和に暮らす
	目標：テロの背景にある経済発展による富の世界的な偏在などを理解することができる。	目標：ナショナリズムの功罪を理解し、排斥や弾圧ではなく平和的共存をめざす考え方を養う	目標：米軍基地や自衛隊基地のある町の人々の暮らしを知るとともに、どのような問題点があるか理解する。
	内容：9．11テロ、イスラエルでのテロ事件	内容：第1次大戦後のバルカン半島の独立、ナチスによる国民扇動	内容：沖縄問題
	○国際紛争の要因と現状（1時間）	○日本国憲法第9条と現状（2時間）	○祖父母世代の語る戦争（2時間）
	（資質）世界の歴史、問題解決、グローバルに批判的に思考する力、グローバルな問題を認識し、解決する	（資質）国の歴史、伝統、文化、法律、国レベルでの政治参加、民主主義	（資質）地域史、地域レベルでの政治参加、問題解決、地域社会で平和に暮らす
	目標：貧困や富の偏在、歴史性が紛争の背後に存在することを学ぶことによって、個別の紛争の特殊性と一般性を理解する。	目標：9条の理念を理解するとともに、解釈の変遷をたどり、その背後にある問題を理解する。	目標：第2次世界大戦中の人々の暮らしを知り、今世界で行われている戦争の実際について考える。
	内容：現在世界の紛争	内容：9条の解釈の変遷、改憲派と護憲派との意見の違い	内容：祖父母からの聞き取り、イラク戦争・コソボ紛争などの調査、戦時下の人々の暮らし
	○エスノセントリズム（1時間）	○沖縄問題（1時間）	○自治体外交（1時間）
	（資質）世界の歴史、グローバルに批判的に思考する力、不当、不正への挑戦、民主的に生活する、新しいことに挑戦しようとする	（資質）政治行政の仕組み、問題解決、平和な生活	（資質）地域の実情、お互いに協力し合う、地域住民としての誇りをもつ、地域のアイデンティティ
	目標：国際紛争の要因を民族対立のみに収斂させることの問題性を理解できる。	目標：戦後の日米安保体制のもとで沖縄の基地が果たした役割を検討し、問題点を理解する。	目標：自治体レベルでの各国との交流の実態を知り、それが平和にどのように結びつくかを考える。
	内容：ナチスと旧日本軍に共通する国民扇動の状況	内容：沖縄に米軍基地ができる経緯、基地があることによって生じた問題	内容：姉妹都市の提携状態、交流がもつ意味
	○集団防衛体制の機能と現状（1時間）	○日本の国際貢献（2時間）	○人間の安全保障（1時間）
	（資質）国際社会、国際レベルでの政治参加、国際的な協力、国際社会の平和	（資質）共存共栄、国レベルでの政治参加、平和な生活、環境と開発を気にかける	（資質）地域の実情、地域レベルでの政治参加、問題解決、地域社会で平和に暮らす、開発への関心
	目標：国際紛争を防ぐための国際関係のあり方を考え、集団防衛体制が果たす役割を理解する。	目標：一人の市民として、国際平和にどのように関わることができるかをNGOの活動をもとに考える。	目標：地雷撤去のために活動する人々の実態を学び、個人の平和のための活動の意義を話し合う。
	内容：集団防衛の考え方、戦後の集団保障の体制	内容：NGO「国境なき医師団」	内容：テロ、カンボジアの地雷問題
	○国連安全保障理事会の機能（1時間）	○国際交流の歴史（1時間）	
	（資質）国際社会、平和的解決、グローバルな社会で平和に生きる、グローバルな問題を認識し、解決する、国際社会の民主主義	（資質）政治行政の仕組み、国レベルでの相互協力、環境と開発を気にかける	
	目標：国際連合の成立と役割について学び、安全保障理事会の重要性について理解する。	目標：ODAを通じた交流や、民間の交流の歴史を知る。	
	内容：PKO、PKF、国連安保理の立場	内容：JICA、国際相互理解の進め方	

⑪ 高等学校「環境」学習単元モデル

全体目標：環境の諸問題を地域・国・国際的レベルのそれぞれで理解し、開発と環境のバランスを気にかけ平和的に生活するために協力しながら政治参加を行うとともに問題解決を図るための技能を育成する。

	Global	National	Local
全18時間	○地球温暖化の原因と影響 (1時間)	○公害事件の原因と教訓 (1時間)	○ごみ分別とリサイクル (1時間)
	(資質)環境、共存共栄、国際社会、グローバリゼーション、問題解決、協力、グローバルに批判的に思考する力、グローバルな問題を認識し、解決する、国際的な協力	(資質)国の歴史、伝統、文化、法律、問題解決、環境と開発を気にかける	(資質)地域史、地域レベルでの政治参加、問題解決、お互いに協力し合う、共同体を愛する
	目標：地球温暖化の原因と影響について知り、自然環境保全と持続的な開発のための資源管理に必要な問題解決能力や批判的思考力を身に付ける。	目標：わが国の公害の歴史を調べるとともに、公害問題の解決を図る技能を身に付けることができる。	目標：ごみ分別とリサイクルが地域の中で具体的にどの様に行われているかを知り、地域レベルでの政治参加を行うことによって、問題解決をしていくための技能を育成する。
	内容：氷河の後退、大気汚染と北極圏のスモッグ・東京湾のウミネコよりPCBが多い北極の白熊、大気中の二酸化炭素濃度変化と地球の平均温度の推移の関係	内容：日本の公害関係年表と経済の発展と公害、日本の公害認定患者の分布、四大公害裁判	内容：学校のゴミ処理費用、生徒一人当たりの費用、クラスから出る一週間のゴミの種類と分別の実態、資源ゴミの種類と値段
	○酸性雨の原因と影響 (1時間)	○公害健康被害補償法とPPP (1時間)	○ごみ処理場の建設問題 (1時間)
	(資質)グローバリゼーション、問題解決、協力、グローバルに批判的に思考する力、グローバルな問題を認識し、解決する、国際的な協力	(資質)法律、政治行政の仕組み、国レベルでの参加、問題解決、平和な生活、環境と開発を気にかける	(資質)地域史、地域レベルでの政治参加、問題解決、お互いに協力し合う、共同体を愛する、地域における民主主義
	目標：酸性雨の原因と影響について知り、自然環境保全と持続的な開発のための資源管理に必要な問題解決能力や批判的思考力を身に付ける。	目標：わが国の公害の歴史を調べるとともに、公害問題の解決を図る技能を身に付ける。	目標：ごみ処理場の建設から、具体的にごみの処理がどの様に行われているかを知る。ごみ処理場の建設問題を事例に、お互いに協力し合い問題解決をしていくための技能を育成する。
	内容：酸化硫黄の生成のメカニズム、ドイツの森林の壊滅、スウェーデンの湖死と石灰まき中和作戦、パルテノン神殿の侵食と鉄の錆を日本製のチタンとの取替え、酸性雨によるコンクリートの影響、酸性雨の測定	内容：公共事業と住民運動・大阪空港裁判や名古屋新幹線公害訴訟、公害対策基本法と環境基本法、企業と国の公害への対応・汚染者負担、環境事犯の検挙件数	内容：ゴミの越県と過疎・過密の問題、ゴミによる地下水汚染と自然破壊、地域のゴミ処理場の実態
	○砂漠化の原因と影響 (1時間)	○今日的な公害（ハイテク汚染） (1時間)	○産業廃棄物の処理問題 (1時間)
	(資質)問題解決、グローバルに批判的に思考する力、自然環境の管理、環境と持続的開発と資源の管理への関心、グローバルな問題を認識し、解決する、国際的な協力	(資質)法律、政治行政の仕組み、国レベルでの参加、問題解決、平和な生活、環境と開発を気にかける	(資質)地域史、地域レベルでの政治参加、問題解決、お互いに協力し合う、地域における民主主義、開発への関心
	目標：砂漠化の原因と影響について知り、自然環境保全と持続的な開発のための資源管理に必要な問題解決能力や批判的思考力を身に付ける。	目標：社会や科学の進歩により新しい公害が出てくることを知るとともに、平和的な生活をするために、ハイテク問題の解決を図る技能を身に付ける。	目標：産業廃棄物の処理問題が地域の中で具体的にどの様に行われているかを知り、お互いに協力し、問題解決をしていくための技能を育成する。
	内容：アフリカの砂漠化と表土流出、先進国の砂漠化・穀物畑や放牧による表土流出と塩害	内容：食物連鎖と生態濃縮、ごみ焼却場のダイオキシン汚染、国外に投棄される産業廃棄物・公害輸出、IC水質汚染トリクロエチレン、環境アセスメント条例	内容：豊島の実態、リサイクル法と家電リサイクル法の実際、地域から出る産業廃棄物の種類とその処理の調査

294 〈巻末資料〉 小、中、高等学校における市民性教育の学習単元モデル

○森林破壊の原因と影響（1時間）	○原発政策の是非（1時間）	○環境保護と生活（鯨、動物愛護）（1時間）
（資質）環境、問題解決、グローバルに批判的に思考する力、自然環境の保全環境と持続的な開発、グローバルな問題を認識し、解決する、国際的な協力	（資質）法律、政治行政の仕組み、国レベルでの参加、問題解決、平和的な生活、環境と開発を気にかける	（資質）地域史、地域の知恵、地域の伝統、文化、地域レベルでの政治参加、伝統を確信する、地域のアイデンティティ、地域の伝統文化のなかで振舞う
目標：森林破壊の原因と影響について知り、自然環境保全と持続的な開発のための資源管理に必要な問題解決能力や批判的思考力を身に付ける。	目標：環境と開発を気にかけながら平和的な生活を行うために、法や政治行政の知識を得て、国レベルで原発問題を解決する技能態度を養う。	目標：地域の歴史、伝統、文化から、環境保護と生活の関係について先人の知恵を学ぶ。
内容：酸性雨と減少する森林、熱帯雨林・森林伐採の影響とアマゾンの開発との両立の難しさ、ケナフ紙と再生紙、グリーンマークの収集	内容：主要資源の輸入依存度と輸入先、石油の備蓄とエネルギー安全保障、原子力発電の実際と利点と問題	内容：地域の暮らしの歴史・知恵（魚つき林、禁猟区、放生会、入会地）、エネルギー循環型社会
○地球環境を守る国際的な運動（1時間）	○自然エネルギーの開発（1時間）	○環境のコスト意識（1時間）
（資質）国際レベルでの政治参加、効果的に議論する、自然環境の管理、環境と持続的開発と資源の管理への関心、グローバルな問題を認識し、解決する、国際的な協力、地球市民としてのアイデンティティ	（資質）法律、政治行政の仕組み、国レベルでの参加、問題解決、平和的な生活、環境と開発を気にかける	（資質）地域史、地域レベルでの政治参加、中庸と倹約、問題解決、お互いに協力し合う
目標：地球環境を守る国際的な運動について知り、国際社会の一員としてグローバルな世界で共存共栄を図る事のできる資質を身に付ける。	目標：環境と開発を気にかけながら平和的な生活を行うために、法や政治行政の知識を得て、国レベルでエネルギー問題を解決する技能態度を養う。	目標：地域の中から、環境とコスト意識の関係を表わすものについて具体例を見つけ、中庸と倹約の精神を学ぶことによって、問題解決を行うための知識・技能の育成を図る。
内容：国連人間環境会議での「かけがいのない地球」、国連砂漠化防止会議、国連水会議、ヘルシンキ宣言とフロン削減、バーゼル条約、ラムサール条約とナショナルトラスト運動、京都議定書	内容：石油危機後の日本・冷凍冷蔵庫における省エネ、サンシャイン計画・ムーンライト計画・ニューサンシャイン計画、クリーンエネルギーの種類と発電の実際。太陽光発電住宅のコスト	内容：ゴミの年間排出量と国民一人当たりのゴミ処理費用の推移、地域における一人当たりのゴミ処理費用、コンポストや生ゴミ処理機のコストと処理費節減の関係
○地球サミットと持続可能な開発（1時間）	○エコカーなどの環境対策（1時間）	○公害防止協定の現状（1時間）
（資質）国際社会、問題解決、国際レベルでの政治参加、効果的に議論する、異文化との共存共栄、自然環境の管理、環境と持続的開発と資源の管理への関心、グローバルな問題を認識し、解決する	（資質）法律、政治行政の仕組み、国レベルでの参加、問題解決、平和的な生活、環境と開発を気にかける	（資質）地域の知恵、問題解決、お互いに協力し合う、地域における民主主義、開発への関心
目標：地球サミットを通じて、国際的協力の下で平和的な解決をめざした国際的な取り組みが行われていることを知り、国際社会の一員としてグローバルな世界で共存共栄を図る事のできる資質を身に付ける。	目標：エコカーなどの環境対策を事例に、国レベルでエネルギー問題を解決する技能態度を養う。	目標：地域の公害防止協定の現状を知ることによって、開発と環境のバランスについて考えることができる。
内容：ブラジルでの国連環境開発会議での持続可能な開発、アジェンダ21、気候変動枠組み条約	内容：乗用車の燃費とエコカー、ハイブリットカーと燃料電池、エコカーを生産するエネルギーと古い車を乗り続けるエネルギーの差	内容：地域の公害防止協定の有無と条例の制定による環境保護、条例制定の手続きと環境を守る条例の実際

⑫ 高等学校「開発」学習単元モデル

全体目標：開発の諸問題を地域・国・国際レベルのそれぞれで理解し、共存共栄の精神のもとで行動しうる技能を培い、問題解決しようとする態度を養う。

	Global	National	Local
全17時間	○**富める国と貧しい国の現状（2時間）** (資質) 相互依存,共存共栄,国際社会,問題解決,グローバルに批判的に思考する力,グローバル社会 目標：相互依存,共存共栄の関係にある国際社会の現状を通して、グローバル社会に生きる素養を養う。 内容：国別GNP比較、南北の格差、南南問題・植民地の歴史的背景、A・A会議等の南側諸国の連携、国連貿易開発会議(UNCTAD)による南北問題解決への働き	○**少子化の現状と問題点（1時間）** (資質) 国の歴史、伝統、文化、中庸と倹約 目標：少子化の現状を踏まえ、そこに内在する課題を考えることができる。 内容：数値データによる少子高齢化の確認、少子化による問題点（伝統文化の伝承が厳しい、労働力不足、年金制度破綻）	○**地域の生活（1時間）** (資質)地域の知恵、地域の伝統、文化、中庸と倹約、問題解決、お互いに協力し合う 目標：身近な地域について知ることで、そこに存在する課題に関心をもつことができる。 内容：身近な地域の歴史、伝統、文化、その地域の特色、その地域が抱える問題点
	○**ODAの現状と課題（1時間）** (資質) 共存共栄、国際社会、問題解決、協力、グローバルに批判的に思考する力、国内外の異文化理解 目標：共存共栄の関係にある国際社会の現状と課題をふまえて、問題解決や批判的思考をすることで、国際的な協力に参加できる素養を養う。 内容：政府開発援助 (ODA) の内容、方法、実態、課題	○**資源・エネルギーの依存状況（1時間）** (資質) 国の歴史、伝統、文化、文化の多様性、法律、中庸と倹約、お互いに協力し合う、環境と開発を気にかける 目標：わが国の資源エネルギーの依存状況を知り、相互協力のもとで、環境と開発に関心をもつことができる。 内容：日本の資源輸入先と輸入依存度、石油危機の影響、日本の省資源・省エネルギーへの取り組み（イノベーション、法規制）、化石燃料に変わる新エネルギー開発（太陽光、バイオマス、風力、潮力、地熱、原子力）	○**グリーンツーリズム（2時間）** (資質)地域の知恵、地域の伝統、文化、お互いに協力し合う、地域の共同体に誇りをもつ、開発への関心 目標：農村の知恵によって生まれた新しい地域の取り組みについて関心をもつことができる。 内容：大分県安心院町『グリーンツーリズム推進宣言』、『安心院式（会員制農村民泊）』、ドイツ『ドイツ連邦休暇法』、観光によるまちづくり
	○**地下資源の偏在と消費国（1時間）** (資質) 相互依存、共存共栄、国際社会、問題解決、グローバルに批判的に思考する力、自然環境の管理、環境と持続的開発と資源の管理への関心、グローバルな問題を認識し、解決する 目標：相互依存の関係にある地下資源について知り、それ自体が抱える問題を批判的に捉えることで、グローバルな環境保護を考える 内容：地下資源の所在、エネルギーをめぐる先進国と途上国との対立		○**都市と農村の人口構成（1時間）** (資質) 地域史、問題解決、共同体を愛する、地域のアイデンティティ、地域の伝統文化のなかで振舞う 目標：都市の発展について知ることによって、そこに存在する課題に関心をもつことができる。 内容：数値データによる比較、都市の過密、農村の過疎、若年者の都市への流出、改善のための方策（魅力的なまちづくり、農村における雇用の創出、インフラ整備）
	○**食料需給の現状（1時間）** (資質) 相互依存、共存共栄、問題解決、グローバルに批判的に思考する力、グローバル経済		○**ニュータウン建設とコミュニティ（1時間）** (資質)地域の文化、地域のレベルでの政治参加、問題解決、相互協力、地域住民としての誇りをもつ

目標：相互依存の関係にある食料について知り、そこにある課題を批判的に捉えることで、グローバル経済の構図を把握する。	目標：ニュータウン建設に関わるコミュニティーのあり方について関心をもつことができる。
内容：世界各国の食料自給率、自給と国際分業、先進国の飼料輸入による発展途上国の食料価格上昇と食料不足	内容：宅地開発と新コミュニティーの形成、共生、相互理解
○フェアトレード （1時間）	○高速道路・ダム建設の是非 （2時間）
（資質）共存共栄、国際社会、平和的解決、生活の質の向上、グローバル経済、グローバルな問題点を認識し、解決する	（資質）地域の伝統、文化、問題解決、地域における民主主義、地域のアイデンティティ、地域の伝統文化のなかで振舞う、地域の共同体に誇りをもつ
目標：共存共栄の関係にある国際社会について知り、グローバルな問題を認識する。	目標：高速道路やダム建設について知ることで、環境保護と地域開発との葛藤について考える。
内容：普通の貿易との違い（生産者が受け取る金額が違う）、援助との違い（売り手買い手の平等関係）、どのような商品があるか（コーヒー etc）	内容：開発のメリットとデメリット、ディベート
○人口の増加国と停滞国 （1時間）	○自治体外交 （1時間）
（資質）文化の多様性、異文化理解、国際社会、問題解決、グローバルに批判的に思考する力、グローバルな問題点を認識し、解決する	（資質）地域の知恵、地域の伝統、文化、相互協力、共同体を愛する、地域の共同体に誇りをもつ
目標：各国の社会構造や文化の多様性について知り、そこにある課題を批判的に捉えることで、グローバルな問題について考えることができる。	目標：地方自治体が独自の伝統文化を通じて交流していることに関心をもつ。
内容：発展途上国を中心に第二次世界大戦以降起きた人口急増（人口爆発）とその原因（医療の発達etc）、課題（食料不足、経済発展の障害etc）	内容：姉妹都市交流、大分県『一村一品』、『一村一品』をモデルとした海外での取り組み（Ex. タイ『OTOP』One Tambon, One Product Movement）
○NGOの開発援助活動 （1時間）	
（資質）共存共栄、異文化理解、問題解決、国際レベルでの政治参加、グローバルに批判的に思考する力、自然環境の管理、環境と持続的開発と資源の管理への関心、グローバルな問題を認識し、解決する、国際的な協力	
目標：グローバルな援助活動について知り、本当の意味での国際的な協力をしようとすることができる。	
内容：非政府組織（NGO）の活動（フィリピンミンダナオでの草の根国際協力）	

索　引

〔数字・欧字〕

1992年国家教育計画	103
1996年の中央教育審議会答申	91
1997年経済危機	98
1997年憲法	181, 191
1998年教育課程審議会答申	92
1999年国家教育法	127, 191, 227, 230
2001年基礎教育カリキュラム	127, 129-131, 133, 142, 208
2002年新カリキュラム	11
2003年中央教育審議会答申	93, 116, 117
21世紀教育新生プラン〜レインボープラン	95
21世紀日本の構想懇談会	94, 112
21世紀報告書	111
5年課程	184, 187, 190, 192
IT	10, 11, 16, 227, 230
——革命	18
——教育	258
——の活用能力	228
OECD生徒の学習到達度調査（PISA）	154

〔ア行〕

愛国心	94, 96, 111, 113, 255, 256
アセアン6	180
アセアン10	180
新しい教育パラダイム	5
新しいナショナリズム	114, 115
アナン	180
新たな公共	111, 115
イギリス	6
生きる力	91, 178, 179
意思決定	10, 18-21, 240, 256, 270-272
——能力	20, 270
いじめ	17
イスラーム	236
——教徒	247
——社会	18
——の教義	169
——文化	246
異文化理解	10, 20, 21, 269, 270
——教育	18, 19
イラク戦争	18
インターナショナルセンター	229
インターネット	18, 237
インターンシップ	186, 187, 260
インタビュー	228
英語	228
——教育	229
大分県	257
オーガン、B. (Organ, B.)	239
オーストラリア	6

〔カ行〕

外国語コミュニケーション能力	11
開発	9, 237, 263, 269, 270
——教育	18
——国家	65
——主義	65, 96
——独裁	97
——の学習単元モデル	265

298　索　引

——問題	17
外部評価	162
開放制	176
——（の）教員養成制度	176
科学的なデータ	272
学習過程	6
——モデル	269, 271
学習指導要領	10, 13, 256
——一部改正	154
——第6次改訂	92
——の記述	148
学習者中心主義	99, 161, 102
——の望ましい資質	159
学習単元モデル	263
学習の喜び	165
学習方法	6
学生運動	100
学力低下論争	92
価値観	13, 163
——・態度	10, 11, 21, 238, 240, 244, 245, 249, 260, 261
——の多様化	16, 18
価値の注入	272
価値判断能力	20, 270
学級崩壊	17
カリキュラム開発	159
——の改善	8
——分析	252, 256
カリフォルニアの小学校	229
環境	9, 156, 237, 238, 246, 263, 269, 270
——の学習単元モデル	264
——問題	17, 227, 241, 246
観察調査	228
危機に立つ国家	31
基礎教育カリキュラム	258, 259
基礎教育諸学校	159
技能	10, 11
義務教育	95
——年限	189
教育改革国民会議	94
教育改革のモデル	7
教育課題	259
教育課程	146
——審議会（教科審）	12, 96, 227, 256
——審議会答申	116
——編成	159
教育機関委員会	160
教育機関カリキュラム	129, 133, 136, 137, 139, 159, 258, 259
——編成ガイドライン	161
教育基本法	89
教育教区	182
教育再生会議	181
教育省ORIC	186
教育省地域総合大学庁（ORIC）	184, 188
教育職員及び教育行政職員審議会法	182
教育の自由化	90
教育パラダイム	8
教育枠組み	17
教員職員免許法	176
教員の資格制度	182
教員免許制度	190
教員養成改革	260
教員養成学部	259
教員養成課程	260
——の5年制	183
教員養成の分析	252, 259
教師教育の連続性	179
教師の指導力不足	259
教師の創意工夫	5

共生	10, 171	研修	162
協同学習	238, 241	公教育経営	174
──活動	250	構造改革	91
共同研究	7, 8	構造調整	98
共同作業	240	公定ナショナリズム	110
共和主義	27, 41, 42	行動	20, 21, 256, 270
規律正しさ	170	──学習法	250
国際教育到達度評価学会 (IEA)	154	高等学校	147
グリーン	89	高等学校の人権学習単元モデル	268
クリック、バーナード (Crick, Bernard)	34, 36	行動様式	19
クレッグ、A.A. (Clegg, A.A.)	242	行動力	20, 270, 272
グローバライゼーション	187, 191	校内暴力	17
グローバリゼーション	6, 11, 81, 88, 89, 97, 104, 105, 109, 181	公民	9
		──教育 (Civic Education)	5, 14, 16
グローバル (ユニバーサル)	13, 21, 256, 260, 270	──性	8
		──的資質	13
──・アイデンティティ	19	コーガン&デリコット	54
──・(な)シティズンシップ(地球的市民性)	15, 248, 254, 256	コーガン、J. (Cogan, J.)	9, 10, 14-16, 54, 57-59, 240, 254, 257
──(な)市民性	7, 252	国王	228
──・スタンダード	6, 7	──を元首とする民主主義政体	167
──化	6, 9, 16, 18, 230, 238, 253, 257	国際化	256, 257
──化時代	261	国際競争力	89
──教育	15, 19	国際資源センター	229
──経済	16, 238	国際性(クワームペン・サーコン)	130, 142, 258
──社会	15	国際理解	156, 227
──な公民性	19	──教育	18, 19
──な国民	7	──国家	192
──なシティズンシップ	154	国民	9, 19
──な問題	236	──アイデンティティ	66
ゲーオデーン、ルング (Kaewdang, R.)	99, 233	──教育	14, 18, 64, 96, 254
		──教育制度	89
経済危機	17	──形成	174
経済成長	6	──国家	87, 173, 174, 192

——的合意　255, 257
——統合　89, 96
国立学校教育法　182
国連の学習　19
心のノート　256
個性の尊重　92
国家　15
　——イデオロギー　76
　——教育計画　6
　——教育計画 (2002年～16年)　107, 128
　——存亡の危機　7
　——教育法 (National Education Act)
　　　6, 7, 17, 127-129, 181, 188
国家主義　230
　——国家　65
ゴミ問題　21
コミュニケーション能力　227, 228, 240
コンピュータ　228

〔サ行〕

サービスラーニング　31
差異化された市民性 (シティズンシップ)
　　　58-60, 253
サムットワニット、チャイアナン
　(Samuthawanich)　97, 247
サムリー、T.　9, 244
サリット　75
残虐の五月事件　97
ジェームス報告 (1971)　179
ジェネレーション・ギャップ　235
時間厳守　170
自己教育力　178, 179
自己責任　88, 92, 113
資質表　21
持続可能性　231

持続可能な開発　237, 239-241
持続的発展　261
視聴覚器具　228
実践的指導力　175, 178, 179,
　　　187, 259, 260
質問紙調査　227, 229, 231,
　　　234-236, 244, 260
　——の結果分析　252
シティズンシップ　252
指導力不足教員　178
師範学校令　174
師範タイプ　187
市民 (Citizen)　8, 9
市民社会　8, 9, 11, 97
市民性 (citizenship)　6-8, 10, 12,
　　　151, 227, 228
　——(の) 概念　252, 253
　——育成　6, 21
　——教育　5, 7, 10, 14, 15, 17, 22, 80,
　　　145, 147, 151, 154, 157, 228,
　　　229, 234, 237, 238, 240, 241, 244,
　　　248, 249, 252-254, 257, 263, 269
　——教育政策　87
　——教育への提言　230, 231, 253
　——の枠組み　22
市民的資質　8, 12, 13
市民の義務・文化・社会生活　258
社会科　146, 147, 151, 235, 250, 257, 270
　——・宗教・文化学習内容グループ
　　　134, 137, 143, 144, 258
社会参加学習　250
社会正義や公正　261
社会調査　238
社会的道徳　161
社会倫理　163

宗教・道徳教育	5	政策分析	252, 254
宗教学習	231, 233	西洋的市民性	252
宗教教育	233	世界システム	173
宗教的実践	245	世界市民	257
自由裁量	5	世界の中の日本人	111
授業案	269	世界平和	230
小学校	146, 228, 229	責任感	161
――の人権学習単元モデル	265	世俗主義	213
少子化・高齢化	18	選択教科	147
消費文化	11, 258	相互依存関係	19, 238, 261
情報	156	総合的な学習	175
――化	16, 18	――の時間	146, 154, 155, 208, 257, 263
――の流通	18	相互文化理解	237
初等・中等カリキュラム（学習指導要領）	145	ソ連の崩壊	17

〔タ行〕

初任者研修制度	177
私立イスラーム学校	171, 199
新愛国心（チャートニヨム・マイ）	255
人権	9, 230, 237, 238, 241, 247, 249, 262, 263, 269, 270
――（の）学習	19, 231, 263
――（の）学習単元モデル	263, 265
――教育	205, 231
――問題	17, 18, 21
新社会科（New Social Studies）	29, 30, 33, 38
新自由主義	88, 89, 91, 95, 96, 98, 101, 254
人的資本論	90
新聞	237
新保守主義	94-96, 254
スアンスナンタ RU	184, 186
スチンダ	180
スモンティップ	12
生活様式	19

第8次教育宗教文化開発計画（1997年〜2001年）	104
第8次国家社会・経済開発計画（1997年〜2001年）	103
第9次国家社会・経済開発計画（2002年〜06年）	105, 107
タイ王国憲法	7
大学での養成	176
タイ人としての（道徳と）誇り	254, 261, 262
タイ人らしくなさ	114
タイ（人）らしさ（クワームペン・タイ）	11, 104, 105, 109, 114, 115, 130, 133, 142, 167, 239, 254, 258, 259
タイ政府	11
タイ的価値観	254
タイ的市民性	252
態度	13
――主義	272

タイ南部	249	——化	5, 6
タイの知恵（プンパンヤー・タイ）	99	——の後退	259
タクシン・シナワトラ	180	チャチャイ	180
多元的シティズンシップ	58-60	チャンカセム RU	184
多元的文化主義	16	チャンタナ	11
他国の学習	19	中央カリキュラム	268
確かな学力	93	中央教育審議会	254
確かな学力の育成	13	中央集権	160
多次元的市民性（Multidimensional Citizenship）	10	中学校	147, 228, 229
		——の人権学習単元モデル	266
多文化主義	16	中道（思想）	105-107, 109, 206, 212
——的な市民性	253	——主義	129, 131, 142, 258
多文化理解	20, 21, 241, 269, 270	中庸	11, 231
——教育	18, 19	中庸と倹約	232
足るを知る経済	11, 105-107, 109, 129, 131, 133, 206, 211, 212, 258	超国家主義	230
		通貨危機	6, 17
——原理	142	提言研究	8
地域総合大学（Rajabhat University）	184, 188	ディベート学習	271
地域の教材	156	テレビ会議	229
地球（的）規模の（諸）問題	9, 18, 262	展望（ビジョン）	159
地球環境問題	18, 19	ドイツの統一	17
地球時代	19	東欧社会の崩壊	18, 19
地球市民	18, 19, 257	東京師範学校	174
——教育	18, 19	道徳	163
地球的視野	19	東南アジア諸国	7
地球的な課題	19	討論学習	271
知識・理解	10, 13, 21, 238, 244, 249, 260	ドーキンズ、J.（Dawkins, J.）	39
		特別奨学生制度	187
知識基盤経済	107		
——社会	238	**〔ナ行〕**	
知識伝達型	19	仲間よしみ	233
地方の知恵（プムパンヤー・トンティン）	120, 164, 202, 203, 239	中山成彬	257
		名古屋市	229, 230
地方の伝統	262	——教育委員会	229
地方分権	98	ナショナリズム	230, 231

ナショナル	13, 21, 256, 260, 270	――徒	228, 245, 246, 260
――・アイデンティティ	14, 19	――の教義	170
――・カリキュラム	44	――文化	246
――なシティズンシップ	154, 256, 258, 259	物質主義	11, 258
		仏暦2540年タイ王国憲法	100
日本人	256	仏暦2542年タイ王国憲法	101
――の育成	256	不登校	17
日本的市民性	252	普遍的（な）シティズンシップ	258, 259
人間中心の開発	129	普遍的（な）道徳性	9
人間的成熟	260	普遍的認識	262
人間理解	19	プラナコン・シ・アユタヤRU	184
人間力戦略ビジョン	11	フレキシブルな市民性（シティズンシップ）	
ネットワークスクール	161		58, 60, 253
年少者	232, 233	文化的（の）多様性	20, 238, 246, 248, 269
年長者	232, 233		
能力・技能	13, 21, 238, 244, 245, 249, 260, 261	文化的相違	249
		文化的多元主義	97
能力主義	92	文化の相互理解	20, 269
望ましいタイ社会	117	文化の普遍性	19, 21, 269
望ましいタイ人	118	ブンミー，ティーラユット	97
		閉鎖制	182, 187
〔ハ行〕		閉鎖制教員養成制度	176
		平和	9, 237, 238, 240, 263, 269, 270
バーツ経済圏	180	――（の）問題	17, 21
バーツ暴落（トムヤム・クライシス）	180	――教育	205, 231
パイロットスクール	161	――的共生	258, 259
パユットー師	99, 106, 107	――の学習単元モデル	264
バンクス、J.A. (Banks, J.A.)	242	奉仕学習	250
比較教育学	7, 8		
比較研究	8	〔マ行〕	
ピサヌローク市	228		
ブーンソムバッティ、スモンティップ	234	学ぶ力	227
フェントン (Fenton, E.)	28-30	マレー系ムスリム	199, 208
福祉・健康	156	箕浦康子	18
仏教	236, 257	民主化	97, 100
――的な価値観	9	民主主義	237, 240

――社会 238
民族（チュア・チャート） 219
無償教育年限の延長 189
ムスリム 260
免許制度 182, 183, 192, 260
免許の更新制 183, 190
模擬試験 238
モデルカリキュラム 240
森有礼 174
問題解決能力 241
問題の把握 270
問題の分析 270

〔ヤ行〕

豊かな心の育成 13
ゆとり 91
　――教育 92
ユネスコ 19
ユネスコ21世紀教育国際委員会 52
よき市民 7, 244-246

〔ラ行〕

ラックタイ 67, 96
立憲君主制 11
リベラリズム 27, 41, 42
理論分析 252
臨時教育審議会（臨教審） 90, 256
ルースリーな構造をもつ市民性（Loosely Structured Citizenship） 253
歴史教育 237
ローカライゼーション 191
ローカリゼーション 181
ローカル 13, 21, 256, 260, 270
ロールプレイ法 250
ロールプレイング 238
ロティエール、J.（Rottier, J.） 239
論争問題 270

〔ワ行〕

ワシー、P.（Wasee, P.） 249, 181

編著者紹介

平田　利文（ひらた　としふみ）
　1954年奈良県生まれ、大分大学教育福祉科学部教授
　1976～77年、タイ留学
　1979年、広島大学教育学部卒業
　広島大学大学院(教育学研究科博士課程前期課程、1981年)、九州大学大学院(教育学研究科博士課程後期課程、1984年)終了
　九州大学助手、日本学術振興会特別研究員等を経て、1999年から大分大学教授

主要著作

「21世紀に生きる地球市民を育成する教育──価値観形成をめざす社会科教育」(野村新、二見剛史『新しい知の世紀を生きる教育』共著、一莖書房、2001年)、「タイの教育改革と中等社会科の特色」(CD-ROM版中学校社会科教育実践講座刊行会『理論編1 Vol.1 未来を拓く社会科カリキュラムと授業づくり』共著、ニチブン、2002年)、「数々の改革を推進する学校──タイ」(二宮晧編著『世界の学校』共著、学事出版、2006)など

Comparative Study on Citizenship Education in Japan and Thailand

市民性教育の研究──日本とタイの比較　　　　　定価はカバーに表示してあります。
2007年2月28日　　初　版第1刷発行　　　　　　〔検印省略〕

編著者ⓒ平田利文／発行者 下田勝司　　　　印刷・製本／中央精版印刷

東京都文京区向丘1-20-6　　郵便振替00110-6-37828
〒113-0023　TEL (03)3818-5521　FAX (03)3818-5514　　　発行所 株式会社 東信堂
Published by TOSHINDO PUBLISHING CO., LTD.
1-20-6, Mukougaoka, Bunkyo-ku, Tokyo, 113-0023 Japan
E-mail : tk203444@fsinet.or.jp　http://www.toshindo-pub.com

ISBN978-4-88713-737-0　C3037　　ⓒ Toshifumi HIRATA

東信堂

比較・国際教育学（補正版）	石附実編	三五〇〇円
教育における比較と旅	石附実	二〇〇〇円
比較教育学の理論と方法	石附実編	二八〇〇円
比較教育学──伝統・挑戦・新しいパラダイムを求めて	J・シュリーバー編著 馬越徹・今井重孝監訳	三八〇〇円
世界の公教育と宗教	M・ブレイ編著 馬越徹・大塚豊監訳	二八〇〇円
世界の外国人学校	江原武一編著	三八〇〇円
世界の外国語教育政策──日本の外国語教育の再構築にむけて	江原武一編	五四二九円
近代日本の英語科教育史──職業諸学校による英語教育の大衆化過程	福田誠治 末藤美津子 他編著	三八〇〇円
日本の教育経験──途上国の教育開発を考える	大谷泰照 林桂子 他編著	六五七一円
アメリカの才能教育──多様なニーズに応える特別支援	江利川春雄	三八〇〇円
アメリカのバイリンガル教育──新しい社会の構築をめざして	国際協力機構編著	二八〇〇円
21世紀にはばたくカナダの教育（カナダの教育2）	松村暢隆	二五〇〇円
多様社会カナダの「国語」教育（カナダの教育3）	末藤美津子	三二〇〇円
ドイツの教育のすべて	小林順子・浪田他編著	二八〇〇円
	関口礼子編著 浪田克之介教育グループ編訳	三八〇〇円
	マックス・プランク研究所研究者グループ編 天野・木戸・長島監訳	一〇〇〇〇円
マレーシアにおける国際教育関係──教育へのグローバル・インパクト	杉本均	五七〇〇円
「改革・開放」下中国教育の動態	阿部洋編著	五四〇〇円
中国の職業教育拡大政策──背景・実現過程・帰結	劉文君	五〇四八円
中国の後期中等教育の拡大と経済発展パターン──江蘇省と広東省の比較	呉琦来	三八二七円
中国の民営高等教育機関──社会ニーズとの対応	鮑威	四六〇〇円
陶行知の芸術教育論──生活教育と芸術との結合	李燕	三六〇〇円
東南アジア諸国の国民統合と教育──多民族社会における葛藤	村田翼夫編著	四四〇〇円
オーストラリア・ニュージーランドの教育	石附 笹森健編著	二八〇〇円

〒113-0023 東京都文京区向丘1-20-6
TEL 03-3818-5521　FAX03-3818-5514　振替 00110-6-37828
Email tk203444@fsinet.or.jp　URL:http://www.toshindo-pub.com/

※定価：表示価格（本体）＋税

東信堂

大学再生への具体像	潮木守一	二五〇〇円
大学行政論Ⅰ	川本八郎編	二二〇〇円
大学行政論Ⅱ	近本八節郎編	二二〇〇円
大学の管理運営改革——日本の行方と諸外国の動向	伊藤昇子編	二二〇〇円
もうひとつの教養教育——職員による教育プログラムの開発	近森節子編著	二三〇〇円
新時代を切り拓く大学評価——日本とイギリス	田原武一編著	三六〇〇円
模索されるeラーニング——事例と調査データにみる大学の未来	杉本均編著	三六〇〇円
私立大学の経営と教育	秦由美子編著	三六〇〇円
校長の資格・養成と大学院の役割	吉田多奈文編著	三六〇〇円
原点に立ち返っての大学改革	小島弘道編著	六八〇〇円
短大からコミュニティ・カレッジへ——飛躍する世界の短期高等教育と日本の課題	舘昭	一〇〇〇円
現代アメリカのコミュニティ・カレッジ	舘昭編著	二五〇〇円
日本のティーチング・アシスタント制度——その実像と変革の軌跡	宇佐見忠雄	二三八一円
大学教育の改善と人的資源の活用	北野秋男編著	二八〇〇円
アメリカ連邦政府による大学生経済支援政策	犬塚典子	三八〇〇円
アジア・太平洋高等教育の未来像	静岡県総合研究機構 馬越徹監修	二五〇〇円
戦後オーストラリアの高等教育改革研究	杉本和弘	五八〇〇円
大学教育とジェンダー——ジェンダーはアメリカの大学をどう変革したか	ホーン川嶋瑤子	三六〇〇円
一年次(導入)教育の日米比較	山田礼子	二八〇〇円
アメリカの女性大学：危機の構造	坂本辰朗	二四〇〇円
〔講座「21世紀の大学・高等教育を考える」〕		
大学改革の現在〔第1巻〕	山本眞一編著	三三〇〇円
大学評価の展開〔第2巻〕	山野井敦徳編著	三三〇〇円
学士課程教育の改革〔第3巻〕	清水畑正彦編著	三三〇〇円
大学院の改革〔第4巻〕	舘絹江昭編著	三三〇〇円
	馬越徹編著	
	江原武一	

〒113-0023 東京都文京区向丘1-20-6
TEL 03-3818-5521 FAX 03-3818-5514 振替 00110-6-37828
Email tk203444@fsinet.or.jp URL:http://www.toshindo-pub.com/

※定価：表示価格（本体）＋税

東信堂

教育の平等と正義	大桃敏行・中村雅子・K・ハウ 後藤武俊訳著	三三〇〇円
大学教育の改革と教育学	小笠原道雄・坂越正樹監修 K・ノイマン著	二六〇〇円
ドイツ教育思想の源流	小笠原道雄・坂越正樹・R・ラサーン編	二八〇〇円
教育哲学入門	平野智美・佐藤直之・上野正道訳著	
経験の意味世界をひらく ―教育にとって経験とは何か	市村・早川・松浦・広石編	三八〇〇円
洞察＝想像力 ―知の解放とポストモダンの教育	市村尚久・D・スローン 早川操監訳	三八〇〇円
文化変容のなかの子ども ―経験・関係性・他者	高橋勝	二三〇〇円
教育の共生体へ ―ボディ・エデュケーショナルの思想圏	田中智志編	三五〇〇円
人格形成概念の誕生 ―近代アメリカの教育概念史	田中智志	三六〇〇円
サウンド・バイト ―思考と感性が止まるとき	小田玲子	二五〇〇円
体験的活動の理論と展開 ―「生きる力」を育む教育実践のために	林忠幸	二三八一円
新世紀・道徳教育の創造	林忠幸編	二八〇〇円
学ぶに値すること―複雑な問いで授業を作る	小田勝己	二二〇〇円
再生産論を読む ―現代資本主義社会の存続メカニズム バーンスティン、ブルデュー、ボールズ＝ギンティス、ウィリスの再生産論	橋本健二	三二〇〇円
教育と不平等の社会理論 ―再生産論をこえて	小内透	三二〇〇円
階級・ジェンダー・再生産	小内透	三二〇〇円
情報・メディア・教育の社会学 ―カルチュラル・スタディーズしてみませんか？	井口博充	二三〇〇円
新版 昭和教育史 ―天皇制と教育の史的展開	久保義三	一八〇〇円
地上の迷宮と心の楽園【コメニウス・セレクション】	J・コメニウス 藤田輝夫訳	三六〇〇円
修道女が見聞した17世紀のカナダ ―ヌーヴェル・フランスからの手紙	門脇輝夫訳	九八〇〇円

〒113-0023　東京都文京区向丘1-20-6
TEL 03-3818-5521　FAX03-3818-5514　振替 00110-6-37828
Email tk203444@fsinet.or.jp　URL:http://www.toshindo-pub.com/
※定価：表示価格（本体）+税